조금 다른
아이들,
조금 다른
이야기

조금 다른 아이들, 조금 다른 이야기
십대 여성들의 성매매 경험과 치유에 관한 기록

지은이 | 김고연주
펴낸이 | 이명희
펴낸곳 | 도서출판 이후
편집 | 김은주
디자인 | 이수정

첫 번째 찍은 날 | 2011년 11월 30일
일곱 번째 찍은 날 | 2021년 1월 20일

등록 | 1998. 2. 18(제13-828호)
주소 | 10449 경기 고양시 일산동구 호수로 358-25(동문타워 2차) 1004호
전화 | 대표 031-908-5588 편집 031-908-3030 팩스 02-6020-9500
블로그 | www.blog.naver.com/ewhobook

ISBN 978-89-6157-055-8 03330

이 도서의 국립중앙도서관 출판시도서목록(CIP)은 e-CIP홈페이지(http://www.nl.go.kr/ecip)와 국가자료 공동목록시스템(http://www.nl.go.kr/kolisnet)에서 이용하실 수 있습니다.(CIP제어번호: CIP2011005129)

조금 다른 아이들 조금 다른 이야기

십대 여성들의 성매매 경험과 치유에 관한 기록

김고연주 지음

이후

차례

용어 설명 6
들어가며 무서운 아이들과 불쌍한 아이들 사이에서 8
이 책을 읽기 전에 아이들을 만나기까지 20

1부 '일탈'에서 '일상'으로

1장 차가운 섹슈얼리티 63
2장 거리의 생존 법칙 81

2부 청소년 성매매의 스펙트럼

3장 원조교제에서 '조건'으로 99
4장 포주가 개입된 조건 118
5장 감수해야 할, 그러나 너무나 가혹한 134

3부 나가는 문은 어디에?

  6장 상처에 닿은 소금 같은 사람들 149
  7장 사회 안전망의 부재 163
  8장 범죄자가 된 아이들 177

4부 치열한 인정 투쟁

  9장 '보통'의 십대 되기 193
  10장 꿈을 꾼다는 것, 희망을 품는다는 것 208
  11장 당신이 나를 포기하지 않는다면 220
  12장 우리에게 내일은 있다! 233

  나가며 함께 성장한 시간들 260

용어 설명

- **대상 청소년** '청소년 성매매의 상대방이 된 청소년'이라는 뜻으로, 경찰이나 기관에서 성매매를 하다 적발된 청소년을 가리킬 때 쓰는 용어다.
- **번개** 인터넷을 통한 갑작스런 만남. 이 책에서는 주로 남성의 물적 자원과 여성의 성적 서비스가 교환되는 만남을 의미한다.
- **보호관찰** 범죄인을 교도소 등에 수용하지 않고 자유로운 사회생활을 하면서 일정한 감독과 지도를 받도록 하는 처분. 다시 죄를 범하지 못하도록 하고 사회 복귀를 돕는 게 목표다. 한국에서는 성폭력 사범이나, 가정 폭력 사범, 그리고 청소년이 주요 대상이다.
- **〈새날〉** 〈새날을 여는 청소녀 쉼터〉의 줄임말. 성매매 경험이 있는 십대 여성들만이 입소할 수 있는 쉼터로 1997년 〈함께 가는 감리교 여성회〉의 회원인 감리교 여성 목회자, 평신도, 여신학자들이 설립했다.
- **〈센터〉** 〈서울 위기 청소년 교육 센터〉의 줄임말. 십대 여성의 성매매 재유입을 방지하기 위해 국가 청소년 위원회가 설립한 교육 시설. 서울 센터는 2007년 11월에 설립되었고 〈새날〉이 위탁받아 운영하고 있다. 2011년 현재 전국에 11개의 센터가 있다.
- **쉼터** 위기 청소년들을 위한 중·단기 일시 보호 시설. 입소 청소년에 대한 보호와 다양한 지원을 통해 심리적·신체적 상처를 치유하고 새로운 삶과 자립을 준비하는 공동생활 공간을 가리킨다.
- **연애 대행** 물질적 대가를 받고 애인 역할을 해 주는 성매매. 원조교제에서 유사 연애의 성격이 강화된 형태의 성매매다.
- **원조교제** 십대 여성과 성인 남성 간의 성매매. '도우면서 사귄다'는 뜻으로 일본에서 유래했다. 한국에서는 1997년에 처음 사회에 알려졌고 원조교제가 성매매라는 사실을 명확히 하기 위해 2001년 5월 청소년 성매매로 명칭이 변경되었다.
- **조건** 조건 만남의 줄임말. 여성과 남성이 서로 조건을 제시해 합의하면 만남이 성사되는 성매매. 원조교제에서 유사 연애적 성격이 탈각된 형태의 성매매다.

- **청소년 성매매** 청소년을 대상으로 하는 모든 종류의 성매매. 이 책에서는 원조교제, 조건, 연애 대행, 번개 등 청소년이 연관된 모든 종류의 성매매를 지칭하기 위해 사용되었다.
- **"청소년성보호법"**("청소년의성보호에관한법률") 원조교제가 사회 문제가 되면서 2000년 2월에 제정되었다. 2010년 1월 1일부터 "아동·청소년의성보호에관한법률"로 개정되었다.

일러두기

* 나는 이 책에서 '십대 여성'과 '아이들'이라는 용어를 동시에 사용하고 있다. 일반적인 이야기를 할 때는 '십대 여성'이라는 용어를 사용하고, 내가 직접 만난 면담자들의 이야기를 할 때는 '아이들'을 사용했다. 이러한 구분은 내가 만난 소수 면담자들의 사례를 성매매 경험이 있는 십대 여성 전체의 사례로 일반화할 수 없음을 드러내기 위한 시도였다.
  나는 석사 논문을 쓸 때, '소년'과 '소녀'로 성별이 구분되고 있음에도 십대 전체를 '청소년'이라고 지칭하는 것에 문제를 제기하기 위해 '청소녀'라는 용어를 사용했다. 그러나 박사 논문을 쓰는 동안 이들이 십대에서 이십대로 이행하는 과정을 지켜보면서 '소녀'라는 다소 나약한 이미지를 연상시키는 용어 대신 '생애 주기의 한 부분에 위치하는 여성'이라는 사실을 드러내기 위해 '십대 여성'이라는 용어가 더 적합하다고 생각하게 되었다.
  이와 더불어 '아이들'이라는 용어를 사용한 것은 이 책이 〈새날〉과 〈센터〉 등에서 오랫동안 일상을 함께하며 나온 결과물이기 때문이다. 당연한 얘기지만, 시설의 활동가 선생님들은 이들을 '십대 여성'이라고 칭하지 않는다. 물론 청소년인 이들을 '어린이'에 가까운 '아이들'이라고 지칭하는 것은 적합하지 않을 뿐 아니라 권위적인 용어라고 생각하는 사람들도 있다. 그러나 학문적인 언어인 '십대 여성'이라는 용어로는 일상에서 살을 부비며 만나 온 이들과 나의 관계를 드러내지 못한다. 그리고 많은 시설에서 이들을 '아이들'이라고 칭하고 있다.
  학문적이지 않고, 이들을 존중하면서도 친밀한 관계를 드러낼 수 있는 적합한 용어가 없는 현실에서 '아이들'은 차선의 선택이었음을 밝힌다. 나는 '아이들'이라는 용어에 내가 느낀 다양한 감정들을 담고 싶었다. 그 시도가 독자들에게도 전달되기를 바란다.
* 이 책에 도움을 준 십대 여성들의 이름은 모두 가명이며, 단체명도 필요한 경우 모두 약자로 표기했다.
* 인터뷰를 인용할 경우, 비속어뿐만 아니라 한국어 맞춤법에 맞지 않는 표현이라도 십대 여성들의 입말에 맞게 그대로 썼음을 밝힌다.

들어가며
무서운 아이들과 불쌍한 아이들 사이에서

"십대 애들 만나면 무섭지 않아?"

오랜만에 만난 친구가 내 박사 논문 주제를 듣더니 물었다. 순간 화가 났지만 성매매를 하는 십대 여성들을 피상적으로만 접한 사람들이 으레하는 말이라 생각하며 애써 태연한 척했다. 이처럼 편견을 가진 사람들을 대하는 가장 쉬운 방법은 내가 만난 아이들 중 제일 '불쌍한' 아이의 사례를 들려주는 것이다. '알고 보면 걔네들도 불쌍한 애들이야'라는 식으로 동정심을 자극하면서 말이다. '불쌍한' 이야기는 아이들 삶의 일부에 지나지 않는다는 사실을 잘 알면서도 나는 극단적인 이야기로 그런 사람들의 입을 막곤 했다. 사람들이 아이들을 타자화시키는 것이 싫다는 이유로 나 역시 아이들을 다른 방식으로 타자화시키고 있었던 것이다.

성찰성과 의협심 사이의 줄다리기

성매매를 하는 십대 여성들은 '무서운 아이들'과 '불쌍한 아이들'이라는 양극단의 이미지 사이에서 부유하고 있다. 무서운 아이들은 어른들에게 비난을 받고, 불쌍한 아이들은 어른들에게 동정을 받는다. 그러나 삶의 한 편린에서 비롯된 단편적인 이미지들만으로 아이들을 설명할 수 없다는 점은 자명하다. 나는 오랫동안 십대 여성들을 만나면서 아이들이 관심과 사랑에 목말라 있다는 사실뿐 아니라, 아이들에게 다가가고 싶어하는 어른들이 적지 않다는 사실도 알게 됐다. 하지만 아이들은 거리에서 생활한 경험으로 어른들을 혐오하고 있었고, 어른들은 상처 받은 아이들에게 어떻게 손을 내밀어야 할지 잘 알지 못했다. 다른 한편으로 아이들은 어른들이 자신을 비난하거나 무관심하다고 생각했고, 어른들은 아이들이 도움을 바라지 않는다고 생각했다. 둘 사이의 정서적 거리감은 이렇게나 멀었다.

그래도 우리는 소통을 포기할 수 없다. 소통을 위해서는 먼저 이 정서적 거리감을 좁혀야 한다. 아이들을 진정으로 걱정하는 이들의 공통점은 참 조심스럽다는 것이다. 아이들을 처음 만났을 때 무슨 말로 어떻게 시작해야 할지 몰라서 난감해하기도 한다. 그만큼 성찰적이기 때문에 조심스러운 것이겠지만 그 성찰성은 사실 아이들에 대한 편견에 기반하고 있다는 점에서 역설적이다. '상처 받은 아이들', '불쌍한 아이들'이라는 부분적 진실에 압도되어 이 아이들을 마치 금방이라도 깨질 듯한 유리 인형 대하듯 바라보고만 있는 것이다.

나 역시 마찬가지였다. 나 또한 이들을 불쌍한 아이들이라고 생각하고 있었다. 다만 상대적으로 성찰성이 부족한 게 오히려 아이들을 만나는 데 도움이 됐다. 나를 움직인 것은 아이들에 대한 미안함과 책임감이었고, 무엇보다 언론의 태도에 대한 분노였다. 아이들의 목소리를 직접 듣고 그들을 '대변'해 주겠다는 철없는 의협심도 한몫 했던 것 같다.

2001년 대학원에 입학한 첫 학기에 나는 당시 사회적으로 큰 이슈였던 '원조교제' 경험이 있는 십대 여성들을 연구하기로 마음먹었다. 그때는 '원조교제'가 우리 사회에서 막 가시화되던 참이었다. '아빠뻘 되는 아저씨와 딸뻘 되는 십대 여성들 간의 성관계', '모범생도 아르바이트로 원조교제' 등 자극적이고 선정적인 제목의 언론 보도들이 잇달았다. 이런 보도들은 새로운 성매매의 등장에 호들갑을 떨면서 정작 성을 구매하는 어른들이 아니라 아이들의 '비뚤어진 성 의식'을 개탄하는 데만 초점을 맞추고 있었다. 학부 때 여성학을 제대로 공부해 본 적은 없지만 많은 여성들이 그렇듯 나 역시 성매매라는 용어를 접할 때마다 마음에 돌 하나 얹은 듯한 느낌을 지울 수 없었고, 십대 성매매 문제가 황색 언론의 소재로 전락하는 게 불편했다.

생각해 보면 성매매는 늘 선정적인 언론 보도의 좋은 먹잇감이었다. 2004년 "성매매특별법"이 제정되던 당시 인권의 사각지대에 놓인 성매매 여성들의 처지가 잠깐 이슈화되기도 하고, 성매매 찬반론이 제법 그럴듯한 논쟁으로 포장되기도 했지만 언론의 관음증적 시선은 변하지 않았다. 성매매 여성들의 현실을 있는 그대로 보여 준답시고 소위 잠입 취재가 성행했던 것도 이 시점이다. 십대 성매매 문제를 조명하기 전에, 성매매를 바라보는 관점에 대한 합의가 필요하겠다는 생각이 든 것도 이 때문이다.

젠더 문제로서의 성매매

대학에 입학할 때까지 성매매에 대해 진지하게 생각해 본 적 없었던 내가 성매매가 나와 상관없는 문제가 아니라는 사실을 깨닫게 된 사건이 있었다. 대학교 1학년 때였다. 동기, 선배들과 자동차를 타고 놀러 가다가 학교에서 멀지 않은 곳에서 길을 잘못 들었다. 복잡한 골목에서 헤매고 있는데 처음 보는 풍경이 눈 안에 들어왔다. 전면이 유리로 된 조그만 집들이 다닥다닥 붙어 있었고 유리창 안에는 여성 한 명, 또는 두서너 명이 붉은 조명 아래 앉아 있었다. 너무나 낯설고 놀라운 광경에 나는 얼떨떨했고, 선배들의 설명을 듣고서야 내가 본 장면의 의미를 파악할 수 있었다. 그 짧은 시간 동안 머리와 가슴이 매우 복잡했다. 우리 사회의 치부를 목격한 것 같아 화끈거렸고, 유리방에 앉아 있는 나를 상상하니 무서웠고, 또 내가 아니라는 사실에 안도하면서도 미안했다. 여러 생각과 감정으로 혼란스러웠지만, 주된 감정은 안타까움과 분노였다. 유리방 안에 앉아 있는 여성들에 대한 안타까움, 그리고 그런 유리방을 승인하고 있는 우리 사회에 대한 분노였을 것이다. 하지만 함께 차에 타고 있었던 남자 선배들은 태연했다. 나는 그동안 내가 이 엄청난 사회 부조리를 몰랐다는 사실이 부끄러웠고, 동시에 태연자약한 남자 선배들이 낯설었다. 이 상황에 화를 내고 싶은데 누구에게 화를 내야 할지 알 수 없었다.

유리방에 앉아 있던 여성들의 모습이 내게 그토록 강한 인상을 남긴 까닭이 무엇인지는 성매매가 젠더 권력의 문제라는 사실을 알고 난 다음에야 완전히 이해할 수 있었다. 성매매에 대해 잘 알지도 못했고, 깊이 생각해 본 적도 없지만 나는 유리방에 앉아 있는 이들이 '여성'이라는 사실을 즉각적으로 인지했다. 그 장면을 보면서도 태연하게 거리 두기를 하고 있는 남자 선배들의 모습 때문에 더 절실하게 느꼈을 것이다. 물론 여성들도 성매매에 거리 두기를 하지만 그 이유는 남성들과 사뭇 다르다. 남성들은 (성 구매 의사가 없는 이상) 성매매를 자신의 문제라고 생각하지 않는 반면, 여성들은 자기 문제가 될 수 있다고 생각하기 때문에 거리 두기를 하는 것이다. 성매매에 거리 두기를 하든, 혹은 성매매를 자신의 문제로 받아들이든, 여성들이 성매매에 반응하는 방식은 성매매가 젠더 권력의 효과임을 보여 준다.

특히 여성이 성매매에 거리 두기를 하는 것은 무기력한 여성 젠더로 소환되는 것을 거부하려는 의도인 경우가 많다. 평범한 여성들이 창녀가 되는 현실은 창녀가 아닌 여성들을 불편하게 한다. 여성이라는 이유로 자신도 창녀가 될 수 있다는 사실을 인정하는 것은 쉽지 않다. 그것을 인정하는 순간 자신과 창녀의 차이보다 공통점이 부각되고, 왜 자신이 아닌 그녀가 창녀가 되었는지를 설명하기 어려워진다. 따라서 그녀가 창녀가 된 이유와 과정을 개인 여성의 특수한 문제로 국한시키고자 한다. 이렇게 젠더 권력의 작동 방식을 간파하고 성매매 여성과 거리 두기를 하는 여성들의 태도는 젠더 권력을 공고히 하는 결과를 초래한다. 여성들의 성을 보호해야 할 성과 보호받을 가치가 없는 성으로 구분해 여성의 성을 통제하는 성녀/창녀 이분법에 문제를 제기하기 어렵기 때문이다. 따라서 성매매에 대한 문제 제기는 성녀와 창녀 범주를 고착시키는 젠더 권력의 해체를 궁극적인 목표로 삼아야 한다.

성매매 선택론에 숨은 함정

성매매는 기본적으로 젠더의 문제지만 오늘날에는 계급 측면이 점점 두드러지고 있다. 성매매의 계급 측면을 강조하면 '성매매를 하는 여성'과 '성매매를 하지 않는 여성' 사이에 존재하는 계급 차를 드러낼 수 있으며, 돈을 벌기 위해 성매매를 하는 남성들을 가시화할 수 있다. 그러나 성매매의 계급 측면만을 강조하다 보면 성매매가 자원이 없는 여성과 남성의 전유물로, 젠더 권력의 문제가 아니라 계급의 문제인 듯한 인상을 준다. 그러나 여전히 성을 판매하는 다수가 여성이기 때문에 젠더 권력에 계급 문제가 더해졌다고 보는 것이 적절하다.

성매매를 계급 측면에서만 바라볼 때 생기는 또 다른 문제는 성매매의 본질을 놓친다는 데 있다. 계급의 잣대로 성매매를 바라보면, 성매매의 폭력성을 본질적인 것이라기보다 성 산업을 제대로 관리하지 못해 생긴 시장 실패로 인식하게 된다. 여성주의 내부에서도 성매매의 본질적인 폭력성을 간과하는 논의들이 오가고 있다. 성매매에 여전히 강하게 존재하는 젠더 권력을 경시하면서 성매매 하는 여성의 인권을 보장하는 것이 성매매 문제의 해결책인 양 주장하고 있는 것이다. 돈으로 인간을 사는 것, 또는 그들의 주장대로 인간이 아니라 단지 성을 사는 것이라 하더라도 그 자체가 인권침해다. 성매매는 여성의 성을 상품화하고 도구화하는 것이기 때문이다. 성매매의 본질을 문제시하지 않고 여성이 성을 팔면서도 인권을 보호받을 수 있어야 한다는 주장은 형용모순이다. 감금, 구타, 할당량을 없애는 등, 성매매 여성의 인권이 되도록 보호되어야 하는 것은 당연하다. 그러나 그 노력은 성매매가 없어져야 한다는 지향을 전제로 해야만 진정성이 있다.

성매매를 '자발적 선택'이라고 규정하는 이들은 여성의 성적 자기 결정권이 존중되어야 한다고 주장한다. 여성주의자들은 여성의 성적 자기 결정권을 위해 오랫동안 투쟁해 왔고 어느 정도 성과를 이뤄 냈다. 성적 자기 결정권은 원하지 않는 성적 행위를 강요받지 않을 권리와 원하는 성적 행위를 할 수 있는 권리 모두를 의미한다. 특히 성적인 욕망을 드러내거나 성적인 행위를 하는 여성들을 곱게 보지 않는 우리 사회에서 후자를 일종의 권리로 규정하는 것은 젠더 권력에 대한 도전이었다. 그러나 성매매 논쟁이 촉발되면서 성적 자기 결정권은 그것이 등장한 배경과 의미에서 분리되어 오용되고 남용되고 있다. 어떤 여성들이 어떤 상황에서 성매매를 하게 되는지를 살피지 않고 이들이 자신의 성을 판매하는 것을 '선택'으로 규정하고 그것을 성적 자기 결정권의 행사로 의미화하는 것은 지나친 왜곡이다. 다양한 상황적 맥락이 존재하지 않는 선택이 있을 수 없고, 한 가지 현상을 설명하기 위해서는 그러한 상황적 맥락을 고려해야 한다는 것이 상식처럼 공유되고 있는 오늘날, 그러한 맥락들을 삭제해 버리는 것은 의도적으로 사실을 은폐해 자기 주장을 정당화하려는 시도다. 또한 상황적 맥락들을 차치한 채 성매매 현장에만 천착한다 하더라도 성매매 여성이 자신들이 원하지 않는 성적 행위를 강요받게 된다는 점에서 성매매는 성적 자기 결정권의 행사가 될 수 없다.

성매매가 성적 자기 결정권의 행사, 또는 자신의 선택이라는 주장은 개인의 선택과 그에 따른 책임을 강조하는 신자유주의 시대에 큰 호응을 얻고 있다. 신자유주의가 사회적 맥락을 삭제한 채 자율적인 개인을 상정하고 있다는 점에서 신자유주의와 성매매 선택론은 매우 닮아 있다. 이러한 유사성 때문에 성매매 여성들의 인권을 보장하자는 취지에서 비롯된 성매매 선택론은 그러한 취지가 삭제된 채 성매매 옹호론의 근거로 차용되고 있다.

나는 강의를 하면서 성매매 선택론을 지지하는 학생들을 쉽게 만날 수 있었다. 이들은 성매매를 '선택'한 여성들을 돈을 '잘' 번다는 이유로 또는 '쉽게' 번다는 이유로 성매매를 하는, 즉 돈을 위해 무엇이든 할 수 있는 사람으로 생각하고 있었다. 이러한 시선은 성매매를 하는 여성들에게 '선택'에 대한 책임을 전가한다. 성매매를 하면서 당하게 되는 다양한 인권침해와 사회적 비난도 그러한 책임의 일부로 여겨진다.

성매매 선택론을 지지하는 이들은 대체로 '젠더 권력을 향유하고 있는' 남성들과 '젠더 권력은 사라졌다고 생각하는' 남성/여성들이다. 특히 여느 남성들보다 많은 자원을 지니고 있는 일부 여성들은 자신을 젠더 권력에서 하위에 위치하는 여성으로 정체화하기보다 계급 권력의 상위에 위치하는 인간으로 정체화한다. 젠더가 아닌 계급의 측면에서 자신을 정의하는 여성들은 자신이 젠더 권력에서 자유롭다고 생각한다. 그래서 이 여성들은 '성매매를 하고 싶어하는 여성은 할 수 있어야 한다'고 말할 수 있다.

자신의 정체성을 각각 젠더와 계급에 기반하고 있는 남성과 여성들이 성매매 여성을 타자화하는 방식은 매우 공고하고 또한 유사하다. 성매매는 필요악이라고 주장하는 남성들은, '자유로운 선택'이란 이름으로 성매매 여성의 존재를 긍정하는 여성들을 주요한 지지자로 호명하고 있다.

청소년 성매매에 이견은 없다?

이렇게 성매매에 대한 다양한 이견들이 존재하고 그 입장 차를 좁히기가 쉽지 않음에도 별다른 논쟁 없이 모두가 공식적으로 합의하는 주제가 있다. 바로 청소년 성매매다. 우리 사회에서 청소년 성매매는 심각한 범죄로 여겨져 십대 여성의 성을 구매한 남성들은 처벌을 받고 십대 여성들은 피해자로 규정되고 있다.

많은 여성주의자들이 주장하는 것처럼 성매매는 여성의 성, 또는 인격을 구입하는 남성의 문제다. 그러나 우리 사회는 성매매를 여성의 문제로 접근해 그 책임을 여성과 여성의 선택으로 돌리고 남성들에게는 면죄부를 부여해 왔다. 이러한 측면에서 성매매의 일부인 청소년 성매매가 십대 여성의 문제라기보다 성 구매 남성의 문제라는 데 사회적 합의를 이루고 있다는 사실은 매우 유의미하다. 특히 청소년 성매매를 연구하는 연구자의 입장에서 이러한 합의는 십대 여성을 보호해야 하고 성 구매 남성을 비난해야 한다는 주장을 쉽게 할 수 있고, 그에 대한 '공개적'인 반발을 사전에 차단한다는 점에서 편리하다.

그러나 이러한 편리함은 당의정에 불과하다. 청소년 성매매에 대한 사회적 합의가 가능했던 것은 우리 사회가 여전히 십대는 판단력이 부족하고, 성인보다 자원이 적다고 생각하기 때문이다. 그러나 십대들이 과연 미성숙한 존재인지는 여전히 논쟁적인 주제며, 연령을 기준으로 자원의 많고 적음을 판단할 수 없다는 점은 위 시각의 한계를 보여 준다. 또한 성매매 유입에서 연령보다는 계급이 더 큰 변수로 작동한다는 점에서도 연령에 기반한 사회적 합의는 한계를 갖는다.

더욱이 연령에 기반한 합의는 '공식적'인 합의일 뿐이다. 비공식적으로는 성을 파는 십대 여성을 비난하면서 십대 여성도 처벌을 받아야 한다고 주장하는 사람들이 적지 않다. 이들은 십대 여성들이 판단력이 부족해 성매매를 할 만큼 미성숙하다고 생각하지 않는다. 특히 청소년 성매매가 포주 없이 개인적으로 행해진다는 점에서 십대 여성에게 책임을 묻지 않을 수 없다고 주장한다. 십대 여성들이 성매매를 하면서, 또는 성매매를 했다는 이유로 받게 되는 사회적 낙인은 이러한 비공식적 견해에서 나온다. 공식적으로는 십대 여성들을 성매매의 피해자로 규정하면서도 비공식적으로는 그들을 강하게 비난하는 사회적 풍조는 쉽게 사라질 것 같지 않다.

성매매하는 십대 여성을 바라보는 우리 사회의 이중적 시선은 어떤 훌륭한 법이나 정책을 제정해도 이들의 상황이 개선되지 않는 이유를 말해 준다. 아이들은 법이나 제도가 아니라 사람들의 편견과 오해에 시달린다. 아이들을 보호해 준다는 법 안에서 그 법을 실행하는 사람들은 아이들을 범죄자처럼 다루고, 실제로 아이들도 자신들이 처벌받고 있다고 느낀다. 반면 성 구매자에 대한 솜방망이 처벌은 청소년 성매매라고 다를 게 없다. 공식적 견해에 의해 보호받고 있는 것은 아이들이 아니라 우리 어른들일지도 모른다. 어른으로서 아이들에게 해 줄 수 있는 일을 다 했다고 자위할 수 있기 때문이다. 청소년 성매매는 젠더(성)와 연령(십대)이 교차하는 지점에서 다층적인 사회적 모순을 끌어안고 있다. 젠더 권력과 나이 권력의 문제, 그리고 여기에 더해 계급의 문제를 진지하게 고민하지 않는다면 누구도 청소년 성매매 문제를 바라보는 이중적 시선에서 자유로울 수 없을 것이다.

나는 비공식적으로 십대 여성들을 비난하는 사람들의 동정심을 자극함으로써 우리 사회의 공식적인 견해에 대해 그들이 품고 있는 의구심을 해소하고 나아가 그들에게 공식적인 견해를 지지해 줄 것을 요청해 왔다. 현상을 복합적이고 맥락적으로 이해해야 한다는 것은 잘 알고 있었지만 청소년 성매매를 둘러싼 권력의 문제들과 십대 여성들의 복잡한 삶을 일일이 설명하고 이해시킬 만한 물적·심적 여유가 나에게는 없었다. 그런 상황에서 어떻게든 그들의 생각을 돌려야 한다는 조바심만 앞섰던 것이다.

그러나 이는 십대 여성들을 또 다른 방식으로 왜곡하는 행위라는 것을 누구보다 잘 알고 있었다. 오랫동안 십대 여성들을 만나면서, 또 그들을 안타깝게 생각하고 지지하는 어른들을 만나면서 나의 조바심도 어느 정도 사라졌다. 누구도 나에게 해결책을 제시해 달라 말하지 않았고, 십대 여성들의 대변자가 되어 줄 것이라 기대하지 않았다. 내 조바심은 그저 나 자신의 의무감과 부채 의식을 덜고자 하는 욕심일 뿐이었다. 이 사실을 깨닫고 나니 십대 여성들에 대해 말하기가 한결 수월해졌다. 누구의 해결사도, 대변자도 될 수 없지만 오랫동안 만나 온 친구들의 이야기를 들려 준다는 마음가짐으로 아이들을 만나면서 생각하고 느끼고, 또 때로는 연구해 온 소중한 경험들을 함께 나누고 싶다.

이 책을 읽기 전에
아이들을 만나기까지

 내가 성매매 경험이 있는 십대 여성들을 처음 만난 시기는 2001년이다. 십대 여성들의 목소리를 대변하겠다는 철없는 의협심에서 아이들을 만나기로 했지만, 어디서 어떻게 만나야 할지 막막했다. 다행히 앞서 십대 여성을 연구한 선배의 도움으로 쉼터 선생님을 통해 '원조교제' 경험이 있는 십대 여성들을 소개받을 수 있었다. 십대 여성들을 만나기 전, 나는 의무감과 정의감, 그리고 한편으로 아이들에 대한 '짠한 마음'을 가지고 있었다. 그러나 내 예상과는 달리 아이들은 굉장히 담담했고 또 명랑했다. 나는 아마도 성매매를 하며 받은 상처에 압도되어 무기력하게 있는 아이들의 모습을 상상했던 것 같다. 그러나 여느 십대 여성들과 다를 바 없는 아이들의 모습에서 성매매가 이들 삶의 일부에 불과할 수도 있겠다는 생각을 하게 됐다. 당시 많은 십대 여성을 만나 보지는 못했지만, 내 생각과 다른 그녀들의 모습에 내 선입견을 반성하게 됐고 나아가 더 만나 보고 싶다는 '욕망'이 생겨났다.

아이들과의 첫 만남

2002년 석사 과정을 수료한 뒤 한 학기를 휴학하고 본격적으로 십대 여성들을 만나 보기로 했다. 그러나 개인 연구자의 신분으로 늘 거리에 있는 이들을 만나기란 쉽지 않았다. 무엇보다 십대 여성들과 속 깊은 얘기를 나누기 위해서는 짧은 만남에 그치는 것이 아니라 시간을 두고 사귀는 것이 중요했다. 경험이 많지 않은 개인 연구자의 한계를 넘어서기 위해서는 전문 기관의 도움이 필요했다. 나는 위기에 처한 십대 여성들을 위한 기관인 〈서울시 늘 푸른 여성 지원 센터〉에 찾아갔다.

〈서울시 늘 푸른 여성 지원 센터〉에서는 내 연구를 매우 호의적으로 받아들이고 지원해 주었다. 여러 시설 중에서도 내 연구에 가장 적합한 W 센터에서 6개월 동안 인턴으로 일할 수 있도록 주선해 주었고, 같은 기간 동안 〈서울시 늘 푸른 여성 지원 센터〉와 YMCA가 진행하는 거리 상담에 활동가로 참여할 수 있게 해 주었다. W 센터 인턴 근무는 활동가 선생님들로부터 일을 배우고 그 곳에서 생활하는 아이들과 라포■를 형성할 수 있었다는 점에서 매우 소중한 경험이었다. 사실 W 센터는 경험이 없는 나를 인턴으로 쓸 아무런 이유가 없었다. 내가

■ 상담자와 내담자 사이에 솔직한 소통이 가능할 정도로 신뢰가 쌓인 상태, 혹은 그 관계를 말한다.

할 수 있는 일이라고는 청소하고 복사하고 간단한 문서 작업을 하는 등의 허드렛일이 전부였다. 특히 당시 W 센터는 십대뿐 아니라 성인 여성들도 함께 생활하는 공간이어서 나는 또래 여성들이 나를 어떻게 생각할지 몰라 매우 위축되어 있었다. 하지만 W 센터 선생님들은 어리고 경험 없는 나를 잘 참아 주셨고, 부족한 점까지 감싸 주셨다.

나는 W 센터에서 '선생님'으로 불렸고, '논문을 쓰기 위해 인턴 근무를 하고 있는 연대 대학원생'으로 알려져 있었는데 내 위치가 무척이나 조심스러웠다. 인턴 근무를 막 시작했을 때 나는 '선생님'으로서 내가 가진 권위를 의식해서인지 십대 여성이나 성인 여성들에게 더 살갑게 다가가야 한다는 생각에만 골몰했다. W 센터 선생님들의 말과 행동을 관찰하고, 내 행동이나 말이 문제를 일으키지 않도록 조심했으며, 나아가 W 센터의 입소자들과 친해지기 위해 노력했다. 입소자들과 조금이라도 친해지기 위해 노력하다보니 비사교적이고 소극적이던 내 성격까지 바뀐 것 같았다. 6개월의 인턴 근무 기간은 그렇게 흘러갔다.

인턴 기간 동안 매주 금요일에는 동대문 의류 상가 앞에서 진행된 거리 상담에 참여했다. 거리 상담은 밤 10시부터 새벽 3시까지 계속됐다. 가을, 겨울이 되면서 혹독한 추위 때문에 매번 거리 상담 시간이 빨리 끝나기만을 기다렸던 기억이 난다. 십대들과 제대로 된 대화 한 번 나눈 적 없던 나는 그렇게 추운 밤과 새벽에도 거리를 배회하는 십대들이 끊이지 않는다는 사실이 신기했다. 십대들은 놀거리를 찾아, 또는 먹을거리를 얻으러 거리 상담 부스에 왔는데 그중 진지하게 상담이 이어지는 경우도 있었다. 대부분 부모님에게도, 선생님에게도 얘기하지 못하는 고민이나 친구들에게 말해 봤자 뾰족한 해결책을 찾을 수 없는 고민들을 털어놨다. 이런 고민은 주로 성과 관련된 것으로 성관계나 임신, 성병 등에 대한 질문이 이어졌다.

거리에서 우연히 만난 어른에게 자신의 고민을 털어놓는다는 것은 이들의 상황이 얼마나 절박한지, 그리고 주위에 얼마나 자원이 없는지를 입증하는 것이었다. 그러나 거리 상담만으로는 문제를 해결하는 데 한계가 있어 상담을 마친 뒤 쉼터나 기관의 연락처를 줘 주고 꼭 연락을 하라고 다짐을 받는 게 최선이었다.

다시 차가운 어둠 속으로 사라져 가는 아이들의 뒷모습은 위태해 보였고 당장에 실질적인 도움을 주지 못하는 상황이 안타까웠다. 하지만 십대들이 자신에게 도움을 주고 싶어하는 사람들과 기관들이 있다는 사실을 알게 되는 것만으로도 의미 있는 활동이었다. 아이들이 기관에 스스로 찾아오는 경우는 매우 드물었는데 이는 기관에 대한 부정적인 인식 때문이기도 했지만, 기관의 존재조차 모르는 경우가 많기 때문이었다. 거리 상담 부스를 방문한 아이들은 여러 가지 정보를 제공받으면서 당장이 아니더라도 절실히 필요한 순간에 떠올릴 수 있는 자원을 얻었을 것이다. 그런 기대를 하면서 나는 추위 속에서 수많은 아이들과 그저 스치고 마는 시간을 견뎠던 것 같다.

거리의 생리를 배우다

거리 상담을 하면서 만난 아이들과는 바로 헤어졌기 때문에 인연을 만들기 위해서는 다른 접근이 필요했다. 나는 거리 상담을 하면서 만난 십대 중 친구들과 무리를 지어 다니는 아이들에 주목했다. 무리에는 대체로 대장이 있었고, 아이들은 대부분 대장의 말을 잘 따랐다. 이들은 무리를 지어 다니기 때문에 낯선 사람을 그다지 경계하지 않았고, 되도록 돈을 들이지 않으면서 놀 수 있는 거리를 찾고 있었다. 마침 무리에 속한 아이들 중 일부가 거리 상담 부스에 놀러왔고 나는 그들 중 대장에게 접근했다. 대장은 거리 상담 활동가인 나를 크게 경계하지 않았고, 오히려 이것저것 물어보며 자기들에게 관심을 보이는 나에게 호감을 느끼는 것 같았다. 대장의 마음에 든 나는 어렵지 않게 대장 무리에 속한 아이들을 소개받을 수 있었다.

나는 아이들에게 십대 여성을 연구하는 대학원생이라고 소개했고 아이들은 별 거리낌 없이 나를 받아 주었다. 중학생이었던 아이들은 방과 후 거의 매일 만나서 놀고 있었다. 용돈이 별로 없고, 미성년자기 때문에 대부분의 놀이를 거리에서 해결했다. 술도 거리에서 마셨고, 불꽃놀이를 즐겨 했으며, 돈을 모아 거의 매일 오락실이나 노래방에 갔다. 사실 이들도 매일 똑같이 노는 생활이 무료했기 때문에, 가끔 나타나 이것저것 사 주면서 함께 어울리는 나를 언니처럼 반겼다. 나는 이들과 함께 어울려 놀면서도 장소를 이동할 때는 한 명과 따로 걸으며 부모님과의 관계나 학교 생활, 남자 친구 등에 대해 물어보았다. 아이들은 기다렸다는 듯이 자신의 고민을 털어놓았다. 아무 생각 없이 노는 것처럼 보였지만 이들은 각자 나름의 상당한 고민을 안고 있었고, 노는 것으로 그 고민을 잊는 듯했다.

그렇게 함께 어울리면서 친해진 아이들은 내가 '원조교제'를 연구

한다는 사실을 알고 '원조교제'를 하는 은비를 소개시켜 주었다. 고등학생이던 은비는 부모님이 자신을 놀지 못하게 해서 '삐뚤어졌다'고 이야기했다. 은비는 고등학교 선생님인 아버지를 자랑스러워했지만 동시에 아버지가 선생님이기 때문에 큰딸인 자신에게 너무 큰 기대를 한다고 불만을 표했다. 은비는 부모의 간섭에 숨이 막힌다고 얘기하면서도, 마음속으로는 자신이 아무리 심하게 말썽을 부려도 부모가 자신을 포기하지 않고 있는 현실에 자부심을 갖고 있는 것 같았다. 그러한 믿음 때문에 은비의 말썽이 더 심해지는 부작용도 있었지만, 은비에게는 부모가 포기한, 또는 부모를 포기한 아이들과는 분명히 구분되는 자신감과 자기애가 있었다. 그러한 자신감과 자기애는 자기가 마음만 먹으면 언제든지 원조교제를 중단하고 평범한 십대로 돌아갈 수 있으며, 부모의 지원을 받아 대학에 가고 그럴듯한 직장도 구할 수 있을 것이라는 미래에 대한 전망으로 이어졌다.

　은비처럼 개인적으로 소개를 받아 만나는 경우도 있었지만 기관에서 일을 하면서 자연스럽게 만나기도 했다. 그 밖에 산업형 성매매 경험이 있는 십대 여성들과, 성매매 경험은 없지만 십대 여성들의 문화를 이야기해 준 '노는 아이들'도 만났다. 그렇게 십대 여성 스물네 명을 인터뷰해 석사 논문을 썼다. 당시 나는 원조교제를 우리 사회와 십대 여성들의 문화를 응축적으로 보여 주는 하나의 징후적인 사례라고 파악했다. 그렇게 함으로써 원조교제를 하는 십대 여성들을 소수의 '비행' 청소년으로 규정하고 낙인찍는 것에 문제 제기를 하고 싶었고, 또한 이들의 행위성을 부각시킴으로써 이들의 열린 미래를 강조하고 싶었다. 석사 논문은 많은 한계를 지니고 있었지만, 십대 여성들이 성매매에 유입되는 사회 구조적 원인을 분석하고 이들의 목소리를 드러냈다는 점에서 개인적으로도 청소년 성매매를 바라보는 시각과 연구 방법을 좀 더 확장할 수 있는 계기였다.

숲에서 길을 잃다

2004년에 박사 과정에 진학한 뒤 나는 뚜렷한 연구 주제 없이 수업을 들었다. 청소년 성매매를 더 이상 연구하고 싶지 않았기 때문이다. 석사 논문에서 청소년 성매매를 하는 십대 여성들의 행위성을 발견하고 그것을 부각시키기는 했지만 사실 아이들 각자의 상황에 마음이 아팠고 현실을 변화시키지 못하는 내 자신이 무력하게 느껴졌다. 석사 논문을 쓸 때처럼 용감하기에는 많은 것을 알아 버렸고, 같은 주제로 박사 논문을 쓰는 것에 대한 부담감도 컸다. 청소년 성매매에는 너무나 많은 문제들이 복잡하게 얽혀 있어서 내가 감당하기에는 벅찬 주제라고 생각했다. 나는 이 주제에서 도망치기로 마음먹었다.

그렇게 시간이 흐르고 연구 주제를 결정해야 할 시기가 왔지만 주제를 찾지 못하고 오랫동안 헤매고 있었다. 그런 나에게 교수님들은 당시 원조교제를 했던 아이들이 현재 어떻게 살고 있는지가 궁금하다고 하시며, 청소년 성매매 문제를 좀 더 깊이 있게 다뤄 보는 게 어떻겠냐고 길을 제시해 주셨다. 결국 몇 년 동안 청소년 성매매 문제에서 도망쳐 있던 나는 다시 그 주제를 마주하기로 마음먹었다.

교수님들의 제언이 큰 동기가 되기는 했지만 청소년 성매매 연구를 다시 시작하기까지는 무엇보다 현장의 활동가 선생님들의 도움이 컸다. 처음에는 논문을 쓴다는 구실로 오랫동안 끊었던 발길을 들이미는 것이 민망하고 죄송했다. 그렇지만 활동가 선생님들은 나의 민망함을 아시는지, 모르시는지 환한 미소로 맞아 주셨다.

내가 석사 논문을 쓸 때 인턴으로 일했던 W 센터는 현재 성인 시설로 특화되어 운영되고 있었다. W 센터의 대표님은 십대 시설인 〈새날을 여는 청소녀 쉼터〉(이하 〈새날〉)의 관장님을 소개해 주셨다. 마침 〈새날〉에서는 국가 청소년 위원회에서 위탁을 받아 〈서울 위기 청소년 교육 센터〉(이하 〈센터〉)를 운영하려는 참이었다. 때마침 내가 인턴을 할 때 W 센터에 계셨던 선생님이 〈센터〉의 팀장으로 오시게 되어 한결 편안한 마음으로 일을 시작할 수 있었다. 나는 2007년 말부터 〈센터〉에서 교육 코디네이터로 근무하게 되었다.

또 하나의 집, 〈새날〉

〈새날〉은 성매매 경험이 있는 십대 여성들만 입소할 수 있는 쉼터로 1997년 〈함께 가는 감리교 여성회〉의 회원인 감리교 여성 목회자, 평신도, 여신학자들이 설립했다. 〈새날〉이 설립되고 10여 년 동안 천 명이 넘는 아이들이 〈새날〉을 거쳐 갔고, 거의 언제나 열 명의 정원을 채우고 있었다. 십대 여성들이 보통 쉼터 입소를 꺼린다는 점에서 이러한 수치는 아이들이 그만큼 〈새날〉을 신뢰하고 있다는 증거다. 국가 청소년 위원회가 십대 여성들의 성매매 재유입을 방지하기 위해 설립한 위기 센터를 〈새날〉에 위탁한 것도 〈새날〉이 십대 여성들에 대한 이

해도가 높은 쉼터로 꼽히기 때문이었다. 십대 여성들은 가출을 하기 전이나 후에 지속적으로 또래들과 정보를 교환하는데 '괜찮은' 쉼터를 알아 놓는 것은 만일에 대비할 수 있는 중요한 자원이다.

집이 싫어서, 또는 친구들과 자유롭게 놀고 싶어서 가출했기 때문에 웬만해서는 쉼터에 입소하지 않지만, 더 이상 버티기 어려운 위기에 닥쳤을 때 쉼터는 십대 여성의 마지막 보루가 된다. 십대 여성은 대체로 쉼터를 꺼리지만 용돈을 주는지, 담배를 필 수 있는지, 아르바이트가 허용되는지 여부를 기준으로 괜찮은 쉼터를 물색해 놓는다. 〈새날〉은 담배를 필 수 있고(하루에 다섯 개비), 용돈을 받을 수 있으며(한 달에 3만 원), 아르바이트가 가능하다는 점 등이 장점으로 꼽힌다. 이처럼 다른 쉼터보다 비교적 자유로운 분위기 때문에 〈새날〉은 가출한 십대 여성들 사이에서 인기가 많았다.

〈센터〉와 〈새날〉은 한 건물 안에 1층과 2층으로 사무실을 따로 쓰고 있었고, 아이들은 쉼터 선생님들과 함께 2층에서 생활했다. 〈새날〉에는 관장님과 이모님(취사 담당)을 비롯해 다섯 분의 선생님이 계셨고, 〈센터〉에는 나와 팀장님이 계셨다. 〈새날〉과 〈센터〉는 업무는 달랐지만 아이들을 중심으로 매우 긴밀한 관계를 유지했다. 〈새날〉에 입소한 아이들을 〈센터〉의 캠프에 참여시키는 것이 〈새날〉의 지침이었고, 캠프에 참여한 아이들 중 돌아갈 곳이 마땅치 않은 아이들은 캠프가 끝난 뒤 〈새날〉에 입소하기도 했다. 또한 나와 팀장님은 〈새날〉 식구들과 매일 함께 식사를 하고, 〈새날〉 행사에 참여했으며, 가끔 쉼터 숙직을 하는 등, 실질적으로 〈새날〉의 일원이었다. 또한 아이들의 일상에 직접 개입하지 않는 〈센터〉의 특성 때문이었는지 아이들이 〈새날〉 선생님들과 갈등을 겪을 경우 〈센터〉가 일종의 완충 역할을 해 주기도 했다. 아이들은 선생님과 갈등이 있을 때나 다른 입소생과 싸웠을 때 〈센터〉에 내려와서 숨을 고르거나 상담을 요청했다. 그 밖에 할 일이 없어 심심할 때도, 〈센터〉에서 캠프 참여자들에게 주는 선물이나 간식이 무엇인지 궁금할 때도 수시로 〈센터〉에 마실을 와서 시간을 보내곤 했다.

〈새날〉의 기상 시간은 오전 8시지만 학교를 다니는 아이들은 새벽에 일어나서 숙직 선생님에게 차비와 준비물비 등을 받고 등교를 한다. 숙직을 맡은 선생님에게는 아이들을 깨우는 일부터 전쟁의 시작이다. 학원이나 아르바이트를 가야 하는 아이들은 그런대로 잘 일어나지만 느지막이 일과를 시작하는 아이들은 좀처럼 일어나지 않는다. 선생님이 몇 번을 깨운 후에야 겨우 일어나서는 늦었다고 선생님에게 화를 내는 아이, 화장실이 하나라 앞 사람 때문에 못 씻고 기다리는 아이, 드라이어나 화장품이 없어졌다고 하는 아이, 속옷이 안 말랐다고 하는 아이, 용돈을 받기로 한 날인데 왜 주지 않느냐고 항의하는 아이 등, 일대 소란이 벌어진다. 그래도 일과가 없는 아이들은 그 소란 속에서도 꿋꿋하게 잠을 잔다.

아이들이 일어나서 가장 먼저 하는 일은 숙직 선생님에게 담배를 받아 피는 것이다. 아이들은 하루에 다섯 개비를 받아 나름대로 흡연 시간을 정해 놓고 담배를 피지만 유혹을 참지 못해 일찌감치 다 피워 버리고 다음날이 오기만을 손꼽아 기다리는 경우가 많다. 담배를 참지 못하는 아이나 그날 하루 기분이 좋지 않은 아이는 다섯 개비를 오전에 다 피워 버리고 다음날 받을 담배를 가불해 달라고 요구하기도 한다. 담배는 아이들이 쉼터에 입소할 때 가장 힘들어하는 부분이다. 〈새날〉은 아이들이 담배를 끊을 마음의 준비를 하지 않은 상태에서 쉼터가 금연을 강요하면 아이들 대부분이 쉼터 입소를 포기한다는 사실을 깨닫고 금연보다 쉼터 입소가 더 중요하다는 판단하에 흡연을 허용하고 있었다. 대신 담배를 하루에 다섯 개비로 정하고 선생님이 관리함으로써 아이들이 스스로 담배를 조절할 수 있도록 유도하고 있다. 물론 쉼터에서 담배를 제공받는 아이들은 담배를 피지 않는 아이들과의 형평성을 위해 담배 가격을 일부 제한 용돈을 받는다. 그러나 가출한 상태에서 아무런 제약 없이 마음껏 담배를 피던 아이들이 하루 다섯 개비로 버티기란 쉽지 않다. 아이들에게 담배는 너무나 중요하기 때문에 담배를 둘러싼 아이들과 선생님들의 협상은 언제나 첨예하다.

아이들이 담배만큼 중시하는 것이 컴퓨터다. 〈새날〉에서는 한 사람당 하루에 한 시간 동안 컴퓨터를 사용할 수 있다. 그러나 컴퓨터가 사무실에 있기 때문에 선생님들이 회의나 상담 등을 하면 컴퓨터를 쓸 수가 없다. 또한 열 명에 달하는 아이들이 돌아가면서 컴퓨터를 하기 때문에 자칫하면 컴퓨터를 할 기회를 놓치기 십상이다. 그래서 아이들은 컴퓨터 사용 시간을 기록하는 장부에 이름을 미리 올려서 자기 차례를 확보하는 원칙을 만들었다. 장부에는 언제나 대기자 이름이 빼곡하게 적혀 있었다.

담배나 컴퓨터처럼 중요한 일들을 처리한 아이들은 숙직 선생님과 함께 아침을 먹는다. 이후 선생님들과 이모님이 출근을 하면 아이들은 사무실에 따라 들어가 어제 저녁부터 오늘 아침까지 있었던 일들을 종알종알 이야기하곤 한다. 선생님들이 매일 오전 회의를 하는 동안 마루로 쫓겨난 아이들은 부엌 식탁에 앉아 이모님에게 오늘의 메뉴가 무엇인지 묻거나 먹고 싶은 음식을 해 달라고 조르기도 한다. 11시 30분쯤 모두 함께 이른 점심을 먹고 나면 아이들은 텔레비전을 보거나 마실을 나가거나 자기 할 일을 한다. 서너 시 경이 되면 간식을 먹는다. 대체로 이모님이 간식을 만들어 주시지만 때로는 아이들이 먹고 싶어 하는 통닭이나 피자를 주문하기도 하고 생일인 식구가 있으면 파티가 벌어지기도 한다. 아이들 열 명에 선생님들까지 식구가 많기 때문에 한 달에 한 번꼴로 생일 파티가 열린다. 〈새날〉의 먹을거리 사정은 좋은 편이다. 손님이 사 오는 간식이나 푸드 뱅크에서 지원하는 음식이 늘 〈새날〉의 식탁을 풍성하게 해 준다. 거리 생활을 하면서 영양 상태가 불균형해진 아이들은 〈새날〉에서 이모님이 해 주시는 세 끼 밥과 간식을 먹으며 금방 살이 오른다.

 이모님이 저녁밥과 다음날 아침밥까지 준비해 놓고 퇴근하시면 아이들은 각자의 일을 마치고 돌아와 저녁을 차려 먹는다. 선생님 도움 없이도 제법 뚝딱 식탁을 차려 놓고 야근하는 선생님들을 부르기도 한다. 순번을 정해 설거지까지 마친 아이들은 조용했던 낮과 달리 복작복작해진 쉼터에서 텔레비전을 보거나 수다를 떨면서 하루를 마무리한다.

 〈새날〉의 통금 시간은 밤 10시고 외박은 미리 선생님에게 말하면 대체로 자유롭게 할 수 있다. 밤에는 선생님들과 이모님, 관장님이 돌아가면서 숙직을 하는데 선생님마다 엄격한 정도가 다르고 자신과 궁합

이 맞는 선생님이 따로 있기 때문에 오늘 어떤 선생님이 숙직을 하는지는 아이들에게 큰 관심거리다. 숙직 요일이 정해져 있기는 하지만 선생님들의 일정에 따라 유연하게 조절되기 때문에 아이들은 늘 오늘 숙직 선생님이 누구인지 궁금해한다. 특히 싸움이나 무단 외박 등 말썽을 피워 선생님과 갈등을 빚은 아이들은 그 선생님이 숙직을 하지 않기를 간절히 바란다.

선생님들은 숙직을 하는 동안 밀린 일을 처리하기도 하고 조용한 사무실로 아이들을 불러서 상담을 하기도 한다. 아이들은 상담을 매우 좋아하는데 자신이 관심을 받고 있다고 느끼기 때문이다. 또한 바쁜 일과와 북적이는 인원 때문에 좀처럼 선생님과 독대하기 힘든 일상에서 일대일로 장시간 대화를 할 수 있는 상담은 매우 소중한 시간이다. 그래서인지 선생님과 싸워서 화가 나 있거나 자기가 저지른 잘못 때문에 선생님을 슬금슬금 피하던 아이들도 상담 시간이 되면 언제 그랬냐는 듯 쪼르르 달려와 상담을 한다. 상담 뒤에는 대부분 선생님과 관계를 회복한다. 상담 시간을 기다리는 아이들은 자신과는 언제 상담을 하냐며 물어 오기도 한다.

이렇게 〈새날〉의 주중이 지나면 주말에는 공연이나 영화 관람, 자전거 타기, 등산 등의 야외 활동을 하고 야외 활동이 없는 주말에는 아이들끼리 노래방을 가거나 피시방에 가서 논다. 주일 오전에는 예배를 드리는데 참여는 자율적이다. 예배에 참여하고 싶지 않은 아이들은 방에 들어가 있고, 예배를 좋아하는 아이들은 친구와 함께 참여하기도 한다. 방학에는 모든 식구들이 함께 여행이나 캠프를 다녀온다.

이렇게 〈새날〉에서의 생활은 다채롭고 역동적인데 이를 관장하는 분위기는 자유로움이다. 〈새날〉 선생님들은 가출한 아이들에게 가장 필요한 곳이 '집'이라고 생각한다. 여러 사람과 공동생활을 하기 때문에 규칙은 있어야 하지만, 아이들이 되도록 자기 집과 같은 편안함을 느낄 수 있도록 규칙을 많이 없앴다. 그래서 〈새날〉에서는 기상, 식사, 프로그램, 휴식 따위의 시간표에 맞춰 일상이 전개되지 않는다. 기상과 식사 시간이 정해져 있기는 하지만 자신의 일과나 컨디션, 기분에 따라 늦잠을 자거나 혼자서 밥을 차려 먹는 것이 가능하다. 〈새날〉의 아이들은 여느 가정의 아이들처럼 자고 싶을 때 자고 먹고 싶을 때 먹고 방을 어지럽힌 채 생활한다.

〈새날〉은 이처럼 집과 같은 공간을 지향하기 때문에 아이들에게 인기가 많았다. 이러한 인기는 〈새날〉을 퇴소한 이십대 여성들이 끊임없이 찾아오는 것을 봐도 알 수 있다. 검정고시를 준비하면서 도움을 받으려고, 임신을 해서 몸을 풀려고, 결혼한 남자를 선보이려고, 행사에 참여하려고 등등, 퇴소생들은 여러 가지 이유로 〈새날〉을 다시 찾는다. 그렇게 와서 반찬을 얻어 가기도 하고 며칠씩 머무르기도 한다. 퇴소생들에게 〈새날〉은 친정과 같은 곳이다.

〈새날〉은 아이들에게 또 하나의 집이었고 선생님들은 새로운 가족이었다. 그래서인지 아이들은 선생님이 바뀔 때마다 유독 심한 마음의 몸살을 앓았다. 언니, 이모, 어머니와 같은 존재들을 떠나 보내고 새로운 가족을 맞이한다는 것은 감정적으로 쉽지 않은 일이었다. 〈새날〉에서 3년을 근무했던 선생님 두 분이 개인적인 이유로 그만두고 새로운 선생님들이 오시자 아이들은 이 선생님들에게 날을 세웠다. 과거의 선생님들과 비교를 하면서 새로 온 선생님들이 〈새날〉의 규칙과 분위기를 바꾸려 한다고 불평했고, 선생님들의 지시에 잠자코 따르지 않는 경우가 많았다. 이들의 행동은 일종의 텃세일 때도 있었지만 이전 선생님에 대한 애정과 의리를 지키기 위해 새로 오신 선생님과 쉽게 친해지지 않겠다는 순진한 다짐에서 나온 것일 때도 있었다. 또한 새로 온 선생님이 자신의 '반항'에 어떻게 대응하는지 살피면서 선생님들을 '시험'해 보는 행위기도 했다. 결과적으로 이러한 갈등은 〈새날〉과 선생님들에 대한 아이들의 애정을 반증하는 것이었다. 〈새날〉에 새로 온 선생님들과 선생님보다 먼저 〈새날〉에 입소한 아이들은 이렇게 적지 않은 시간과 에너지를 쏟으며 서로에게 익숙해져 갔다.

나는 아이들의 이러한 태도를 보면서 〈새날〉이 정말 흥미로운 곳이라고 생각했다. 처음에는 쉼터가 정말 또 하나의 집이 될 수 있을지 의심스러웠지만 어느새 〈새날〉은 나에게도 집이 되어 있었다. 오랫동안 자취를 하느라 제대로 먹지 못했던 나는 〈새날〉에서 이모님이 해 주시는 밥을 먹으며 아이들과 마찬가지로 살이 올랐다. 또한 〈새날〉에서 집까지 가려면 버스와 지하철을 여러 번 갈아타야 했기 때문에 일주일에 한 번 정도는 혼자 〈센터〉에 남아 잠을 자기도 했다. 굳이 고생해서 집에 가지 않아도 될 정도로 〈새날〉이 편했기 때문이다.

캠프를 열다

내가 몸 담은 〈센터〉의 주요 업무는 캠프 진행이었다. 캠프는 일 년 동안 총 여섯 번 열리고, 대부분 경찰의 '함정 수사'에 적발된 아이들이 참여한다. 경찰은 인터넷 채팅 사이트에서 성 구매 남성으로 위장해 십대 여성들에게 접근하는데 상대 남성을 찾는 게 목적이므로 십대 여성들은 조사 후 귀가 조치되기도 한다. 경찰에 적발되고도 풀려난 경험이 있는 십대 여성들은 경찰에 적발되는 것을 그다지 무서워하지 않게 되고 그 후에도 계속해서 성매매를 한다. 그러나 이는 예외적인 경우고 원칙상 경찰에 적발된 십대 여성들은 청소년 성매매 범죄의 대상이라는 의미로 '대상 청소년'이라 불리며 관리된다. 경찰은 대상 청소년 명단을 〈중앙 위기 청소년 교육 센터〉로 보내고 〈중앙 위기 청소년 교육 센터〉는 경찰에 적발된 십대 여성들과 검찰 또는 판사에게 교육 이수 명령을 받은 십대 여성들의 명단을 각 지역의 교육 센터로 보낸다. 각 지역 센터는 십대 여성들에게 연락을 취해 교육을 진행한다. 2011년 현재 중앙, 서울, 경기, 인천, 강원, 대전, 대구, 광주, 부산, 전주, 평화 이렇게 11개의 센터가 있다.

   교육은 두 달에 한 번씩 매번 십대 여성 여덟 명과 함께 5박 6일 동안 캠프 형식으로 진행된다. 캠프 기간에는 두 차례의 공식적인 상담 말고도 비공식적인 상담이 수시로 이루어졌기 때문에 선생님과 십대 여성들이 어느 정도 상호 이해와 신뢰를 구축할 수 있다. 교육이 끝난 뒤 십대 여성들은 쉼터에 입소하거나 집으로 돌아가는 등 자신의 의사에 따라 거취를 선택하고, 최대 2년 동안 사후 관리를 받게 된다. 사후 관리는 의료, 법률, 심리 상담, 자립 지원(아르바이트, 취업), 학업 지원(검정고시, 학교 복학) 등으로 십대 여성들이 교육을 마친 다음 탈성매매를 할 수 있도록 돕는 게 목적이다.

　캠프는 교육 대상 아이들에게 연락하여 캠프 참여를 안내하는 것부터 시작한다. 2008년 당시는 이 사업이 초기 단계에 있었기 때문에 경찰, 검찰, 판사 등이 교육 센터를 인지하지 못하고 있는 경우가 대부분이었다. 검찰이나 판사가 40시간의 교육 수강 명령을 내리면 캠프에 의무적으로 참여해야 하기 때문에 명단에 있는 아이들에게 캠프를 안내하기가 쉬웠지만, 수강 명령을 받지 않은 아이들은 이후 검찰 조사나 재판에서 캠프 참여가 도움이 될 수 있다고 설득해야 했다. 그러나 연락처를 거짓으로 기재했거나 연락처가 바뀌어서 아예 연락이 되지 않는 아이들이 많았고, 연락이 되더라도 집에서 살고 있거나 학교에 다니고 있는 아이들은 부모님과 선생님이 알게 될까 봐 캠프 참여를 꺼렸다. 또한 참여하겠다고 대답한 아이들도 중간에 연락이 끊기거나 마음을 바꾸는 경우 많아서 정원 여덟 명을 채우는 일은 언제나 어려웠다. 이러한 상황에서 〈새날〉에 입소한 아이들의 캠프 참여가 큰 힘이 되었다. 〈새날〉을 비롯해 성매매 피해 십대 여성 쉼터에 입소한 아이들은 '고위험군'으로 분류되어 캠프에 참여할 수 있었고, 〈새날〉에서도 아이들에게 캠프 참여를 권장했다.

　캠프가 시작되면 전화로만 이야기했던 아이들과 직접 만나게 된다. 캠프 첫날을 여는 것은 아이들에게도 교육 코디네이터인 나에게도 긴장되는 일이었다. 어떤 아이들이 참여할지는 당일 오전에 아이들이 나타나야만 알 수 있는 것이기 때문에 미리 참여자를 짐작할 수 없었다. 어떤 아이들이 참여하느냐에 따라 캠프는 매번 다른 양상으로, 역동적으로 진행된다.

그러나 공통적인 것은 캠프에 참여한 아이들이 캠프를 일종의 처벌로 생각하고 참여한다는 점이다. 경찰의 함정 수사에 적발되어 캠프에 왔고, 그중에는 검찰 조사나 재판을 받은 아이들도 있기 때문에 아이들은 캠프 참여를 자신들이 성매매를 한 것에 대한 처벌로 간주했다. 그래서 아이들에게는 5박 6일을 잘 보내는 것이 중요했고, 선생님들과 기싸움을 할 생각도 하지 않았다. 아이들이 이러한 마음을 먹고 캠프에 참여했기 때문에 캠프는 대체로 순조롭게 진행됐다.

아이들을 아침에 깨우는 일도 의외로 쉽게 해결됐다. 캠프 참여자는 열 명이 넘지만 화장실은 두 개밖에 없어서 항상 화장을 해야 하는 아이들이 스스로 일찍 일어났기 때문이다. 아이들은 긴 시간을 들여 화장하고 머리를 손질했는데 특히 테이프나 풀로 쌍꺼풀을 만드는 솜씨는 전문 성형외과 의사 뺨칠 정도였다. 쌍꺼풀을 만든 뒤 검은색 눈 화장을 하고 속눈썹을 붙이는 것이 이들 사이에서 유행하는 화장법이었다. 어떤 아이들은 눈동자를 커 보이게 하기 위해 싸구려 서클렌즈를 끼고 관리를 잘 하지 않는 바람에 눈병에 걸리기도 했다. 아이들에게 눈 화장은 옅게 하고, 쌍꺼풀을 만드는 테이프와 풀을 조심하고, 서클렌즈를 끼지 말라고 얘기를 해도 아이들은 '비포/애프터'의 큰 차이 때문에 쉽게 포기하지 못했다. 특히 오랫동안 매일 풀로 쌍꺼풀을 만들어 온 아이는 이미 눈꺼풀이 늘어날 대로 늘어나서 쌍커풀이 없는 자신의 얼굴을 보기 싫어할 정도였다.

아이들은 외부 프로그램이 있는 날에는 더 정성스럽게 화장을 했다.

익명의 사람들에게 '꿀리지 않는 자신감'이 중요했기 때문이다. 아이들 스스로 예쁘다고 생각하는 외모의 기준은 주로 긴 머리에 진한 화장과 노출이 많은 옷, 걷기 힘들 정도의 높은 신발이었는데 자기들 사이에서만 예쁜 외모로 통하는 과장된 치장이 특징이었다. 아이들의 화장법과 옷차림은 사회에서 통용되고 유행하는 것과는 사뭇 달랐다. 거리에서 유행하는 아이들만의 외모 기준이 있었던 것이다. 아이들은 어른스럽고 성적이고 강해 보이는 외모로 자신을 표현하고 또 보호하면서 또래와 자신을 구별 짓기하고 있었다.

아이들의 재발견

벌을 받으러, 또는 향후 벌을 덜 받기 위해 하는 수 없이 캠프에 참여한 아이들은 5박 6일 동안 밥과 잠자리를 제공하고, 선물과 간식을 주고, 아프면 병원에 데려가고, 아이들의 의사를 물어보고, 상담을 하고, 아이들과 즐거운 시간을 보내려고 노력하는 선생님들의 행동에 어리둥절해했다. 그러면서도 아이들은 점점 긴장을 풀었고 캠프를 즐기기 시작했다. 아이들이 좋아했던 것은 역시 물질적인 지원과 심리적인 안정이었다. 가족, 학력, 인맥 등의 자원 없이 성매매로 생계를 유지하고 소비 욕구를 충족시켜 온 아이들은 캠프에서 공적 지원을 받는 것을 매우 낯설어했다. 아이들은 밥, 잠자리, 간식, 선물 등을 받으면서 '정말로 공짜냐'고 물었고, 자기들에게 왜 이러한 것들을 제공하는지 의아해했다.

캠프에는 나와 팀장님 말고도 여러 선생님들이 방문했다. 프로그램을 하기 위해 오신 강사 선생님부터 자원봉사를 하러 오신 선생님들까지 많은 이들이 끊임없이 캠프를 방문했다. 아이들은 새로운 선생님들이 올 때마다 자신들이 관심과 돌봄을 받고 있다고 느끼며 반가워했다. 낮에 함께 즐거운 시간을 보낸 자원봉사 선생님들이 잠이라도 자고 가면 아이들은 옆에서 같이 자고 싶어했다. 캠프에 온 선생님들은 거리에서 또는 성매매를 하면서 만난 어른들과 달리 아이들에게 대가를 요구하지도 않았고, 아이들의 행동을 판단하지도 않았다. 아이들은 선생님들의 이러한 태도를 보면서 프로그램에 대한 거부감을 덜 수 있었고 설사 프로그램이 재미없고 마음에 들지 않아도 내색하지 않으려 애쓰는 모습을 보이기도 했다.

캠프 프로그램은 적성 검사, 심리 검사, 성교육, 미술 활동, 무용 활동, 문화 활동, 건강검진, 여성학, 직업 탐색, 직업 체험, 자원봉사 등으로 구성되었다. 외부 강사님을 모셔서 진행하는 프로그램의 경우에는 성매매 경험이 있는 십대 여성들을 만난 경험이 있고 이들에 대한 이해가 높은 선생님들을 선별했기 때문에 아이들이 편안하게 프로그램에 참여할 수 있었다. 그러나 항상 이해도 높은 선생님들만 모실 수는 없었다. 때로 우리가 염두에 둔 강사 선생님이 시간을 낼 수 없는 경우에는 나와 〈새날〉의 선생님이 프로그램을 맡기도 했다. 성매매 경험이 있는 아이들을 이해하지 못하는 선생님을 모셨을 경우 아이들에게 어떤 상처를 줄지 알 수 없었기 때문이다.

이렇게 선생님 섭외에 신경을 썼는데 마음 아픈 사건이 발생했다. 장애인 시설이나 노인 요양 시설 등을 방문해 자원봉사를 하는 프로그램을 진행하던 중이었다. 아이들은 자신이 누군가에게 도움이 된다는 사실에 기뻐하면서 자원봉사 프로그램에 항상 진지하게 참여했고 아이들의 만족도도 그만큼 높았다. 사단은 우리가 방문한 노인 요양 시설의 원장이 오리엔테이션 시간에 한 말에서 시작됐다. 이곳 시설에 계신 노인분들은 사회적으로 성공한 자제분들의 부모님이시니 아이들에게 '문란하게 놀지 말라'고 주의를 준 것이었다.

우리는 시설을 섭외하면서 아이들 여덟 명과 자원봉사를 하러 간다고 소개했을 뿐인데, 원장이라는 사람은 '학생답지' 않은 아이들의 외모를 보고 섣불리 판단해 아이들을 비난한 것이었다. 나와 팀장님은 자원봉사를 하지 않고 철수할 것을 심각하게 고민했지만 시설의 담당자에게 이유를 설명하기가 어려워서 자원봉사를 빨리 끝내는 방향으로 결정했다. 아이들이 풀어 죽어 있거나 화가 나 있을까 봐 걱정스러운 마음에 찾아 보니 아이들은 여느 때처럼 할머니, 할아버지의 팔다리를 열심히 주물러 드리고, 구석구석 청소를 하고, 노래방 기계에서 신나게 노래를 부르고 있었다. 나와 팀장님은 화가 나고 속상한 마음에 '속도 좋다'는 말을 주고받았다.

프로그램을 마친 뒤 평가 모임을 하면서 아이들에게 소감을 물어보자 아이들은 보람되고 좋았다고 입을 모으면서도, 원장의 말에 화가 났다고 털어놓았다. 팀장님이 "너희들이 너무 신나게 노래를 하고 열심히 자원봉사를 하길래 원장의 말을 못 알아들은 줄 알았다"고 하시자 아이들은 "화가 났지만 할머니, 할아버지들 앞에서 내색하지 않고 즐겁게 해 드려야 한다고 생각했다"고 답했다. 나는 뒤통수를 맞은 기분이었다. 나조차 화가 나서 좀처럼 감정 조절이 안 되고 봉사고 뭐고 다 때려치우고 싶었는데, 그에 비해 아이들은 너무나 성숙하게 대처하고 있었던 것이다. 아이들의 성숙한 모습에 감동하면서도 마음 한켠은 여전히 쓰라렸다. 우리들은 실컷 원장을 흉보면서 서로를 위로하고 칭찬하며 상처를 치유했다.

관심과 돌봄에 목마른 아이들

공식 프로그램 말고도 아이들이 큰 관심을 보였던 것은 아이들의 참여를 독려하기 위해 마련한 '으뜸녀 선정'이었다. 으뜸녀는 그날 하루 가장 열심히 생활 수칙을 지키고 프로그램에 참여한 사람을 뽑는 행사로 으뜸녀에 선정되면 작은 선물을 받았다. 매번 두 명을 뽑아서 캠프 기간 동안 모두에게 한 번씩은 기회가 돌아갈 수 있도록 했는데, 아이들은 한 차례 뽑히고 나서도 다시 한번 뽑히기 위해 더 노력하는 모습을 보였다. 으뜸녀 시상은 으뜸녀 선정 이유를 다른 아이들이 납득할 수 있도록 선생님들이 설명하는 방식으로 진행되었는데, 아이들은 자신의 행동이 인정을 받는다는 느낌 때문인지 으뜸녀가 되고 싶어 열을 올렸다.

아이들은 프로그램을 마치고 집으로 돌아오면서 으뜸녀를 언제 뽑냐고 물어보고, 자기들끼리 오늘의 으뜸녀는 누가 될지를 점쳐 보곤 했다. 으뜸녀를 발표할 때 기대와 즐거움에 찬 아이들의 눈빛을 보고 있자면 방송국의 연말 시상식장에라도 와 있는 기분이 들 정도였다. 상은커녕 칭찬도 받아 본 적이 없는 아이들은 선생님들이 자신의 일거

수일투족을 관심 있게 관찰해 준 것에 감동하고, 또한 자신이 별 의도 없이 했던 행동을 선생님들이 의미 있고 가치 있는 행동으로 해석하는 것을 보면서 자신감을 얻기도 했다. 이처럼 공개적인 칭찬과 인정을 받았을 때 아이들의 자아상은 질적인 변화를 겪게 된다. 으뜸녀에 뽑힌 아이들은 또 선정되기 어렵다는 사실을 알면서도 자신이 칭찬받았던 행동을 지속하고, 더 좋아지는 모습을 보였다. 아이들에게 작은 칭찬과 관심과 인정이 얼마나 중요한 의미를 지니고 가시적인 변화를 이끌어 내는지를 확인할 수 있는 시간이었다.

아이들의 이러한 관심과 인정에 대한 욕구는 캠프 기간 동안 종종 '아픈 몸'으로도 나타났다. 거의 매캠프마다 나는 아픈 아이를 데리고 병원을 찾았다. 오랫동안 잘 먹지 못하다가 갑자기 식사량이 늘어서인지 체하거나 구토, 가스가 차는 등 소화 장애를 앓는 아이가 많았고, 성병 치료를 받고 있어서 정해진 날짜에 백신을 맞아야 하는 아이도 있었다. 상태가 심각한 아이들도 있었지만, 잘 쉬고 음식을 조심하면 괜찮을 아이들도 병원에 가고 싶어했다. 병원에 가고 싶다는 아이들은 모두 병원에 데려갔는데, 이는 아이들이 자신에게 얼마나 많은 돈과 시간과 감정을 투자하는지를 선생님과 함께 병원에 가는 것으로 확인하고 싶어했기 때문이다. 또한 아이들은 병원 의사의 확인이 있어야 자신이 꾀병이 아니며 진짜 아프다는 사실을 인정받을 수 있다고 생각하는 듯했다. 의사의 진단을 받은 아이들은 선생님에게 특별한 관심을 받을 수 있었고, 다른 아이들도 걱정해 주었으며, 프로그램에 참여하지 않고 떳떳하게 쉴 수 있었다.

실제로 거리 생활은 아이들을 병들게 한다. 잘 먹지도 못하고 잘 자지도 못할 뿐 아니라 아프더라도 대부분 돈이 없어서, 낮밤이 바뀌어서, 또는 친구들과 노느라 병원에 가지 못하면서 생긴 병이다. 아이들의 이러한 상황을 잘 알고 있기 때문에 캠프에서는 건강검진 프로그램을 넣어 아이들을 한의원에 데려갔다. 평소에도 〈새날〉 아이들을 잘 봐주시는 한의사 선생님은 캠프에 참여한 아이들의 몸 상태를 보고 놀라시곤 했다. 아이들의 몸 여기 저기 문제가 있는 경우가 많았기 때문이다. 성장기에 필요한 영양을 충분히 섭취하지 못해 생긴 일이었다. 또래보다 유달리 작고 마른 아이들이 많았고, 술과 인스턴트 음식을 먹어서 살이 많이 찐 아이들도 있었다. 한의사 선생님은 아이들에게 규칙적인 생활을 하고 좋은 음식을 잘 먹으라고 말씀하셨다. 캠프 기간 동안 선생님들이 여러 번 얘기해도 귓전으로 흘리던 아이들은 한의사 선생님의 말씀만은 진지하게 들었다. 아이들은 생전 처음 가 보는 한의원에서 침을 맞고 약을 받은 뒤, 선생님들을 붙잡고 자기 몸이 어디가 안 좋은지를 알려 주었다. 아파도 병원에 가지 않았던, 또는 가지 못했던 아이들은 한의원에서 깊은 인상을 받은 듯했다. 건강검진 프로그램을 통해 자기 몸이 소중하다는 사실을 알게 되었다는 소감을 적어 낸 아이들도 있었다.

거리가 익숙한 아이들

이렇게 대체로 즐겁고 원만하게 캠프는 진행되었지만, 평화는 선생님과의 관계나 공식 프로그램에만 한정됐다. 선생님이 끼지 않은 상황에서 아이들 내부에는 언제나 갈등이 존재했다. 정규 캠프 여섯 번 중에서 마지막을 제외하고 아이들은 항상 두 그룹으로 갈렸다. 힘이 있는 아이들과 힘이 없는 아이들이었다. 힘이 있는 그룹은 외모가 예쁘거나, 성격이 괄괄하거나, 나이가 많은 아이들이었고, 힘이 없는 그룹은 그렇지 못한 아이들이었다. 힘이 있는 그룹은 캠프의 분위기를 주도했고, 프로그램 시간에도 선생님들에게 적극적인 모습을 보여 귀여움을 받았다. 힘이 없는 그룹은 이 아이들에게 크게 신경을 쓰지는 않았지만 이들의 기세에 눌려 있었다. 특히 힘이 있는 그룹은 한 명을 찍어서 괴롭히곤 했는데 프로그램을 할 때 같은 팀에 넣어 주지 않기, 말 걸지 않기, 옆에 앉지 않기, 담배 뺏기, 게임을 빙자해 때리기, 외모 놀리기, 흉내 내기, 여러 사람 앞에서 면박 주기 등 전형적으로 괴롭히는 행동들을 했다.

여러 명의 아이들과 함께 생활한 경험이 없었던 나는 은밀하게 진행되는 이러한 괴롭힘을 눈치 채지 못하는 적이 많았다. 아이들이 선생님에게 보여 주기 원하는 모습만 보고 있었던 것이다. 그러나 베테랑인 팀장님의 눈까지 피할 수는 없었다. 팀장님은 이러이러한 일들이 벌어지고 있으니 아이들을 잘 관찰하라고 넌지시 알려 주시곤 했다. 상황을 파악하지 못하고 있던 나는 팀장님에게 그런 이야기를 들을 때마다 짜증이 나고 스트레스를 받았다. 아마도 나는 아이들이 그런 행동을 한다는 것을 인정하기 싫었던 것 같다. 그러나 팀장님은 본인의 경험에 비추어 절도, 싸움, 무단이탈의 가능성을 언제나 염두에 두고 계셨다. 아이들 사이에서 벌어지는 움직임을 관찰하던 팀장님이 무슨 일이 벌어질 것 같다고 하시면 그 예측은 거의 항상 들어맞았다. 아이들을 의심한다고 팀장님에게 화가 나 있던 나는 그럴 때마다 누구에게 화를 내야 할지 혼란스러웠다.

괴롭힘의 정도가 심하지는 않았지만 캠프를 할 때마다 거의 예외 없이 그런 현상이 나타났다. 아이들은 거친 거리 생활을 하면서 상대방이 지닌 권력을 파악하는 촉수가 발달해 있었다. 권력이 있는 아이와 함께 다녀야만 무시당하지 않을 수 있고, 누군가가 자신을 공격하기 전에 먼저 공격해야만 자신을 보호할 수 있는 환경 탓이었다. 나보다 약한 사람을 괴롭히는 것은 거리에서 살아남기 위한 방안이기도 했다. 그러다가 그런 괴롭힘에 무감해지면서, 아이들은 습관적으로 또는 놀이 삼아 약한 아이들을 괴롭히게 되는 것 같았다.

여섯 번의 캠프 동안 지갑이 없어진 적이 한 번 있었고 그 때문에 싸움이 났다. 무단이탈은 해프닝이었는데, 아이들이 저녁을 먹고 쉬는 시간에 담배를 사러 몰래 나갔다가 자동차로 편의점 앞에서 미리 기다리고 계시던 팀장님을 보고 혼비백산해 뛰어 들어온 사건이 있었다. 아이들은 캠프가 끝날 때까지 그 사건을 두고두고 이야기하곤 했다. 특히 강화도가 아닌 서울에서 캠프를 진행할 때는 아이들이 언제든지 사라질 수 있기 때문에 무단이탈을 걱정해야 하는 마음의 짐이 추가되었다.

주인공들을 소개합니다

이러한 우여곡절에도 5박 6일은 항상 금방 지나갔다. 작은 사건들은 금세 해결이 되거나 다른 좋았던 기억에 의해 잊혀지기도 했다. 아이들은 수료증과 선물을 받으며 캠프가 끝난 것을 시원섭섭해했다. 갈 곳이 없는 아이들은 대부분 〈새날〉에 입소했고, 갈 곳이 있는 아이들은 헤어짐을 아쉬워하며 선생님들과 지속적으로 연락하기로 약속했다. 나는 교육 코디네이터로 캠프에 참여한 아이들의 사후 관리를 담당했기 때문에 캠프가 끝난 다음에도 아이들과 지속적으로 만날 수 있기를 기대했다.

사후 관리를 하면서 본격적으로 아이들의 이야기를 듣기 위해 다양한 시도를 했다. 특히 매일 얼굴을 볼 수 있는 〈새날〉 아이들은 인터뷰하기에 매우 좋은 대상이었다. 그러나 아이들에게는 나름의 일과가 있고 나도 〈센터〉 업무를 해야 했기 때문에 새로 입소한 아이들과 라포를 형성하기에는 시간이 걸렸다. 또한 쉼터라는 특성상 아이들의 퇴소가 잦았고, 퇴소한 뒤에는 연락이 끊기는 등의 어려움이 있었다. 한편 캠프 참여자들은 주거가 불안정한 경우가 많았고, 자연스럽게 연락이 끊기거나 일부는 사후 관리를 부담스러워하기도 했다. 라포를 형성하고 또 자신에 대해 많은 이야기를 해 줄 수 있는 아이들을 만나기는 쉽지 않았다. 정말 여러 번의 시도 끝에 한 명을 만날 수 있는 정도지만 그마저도 언제 연락이 끊길지 알 수 없는 노릇이었다. 라포를 쌓고 인터뷰를 하다가도 연락이 끊겨 그때까지 기울인 노력이 수포로 돌아간 경험을 여러 차례 반복해야 했다.

이런 불안정함은 십대 여성들을 인터뷰 대상으로 정한 이상 감수해야 했다. 사실 아이들과 인터뷰를 한 차례밖에 못 하는 것은 박사 논문을 쓰기 위해 연구를 진행하는 내 문제일 뿐이었다. 만난 횟수 따위는 아이들에게 중요하지 않았다. 그보다는 대화 형식으로 진행되는 인터뷰를 통해 마음의 위안을 얻는 것이 아이들에게는 더 중요했다. 아이들과 인터뷰를 하지 않을 때는 핸드폰 문자 메시지나 미니홈피로 자주 연락을 했지만 다음 인터뷰를 하기까지는 늘 오랜 시간이 걸렸다. 나는 조급해하지 않기로 했다. 단지 연구를 위해서 아이들에게 관심을 가지고 연락을 하는 것은 아닐까 하는 자괴감에 빠지지 않으려면 조급함을 버려야 했다.

나는 1년 2개월 동안의 〈센터〉 일을 마친 뒤에도 지속적으로 아이들을 만나며 인터뷰를 계속했다. 더 이상 새로운 아이들을 만날 수 있는 기회가 없기 때문에 기존의 아이들과 좋은 관계를 유지하는 것이 관건이었다. 다행히 인터뷰를 진행하면서 서로 대화하듯 나눈 많은 이야기들 덕분에 아이들과 깊은 라포를 형성할 수 있었고 2년 이상 관계를 유지하면서 지속적으로 만날 수 있었다.

〈새날〉과 〈센터〉에서 만난 아이들은 백 명에 육박하지만 그중에서 박사 논문 참여자는 여덟 명에 불과했다. 그 밖에 내가 2002년에 W 센터에서 인턴을 하며 석사 논문 연구 참여자로 만났던 은호도 박사 논문에 참여했다. 은호가 팀장님과 연락을 지속하고 있었던 덕분이다. 2002년에 처음 만났을 당시 15살이었던 은호는 2008년 다시 만났을 때 21살이 되어 있었다. 은호를 다시 만났을 때 그렇게 반가울 수가 없었다. 은호를 다시 만나게 된 것이 내가 〈센터〉에서 근무하길 잘했다고 손꼽는 이유 중에 하나다. 은호는 유일하게 나의 석사 논문과 박사 논문 모두에 참여한 면담자가 되었다. 결과적으로 박사 논문은 은호가 소개해 준 다혜까지 총 열 명의 면담자와 함께 진행됐다.

면담자 열 명 중 여덟 명이 경찰에 적발된 경험이 있었는데 이는 내가 주로 대상 청소년을 만났기 때문이다. 이들은 인터뷰에서 경찰에 적발된 경험이 자기 삶에서 대체로 유의미했다고 이야기했다. 그러나 청소년 성매매를 하는 십대 여성들 중 얼마나 많은 이들이 경찰에 적발되는지는 알 수 없기 때문에 이는 특수한 사례로 간주해야 할 것이다.

이제, 이 책의 주인공들을 소개한다.(나이는 실제지만, 이름은 모두 가명이다.)

① **가람**(1988년생)

2007년 11월에 〈센터〉 일을 시작하면서 가람이를 만났다. 가람이 부모님은 가람이가 네 살 때부터 별거 중인데 가람이는 아버지, 언니와 함께 살았다. 가람이의 아버지는 일정한 직업 없이 막노동을 하고, 언니는 아르바이트를 한다. 가람이는 가끔 가족과 연락을 하고, 가족에게 미안한 마음과 애정을 지니고 있지만 집에 들어가서 살 생각은 없다. 아버지와 언니도 가람이가 쉼터에서 살기를 원한다.

가람이는 고 1이던 2004년, 놀고 싶은 마음에 외박을 했다가 외박이 장기화되면서 가출로 이어지게 되었다. 그 뒤로도 가출을 반복하다 아예 집을 나왔는데 집단 폭력으로 법원에서 보호관찰 2년을 받고 2006

년 19살 때 〈새날〉에 위탁되었다. 가람이는 〈새날〉에서 오래 살았고 나이도 많아서 맏언니였다. 하지만 잦은 가출과 무단 외박 때문에 무던히도 선생님들의 속을 썩였다고 들었다. 가람이를 학교에 보내는 것은 일종의 전쟁이었고, 그렇게 힘들게 학교에 보내서 졸업을 했을 때 선생님들이 가람이를 얼싸안고 울었다는 얘기를 전해 들었다.

〈새날〉에서 처음 봤을 때 가람이는 동생들과 무리를 형성해 있었다. 무리에서 가람이가 대장이었고 동생들은 가람이의 말을 매우 잘 따랐다. 그러한 권력 관계가 형성된 것은 가람이 나이가 제일 많기 때문이기도 했지만, 폭력을 잘 행사하는 것도 큰 이유였다. 무리끼리는 매우 돈독해서 항상 함께 다녔는데, 동생들은 가람이에게 의지하면서도 가람이를 다소 무서워했다. 나는 가람이를 순하고 어수룩한 아이로 봤기 때문에 가람이가 폭력을 행사하는 모습을 상상하기 어려웠다.

가람이는 고등학교 졸업 후 성인 쉼터로 옮겼고, 자주 〈새날〉에 놀러왔다. 그러나 A 쉼터에서 규칙 위반이 잦아 6개월 만에 B 쉼터로 옮기게 되었다. 가람이는 근 1년 동안 B 쉼터에서 살다가 2009년 8월에 다시 C 쉼터로 옮긴 후 2010년 4월에 네일아트 2급 자격증을 땄다. C 쉼터에서 기간이 만료되어 현재는 D 쉼터에 살고 있다.

② 해빈(1991년생)

해빈이의 어머니는 젊었을 때 다방에서 일을 하다가 강간을 당해 해빈이를 임신하는 바람에 어쩔 수 없이 결혼을 했다. 해빈이 친아버지는 어머니를 구타했고, 어머니는 해빈이 때문에 인생을 망쳤다며 해빈이를 구타했다. 어머니는 해빈이가 돌 때 이혼을 했고 이후 재혼하여 첫째 남동생을 낳은 뒤로는 다방 일을 그만두었다. 그러다가 다방을 직접 차렸는데 해빈이가 12살 때 다시 재혼해 둘째 남동생을 낳고 나서는 다방을 완전히 접었다. 새아버지는 용접 일을, 어머니는 집안 일을 하고 있다.

어머니는 해빈이에게 계속해서 폭력을 행사했고, 새아버지도 해빈이를 성추행했다. 해빈이는 중학생 때 가출을 해서 '조건'을 하며 지내다가 성매매 업소에 유입되어 여기저기 옮겨 다니며 일을 했다. 몸과 마음이 너무 힘들어 1년 만인 2008년 3월에 〈새날〉에 입소하면서 나를 만나게 되었다.

해빈이는 언뜻 연예인을 닮은 얼굴에 몸도 많이 말라서 또래들의 부러움을 사는 아이였다. 스타일도 좋았고, 화장도 잘했다. 해빈이는 자신이 예쁘다는 사실을 잘 알고 있었고, 미니홈피에 셀카를 많이 남겼다. 연예인과 놀랍도록 닮게 나온 사진들도 있었다. 해빈이는 또 글을 잘 써서 자주 칭찬을 받았고, 〈새날〉에서 나오는 소식지에도 종종 글을 실었다. 해빈이는 어느덧 〈새날〉에서 맏언니가 됐지만, 늘 관심 받고 보살핌 받는 아기가 되고 싶다며 항상 혀 짧은 소리를 했다. 선생님들이 "오늘은 몇 살?"이라고 물으면 해빈이는 기분에 따라 "세 살"이라고 답하기도 했고, "일곱 살"이라고 답하기도 했다.

〈새날〉에서 중졸 학력을 땄지만 잦은 무단 외박으로 2008년 10월경 〈새날〉을 나가게 되었고, 이후 업소에서 세 달 동안 일을 하다가 2009년 4월경 다시 〈새날〉에 들어왔다. 그러나 7월 전후로 다시 〈새날〉을 나와 룸에서 일을 하다가 8월에 대입 검정고시에 합격했다. 8월에 룸에서 만난 남성과 동거를 하던 중 임신을 해 2010년 6월에 딸을 출산했고 현재 아들을 임신 중이다.

③ 솔비(1992년생)

솔비의 부모님은 솔비가 두 살 때 이혼했다. 솔비는 14살까지 어머니와 살다가 어머니가 돌아가시면서 혼자 남게 됐다. 솔비는 돌아가시기 전 어머니에게 아버지 얼굴이라도 보여 드리고 싶은 마음에 아버지를 찾았다. 아버지는 재혼해 슬하에 두 딸을 두고 있었다. 조폭이었던 아버지는 보도방 같은 성매매 업소를 차리려다가 "성매매특별법" 제정으로 실패하고 현재 지방에서 나이트클럽을 관리하고 있다. 솔비는 아버지에게 가끔 연락을 하지만 아버지는 언제나 바쁘다며 솔비에게 먼저 연락하는 일이 없었다. 솔비는 어머니가 돌아가신 뒤 고모 가족과 함께 살다가 얼마 지나지 않아 고모와의 불화로 가출을 했다. 2007년 12월에 〈새날〉에 입소하면서 나와 만나게 되었다.

솔비는 무엇보다 잠이 많아서 고생을 했다. 늦잠 때문에 고입 검정고시에 늦어서 과락을 하기도 했다. 하지만 성실하고 똑똑해서 다음 시험에서 우수한 성적으로 합격했다. 솔비는 결석 일수가 많아 학교에 다니지 못할 정도로 규칙적인 생활을 싫어했지만 취직을 했을 때는 전혀 다른 모습을 보였다. W 센터에서는 솔비가 성실하고 야무지다는 칭찬이 자자했다.

솔비는 친구들을 사귈 생각으로 2009년 18살에 4개월 정도 대안 학교에 다니다 자립을 준비하기 위해 그만뒀다. 돈을 많이 벌고 싶은 마음에 2009년 9월경에는 친구를 따라 〈새날〉을 무단 가출했다. 가출 후 보도방에서 잠깐 일을 하다 한 달 만인 10월에 〈새날〉에 다시 들어왔고 11월에 독립했다. 솔비는 고졸이라고 속여 콜센터에 취직해 1년 동안 일하다가 고졸 학력을 따기 위해 2011년 초에 성인 쉼터에 입소했다. 얼마 전 대입 검정고시에 합격하고 현재는 대학 진학을 위해 수능학원에 다니고 있다.

④ 새롬(1992년생)

새롬이의 아버지는 옷 공장 사장이고 어머니는 음식점을 하다 전업주부가 되었으며 남동생이 있다. 새롬이는 밖에서 마음껏 놀지 못하게 하는 어머니의 참견이 싫어서 놀고 싶은 마음에 가출을 했다. 가출 후 더 이상 친구들의 도움을 받기 어려워지자 성인 포주 밑에서 채팅을 해서 다른 십대 여성들에게 성 구매 남성을 연결해 주는 '새끼 포주' 노릇을 했다. 16살이었던 2007년 가을, 경찰에 적발되어 9월에 집에 들어가게 되었다. 2008년 17살에 검찰로부터 성매매 알선 혐의로 40시간 수강 명령을 받아 캠프에 참여하면서 나와 만나게 되었다.

새롬이는 긴 머리에 여성스런 옷차림으로 또래보다 훨씬 성숙해 보였다. 성인이라고 해도 믿을 정도였다. 성격이 활달해 캠프에서 분위기 메이커였고, 유머 감각이 뛰어나 새롬이 덕분에 웃는 일이 많았다. 정이 많아서 캠프가 끝난 후에 연락을 하면 반가워했고, 〈새날〉에 놀러오기도 했다. 어머니와의 잦은 갈등으로 가출을 해 〈새날〉에 입소할 생각을 하기도 했지만 실행에 옮기지는 않았다.

캠프가 끝난 뒤에는 2년제 중학교에 편입해 졸업한 후 다시 2년제 고등학교에 입학했다. 아버지는 새롬이를 매우 예뻐했지만 어머니는 새롬이가 평범한 인문계 고등학교에 다니지 않는 것에 불만을 지니고 있었다. 새롬이는 자신감을 키우기 위해 18살이던 2009년에 성형수술을 해 서구적인 미인이 되었다. 고등학교를 졸업한 후 현재 동대문 의류 도매 가게에서 일하고 있다.

⑤ 예은(1991년생)

예은이의 아버지는 아파트 건설 현장 경비로 일하고 어머니는 몸이 좋지 않아 집에 있다. 아버지의 월급이 적고 불규칙해서 집안 형편이 어렵다. 부모는 운동을 하는 남동생을 우선시 해 가정의 제한된 자원은 대부분 남동생 차지였다. 아버지는 예은이에게 자주 폭력을 행사했지만 어머니와 남동생은 때리지 않았다. 예은이는 용돈을 거의 받지 못해서 고등학교 1학년 때인 2008년에 '조건'을 하게 되었다. 경찰에 적발된 후 검찰의 40시간 수강 명령으로 2008년에 캠프에 참여하면서 나와 만나게 되었다.

예은이는 작은 키에 귀여운 얼굴이었고 캠프 기간 동안 항상 으뜸녀 후보였다. 프로그램을 할 때 집중력도 좋았고, 발표도 잘 했으며, 예의도 발랐다. 그런 예은이가 학교에서 꼴찌라고 이야기했을 때 아무도 믿지 않았다. 캠프 내내 예은이는 학교에서 꼴찌라고 주장하고 다른 사람들은 의심하는 재미있는 상황이 지속됐다.

경찰 적발을 계기로 예은이는 조건을 하지 않았고 학교 생활도 충실히 했다. 예은이는 학교에서 위탁한 직업 학원에서 직업훈련을 받으며 여러 개의 자격증을 따서 특차 전형으로 대학에 들어가겠다는 계획을 세우기도 했다. 그러나 내신이 좋지 않아 대학에 합격하지 못했고, 졸업 후 다시 간호 학원에 다니며 간호조무사로 취직을 알아보고 있다.

⑥ 하나(1991년생), 슬아(1992년생)

하나와 슬아는 같은 중학교를 다녀서 중 1 때부터 친구가 되었다. 하나의 아버지는 한 달에 한 번 집에 들어오고 어머니가 일을 한다. 오빠는 취직이 되지 않다가 최근에 취직했다. 하나는 집에 돈이 없어서 자신이 돈을 벌겠다는 생각으로 집을 나왔다.

슬아의 아버지는 밀가루 제품을 전국으로 배달하는 일을 하신다. 부모님은 별거 중이다. 슬아는 할머니, 아버지, 남동생과 살고 있다. 슬아는 2005년인 중 2 때 놀고 싶어서 가출을 했고 그때부터 하나와 함께 지내게 되었다.

하나와 슬아는 가출 후 조건을 하다가 2007년부터는 포주 밑에서 조건을 했다. 이 사실이 경찰에 적발되어 2008년 11월 캠프에 참여하며 나와 만나게 되었다. 하나와 슬아는 약간 통통했고 나이보다 강단이 있어 보였다. 몸에 딱 붙는 짧은 원피스에 굽 높이가 10센터 정도 되는 하이힐을 신고 캠프에 와 활동이 불편하다며 슈퍼에서 슬리퍼를 사 신기도 했다. 외모만 봐서는 십대라고 생각하기 어려운 차림새였다. 하나와 슬아는 외모도 강하고 말도 걸었지만 캠프 기간 동안 말썽을 부리지 않고 성실히 캠프를 마쳤다.

하나와 슬아는 경찰에 적발된 뒤로도 계속 조건을 하다가 2009년 1월에 재판을 받으라는 소환장이 날아오면서 조건을 접고 집으로 들어갔다. 집에 들어간 뒤 가족과 화해하고 관계가 좋아져 가출을 하고 싶다는 생각을 하지 않게 되었다. 가끔 고기집이나 횟집 등에서 아르바이트를 하며 고졸 학력을 따기 위해 방송고에 다니고 있다.

⑦ **이슬**(1990년생)

이슬이의 부모님은 이슬이가 일곱 살 때 이혼했다. 이슬이는 외동딸로 할머니, 아버지와 함께 살았다. 아버지는 이슬이가 9살 때 재혼했다가 이혼한 후 이슬이가 13살 때 다시 재혼했다. 이슬이 아버지는 플라스틱 진공 성형 공장을 운영하는데 새어머니와 직원 한 명이 함께 일하는 소규모 공장이다. 이슬이는 새어머니와의 갈등으로 16살 때 가출을 해서 '조건'을 시작하게 됐다. 이후 할머니와 함께 살면서 집에 들어갔다 나오기를 반복했다. 아버지는 할머니와 이슬이에게 생활비를 대 주고 있지만 명절에만 만난다.

이슬이는 조건을 하다가 경찰에 적발되어 검찰로부터 40시간 수강명령을 받아 2008년 11월 캠프에 참여하게 됐다. 캠프 안내 전화를 할 때마다 이슬이는 매우 상냥하고 예의 바르게 전화를 받아서 나는 이슬이와 만날 날을 기대했다. 맏언니였던 이슬이는 캠프에 잘 적응했고 동생들보다는 선생님들과 더 많이 어울리고 싶어했다. 미용실에서 일한 경험이 있어서 동생들과 선생님들의 머리를 만져 주기도 했다. 이슬이는 2008년 19살에 검정고시로 중졸 학력을 취득하고 고졸 학력을 취득하기 위해 준비하고 있다. 일과 공부를 병행하다 보니 공부에 집중하기 어려워 번번히 낙방을 했다. 자신감을 키우기 위해 2010년 4월에 성형수술을 했고 현재 일자리를 찾고 있다.

⑧ 은호(1988년생)

은호가 15살 때인 2002년에 W 센터에서 인턴을 하면서 은호를 처음 만났다. 은호는 어머니가 가출을 한 뒤 아버지, 오빠와 살다가 자신도 가출을 했다. 가출 후 조건을 하다가 경찰에 적발되어 W 센터로 보내졌고 몇 달을 잘 지내다가 무단 퇴소를 했다. 그 후 또 경찰에 적발되어 다시 W 센터에 보내졌지만 또 무단 퇴소를 하여 여러 쉼터를 전전했다.

그러다가 은호의 소식을 수소문하던 어머니와 만나 16살 때부터 경북에서 어머니와 함께 살게 됐다. 은호는 어머니와 살면서 검정고시 준비를 해 2007년에 중졸 학력을, 그 다음 해인 2008년 21살에 고졸 학력을 취득하는 데 성공했다. 독립을 하고 싶은 마음에 2008년 말에 서울로 올라와 5년 만에 나와 다시 만나게 되었다. 그 뒤로 일자리를 구하러 한두 달 정도 충북에 내려가 있기도 했다. 은호는 무표정한 얼굴에 딱딱한 말투로 잘 웃지도 않고 감정 표현도 잘 하지 않는다. 연락이 끊겼다가 5년 만에 만났을 때도 반가워하는 내색을 하지 않았다. 하지만 마음이 여리고 정이 많아서 은호만의 애정 표현 방식을 금방 눈치 챌 수 있다. 기억력이 비상해 오래전 일도 정확히 기억하고 있어서 인터뷰할 때 마치 어제 일처럼 자세히 얘기해 주곤 했다.

　은호는 서울에 올라와 일자리를 구하지 못하고 조건으로 만난 남자와 동거를 하기도 하고, 번개로 만난 남자들에게 돈을 받아 생활하기도 했다. 조건과 번개를 계속하던 은호는 2011년 여름에 번개로 만난 13살 연상의 남자와 11월에 결혼해 살고 있다.

⑨ 다혜(1989년생)

　은호에게 소개를 받아 2009년 5월에 다혜를 처음 만났다. 다혜와 은호는 A 쉼터에서 만난 사이였다. 다혜의 아버지는 개인 사업을 하다가 현재는 제약 회사에 다니고 있다. 아버지와 어머니는 다혜의 반복되는 가출이 원인이 되어 2004년에 이혼을 했고 어머니는 여러 가지 아르바이트를 하며 생계를 유지하고 있다. 다혜는 집에 정을 붙이지 못하고 15살이던 2003년에 가출을 했다. 이후 조건을 하며 지내다가 경찰에 적발되어 쉼터에 들어가게 되었다. 다혜는 중졸 학력을 따고 2005년 17살에 쉼터를 퇴소했다. 1년 만인 2006년에는 고졸 학력까지 따고 2007년에는 어린이집에서 일을 하기 시작했다. 2009년 봄에 집에 들어가 아버지, 남동생과 살면서 살림을 도맡아 하고 있다.

　다혜는 예의가 바르고 성격도 밝았다. 낯가림이 심한 은호와는 성격이 반대였다. 전화로 수다 떠는 것을 좋아해 한번 전화하면 한 시간씩 통화를 하기도 했다. 성실하고 끈기가 있어서 한번 마음먹으면 끝까지 해내는 의지가 강했다. 현재 유치원 보조 교사 일을 계속 하면서 대학 공부를 병행해 곧 졸업을 앞두고 있다.

아이들의 간략한 인적 사항을 정리하면 다음과 같다.

이름	출생년도	학력	가족	경찰 적발 경험	첫 만남	첫 인터뷰
가람	1988	고졸	부모 이혼 언니	유	〈새날〉 (2007. 11)	2008. 1
해빈	1991	고졸 (검정고시)	부모 이혼 모재혼 남동생	무	〈새날〉 (2008. 3)	2008. 4
솔비	1992	고졸 (검정고시)	부모 이혼 부재혼 모사망	무	〈새날〉 (2007. 11)	2008. 5
새롬	1992	고졸	친부모 남동생	유	캠프 2회 (2008. 4)	2008. 10
예은	1991	고졸	친부모 남동생	유	캠프 4회 (2008. 7)	2008. 10
하나	1991	고재	부모 이혼 오빠	유	캠프 6회 (2008. 11)	2008. 12
슬아	1992	고재	부모 이혼 남동생	유	캠프 6회 (2008. 11)	2008. 12
이슬	1990	중졸 (검정고시)	부모 이혼 조모	유	캠프 6회 (2008. 11)	2009. 7
은호	1988	고졸 (검정고시)	부모 별거 남동생	유	W 센터 (2002. 8)	2009. 7
다혜	1989	대재 (검정고시)	부모 이혼 남동생	유	은호 소개 (2009. 5)	2009. 5

위의 표에서 내가 아이들을 처음 만난 시기와 첫 인터뷰 시점이 대체로 일치하지 않는 것은 라포를 쌓아 인터뷰에 동의를 얻고 실제로 인터뷰를 하기 위해 만나는 데까지 시간이 걸렸기 때문이다. 인터뷰는 길게는 2년에 걸쳐 진행되었기 때문에 아이들의 인터뷰를 옮길 때는 가명 옆에 인터뷰 당시의 나이를 표기했다.

아이들이 인터뷰를 하면서 속어나 욕을 쓰는 경우가 있었다. 요즘 십대들이 습관적으로 비속어를 사용하는 현상이 문제가 되고 있지만, 아이들이 사용한 비속어는 습관적이라기보다는 대부분 인터뷰에서 나름의 의미를 지니고 있었다. 아이들은 인터뷰 중이라는 사실을 인지한 상태에서 성 구매 남성에 대한 분노나 혐오, 경찰에 적발된 상황에서 느꼈던 당혹감과 조롱 등을 표현하기 위해, 또는 특정 상황이나 감정을 강조하기 위해 비속어를 사용하고 있었다. 따라서 이러한 비속어가 이들에 대한 낙인을 강화시킬 수 있다는 위험보다는 의미와 맥락성을 지니고 있다는 판단하에 그대로 기록했다.

1부
'일탈'에서 '일상'으로

우리 사회는 공식적으로는 청소년 성매매를 하는 십대 여성들을 피해자로 간주하면서도 이면에서는 비난한다. 이는 성매매를 십대 여성 개인의 선택 문제라고 생각하기 때문이다. 성매매가 개인의 문제가 아니라 사회구조적인 문제라는 명백한 사실을 의도적으로 부정하고 있는 것이다. 또한 십대 여성들이 성매매를 하게 되는 복합적인 원인과 과정에 대한 우리 사회의 관심과 성찰의 부재를 그대로 보여 주는 것이기도 하다. 어떤 십대 여성도 처음부터 성매매를 용돈 벌이, 또는 생계 수단으로 삼지 않는다. 그러나 우리 사회는 이러한 당연한 사실을 망각하고 성매매라는 현상에만 집중한다. 그래서 성 구매자 남성이나 성매매하는 십대 여성을 윤리적으로 비난할 뿐 여성이 전방위적으로 성애화되고 상품화되는 현실에 대해서는 침묵한다.

내가 만난 아이들은 놀랍도록 남성 중심적인 성 의식과 낮은 자존감을 지니고 있었다. 그러나 이는 성매매의 결과가 아니라 성매매를 하기 전의 성적 관계와 상품화 경험을 통해 이미 형성된 것이었다. 한편 성매매의 직접적인 원인으로 지목되는 가출도 아이들에게는 나름의 의미를 지니고 있었다. 가출은 단순히 가족과의 갈등에서 비롯되는 것이 아니라 집 밖에서 새로운 경험을 쌓겠다는 도전을 의미했다. 아이들은 거리 생활에서 살아남기 위해 또래들에게 의존하면서 자신들만의 독특한 규범과 문화를 만들어 가고 있었다.

1부에서는 십대 여성들이 성매매에 유입되는 심리적·상황적 요인을 아이들의 섹슈얼리티와 거리 생활의 매력에 초점을 맞춰 살펴보도록 하겠다.

1장
차가운 섹슈얼리티

가람(21세)이와 나눈 대화

그(성매매)전에 성관계 경험은 남자 친구랑 했던 거야?

네. 놀랐어요. 그때 임신한 줄 알았어요. 막 피가 나고 "어떡해, 어떡해" 막 울면서 집에 가긴 갔는데요.

언제였는데?

고 1이요.

가출하고 나서?

그때는 집에 계속 있었어요.

어떻게 사귄 남자인데?

그냥 교회에서 알던 앤데 어떻게 교회 애들끼리 술을 다 같이 먹었어요. 어떻게 하다가 토요일에 술을 먹고 일요일에 교회를 갔는데 걔가 어떻게 하다가 사귀재요. "그래, 알았다." 그래서 사귀다가 집에 오래요, 걔네 집에. 그래서 "그래, 놀자." 갔죠. 그런데 아무도 없는 거예요. 그래서 아,

막 노래는 잔잔하고 막 너무 썰렁한 거예요. '어떡하지' 막 하다가 말 계속 안 하고 땅바닥만 쳐다봤어요. 그런데 걔가요, 막 옷을 벗기는 거예요. 놀래 가지고 "왜 이래" 이러니까 막 아, 몰라요, 쪽팔려요.(웃음)

몇 살이었는데?

저랑 갑이요.(동갑이요.)

사건 지 얼마나 됐는데?

그건 기억도 안 나요. 너무 충격이 커서.

그렇게 자기 전에 어디까지 스킨십을 했어?

저는요 그냥 손잡는 거, 안는 거 끝.

정말 생각도 못했겠다.

네. 놀랬어요. 아, 징그러워.

성관계가 뭔지도 몰랐겠네.

저 진짜 순진했어요. 저 진짜 중 3 때까지 다른 아이들처럼 공부는 그렇게 잘하지도 않았지만 그래도 남자는 진짜 몰랐어요. 그런데 제가 이제 고 1 올라와서 애들이 막 번개를 말하는 거예요. 애들이 번개를 다 아는 거예요. 그때 저는 아무것도 몰랐죠. '번개가 뭐지?' 그런데 또 번개를 하러 가재요. 저는 몰랐는데 남자를 만나러 간다는 얘기를 들었어요. 싫다고. 그런 것도 한번도 몰랐죠. 그런데……, 나 정말 순진했는데…….

너가 하고 싶지도 않았는데 남자 친구가…….

네, 강제로.

강간이지, 강간.

그래요?

데이트 강간.

아, 신고할 걸.

그런 걸 데이트 강간이라고 해. 연인 사이나 부부 사이에도 상대방이 원하지 않으면 하면 안 돼.

그러면 만약에 강제로 하면 신고해도 돼요? 돈 받아요, 그러면?

돈도 받고 감옥에 보낼 수도 있어.

우와!

그러니까 그런 것도 강간인 거야. 상대방이 누구든 간에 원하지 않았는데 하면 강간이야.

아, 그때 그럼 나 신고할 걸.

(중략)

그런 사람들 있잖아. 자기가 원하지 않는 성관계를 했어. 보통 두 가지 반응이 일어나는데 첫 번째 반응은 내가 너무 성이 싫은 거야. 그래서 남자도 싫고 거들떠보지도 않는 사람이 있고, 또 어떤 사람은 '아, 이미 한 번 경험한 거 또는 순결을 잃어버린 거, 이미 잃어버렸으니까 두 번 하고 세 번 해도 뭐가 달라질 게 있겠냐' 그렇게 생각하는 사람도 있어.

저는 둘 다 아니에요.

아니면 그냥 남자들은 원래 하고 싶어하는 거?

네.

남자들은 성관계를 하고 싶어한다. 그런데 너는 별로 안 좋아하잖아. 왜 했어? 안 해주면 안 될 것 같았어?

그건 아닌데.

그럼 거절을 못해서?

누가 뭘 부탁해도 저는 진짜 거절이란 거절은 진짜 잘 못해요.

2008년 11월에 내가 〈새날〉에서 일을 시작했을 때, 가람이는 이미

〈새날〉에서 살고 있었다. 가람이는 2006년에 집단 폭행으로 법원에서 보호관찰 2년과 쉼터 위탁 처분을 받은 상태였다. 가람이는 자신이 고등학교 1학년 때 교회에서 만나 사귀던 남자 친구에게 성폭행을 당했던 상황을 담담히 이야기해 주었다. 가람이의 첫 성 경험은 가람이의 성 의식에 큰 영향을 미친 것으로 보였다. 가람이는 '남자들은 원래 성관계를 하고 싶어한다'고 생각했으며 당시 자신이 남자 친구와 사귀는 사이였기 때문에 첫 성관계가 성폭행이었다고 생각하지 못했다. 이것이 '거절을 못하는 성격'과 맞물려 남성 중심적인 성적 각본을 그대로 답습하는 결과를 낳고 말았다.

인터뷰 당시 스물한 살이던 가람이가 '데이트 강간'이라는 용어조차 모르고 있는 것은 아이들의 현실을 잘 보여 준다. 아이들은 성교육을 제대로 받아 본 적도 없거니와 남성 중심적인 성적 각본에 익숙해져 있었다. 남자는 여자보다 성욕이 강하고 성욕을 참지 못한다는 흔한 고정관념뿐 아니라 성적 욕망을 드러내는 여자는 헤프다는 성차별적인 관념도 그대로 답습하고 있었다. 가람이를 포함해 대부분의 아이들은 강제적이고 폭력적인 방식으로 첫 성 경험을 할 뿐 아니라 거리에서 자신의 섹슈얼리티를 자원화할 수 있다는 사실을 깨닫게 된다. 여성의 섹슈얼리티를 자원화하는 다양한 변이들을 경험하면서 아이들은 자신이 성매매를 하지 않고 있다고 생각하지만 동시에 어렵지 않게 성매매를 하게 되기도 하다. 이러한 경험이 맞물려 아이들은 점점 대안적인 성적 각본을 상상하기 힘든 환경에 처한다.

개방성의 이면에 자리한 보수성: 순결에 대한 집착과 자존감의 훼손

캠프는 어떤 아이들이 오느냐에 따라 매번 색깔이 매우 달랐다. 성격이 괄괄한 아이들이 모인 캠프일수록 더 활기를 띠었다. 캠프 기간 동안 친해지면 서로 장난을 많이 쳤는데 성적인 장난도 많았다. 내 학창 시절 친구들이 그랬던 것처럼, 아이들은 서로 가슴을 만지는 장난을 많이 쳤다. 장난을 치다가 몸 씨름으로 발전하는 경우도 있었다. 사실 가슴을 만지는 행위는 장난이 아니라 성희롱이지만 아이들은 '동성 친구들끼리 하는 친밀감의 표현'이라고 생각했기 때문에 아이들에게 '성희롱'이라고 설명하기 어려웠다. 또한 성희롱은 당사자의 기분이 가장 중요하므로 그런 행위를 불쾌하게 생각하지 않는 아이들에게 성희롱이란 용어를 쓰는 데는 무리가 있었다. 다만 아이들이 가슴을 만지겠다며 나나 선생님들에게 달려들 때는 곤란했다. 나는 "성희롱이야!"라고 소리를 지르며 도망다녔다. 아이들은 '성희롱'이라는 말에는 별 반응이 없었지만 "싫어, 하지 마!"라고 말하면 의아해하면서도 고집을 피우진 않았다. 소동이 가라앉은 후에 아이들에게 '성희롱'이라고 설명했지만 아이들은 그다지 수긍하지 않았다. 그 뒤로 선생님들에게 달려들지는 않았지만 자기들끼리는 계속 가슴을 만지는 장난을 치곤 했다.

이런 성적인 행위들은 가끔 남자 선생님들이 강의나 자원봉사를 하러 방문할 때 더 두드러졌다. 남자 선생님에게 특별히 관심을 보이지 않는 아이들도 있었지만, 대부분은 남자 선생님이 오는 경우 눈에 띄게 들떴고 더 정성스레 치장을 했다. 특히 야외 프로그램이나 강화도 캠프 때 남자 선생님이 함께하면 아이들은 데이트나 여행을 온 것처럼 신나 했다.

한번은 차를 타고 이동할 때 삼십대 후반인 남자 선생님 차에 아이들이 서로 타겠다고 해서 내가 탈 자리가 없어 못 탄 적이 있었다. 목적지에 도착한 뒤 남자 선생님은 아이들이 너무 짓궂은 질문을 해서 태연한 척 대답은 했지만 제대로 처신한 건지 모르겠다고 털어놨다. 그 일을 계기로 남자 선생님들에게 사적인 질문을 하지 말라고 아이들에게 당부하고, 차를 타고 이동할 때는 반드시 내가 동승을 했다. 그래도 아이들은 남자 선생님과 팔짱을 끼고 다녔고, 은근슬쩍 몸을 만지는 등의 성희롱을 하기도 했다.

나는 사실 아이들의 그런 행동이 좋아 보였다. 물론 성희롱은 잘못이지만, 대부분의 여성들이 자신의 섹슈얼리티를 표현하지 못하는 것에 반해 아이들의 적극적인 모습이 좋았다. 나는 아이들이 성매매 피해를 입었으면서도 성에 대해 부정적이지 않은 태도를 지니고 있다고 생각했다.

하지만 아이들의 경험이나 속내는 이런 겉모습과는 딴판이었다. 적극적인 태도를 보이던 아이들이 성교육이나 여성학 관련 프로그램을 할 때는 놀랄 만큼 보수적이고 남성적인 성 의식을 드러냈다. 아이들은 성적인 질문을 서슴지 않고 했지만 성에 대해 개방적인 태도를 지녀서라기보다는 알 기회가 없었기 때문이었다. 아이들은 스스로 성에 대해 매우 잘 알고 있다고 생각하고 있었지만, 현실은 전혀 그렇지 못했다. 대부분 잘못된 지식이었고 피임, 성병 등에 대해서는 거의 모르고 있었다. 또한 처녀막, 성기의 색이나 모양 등에 관심이 많았는데 이는 자신들과 성관계를 가진 남자들에게 '걸레'라는 식의 성적 모욕감을 불러 일으키는 비난을 자주 들었기 때문이었다. 성교육 시간에 처녀막이 없는 여성도 있고, 성관계와 무관하게 처녀막이 손상되기도 하며, 출산 후까지 처녀막이 있기도 하고, 첫 성관계 때 피가 나지 않는 여성들이 상당수라는 설명을 들은 아이들은 열광하며 "남자들이 이런 교육을 받아야 한다"고 웅변하곤 했다. 처녀막 유무나 성관계 횟수 등으로 자신의 성을 재단당해 온 아이들은 성 평등한 성교육을 받으며 자기 성을 긍정적으로 재규정하는 듯했다. 또한 불편하고 불쾌했던 남자들의 언행을 '객관적인 사실'을 근거로 반박할 수 있을 뿐 아니라 여성의 성 경험만을 문제 삼는 현실을 비판할 수 있는 힘이 생긴 듯했다.

아이들은 성관계 때 자신의 의사 표현을 자제하거나 매우 소극적인 모습을 보이기도 했다. 역할극 시간에 '노 콘돔, 노 섹스' 실천을 연습할 기회가 있었는데 아이들 대부분은 남자 친구에게 콘돔을 착용하라고 요구하지 못했다. 남자 친구가 성관계를 주도하고 자신은 어쩔 수 없이 응하는 듯한 태도를 보이는 성적 각본 안에서 아이들이 피임을 요구하기는 어려웠다. 또한 남자 친구에게 피임을 요구하면 자신이 헤픈 여자로 비춰지지 않을까 걱정하는 모습을 보였다. 어렵게 콘돔 착용을 요구한 후에도 남자 친구가 조르거나 토라지거나 화를 내면 자신의 주장을 관철시키지 못하고 포기했다. 아이들은 "못 믿는구나", "사랑하지 않는구나", "책임질게" 하는 남자 친구의 말에 쉽게 무너졌다.

아이들은 남자들이 성관계로 사랑을 확인한다고 생각하고 있었고 성관계를 거부하는 게 사랑을 거부하는 것으로 받아들여져 남자들이 떠날지도 모른다는 두려움 때문에 남자들의 요구를 거절하지 못했다.

성은 관계의 한 부분이기 때문에 성에 있어서는 자신의 욕망뿐 아니라 관계도 중시해야 한다. 상대방과의 관계에서 자신이 존중받아야만 자신의 욕망도 존중받을 수 있고 타인에 대한 존중도 가능하다. 그러나 아이들은 성과 관계를 분리해 생각하거나 또는 성을 수단으로 이용하는 관계에 익숙해져 있었다. 자신의 성적 욕망을 드러내지 못하거나 남자 친구의 성관계 요구를 거부하지 못하는 것도 이러한 상황 때문이었다. 또한 제대로 된 성교육을 받지 못하고, 누구의 보호도 받지 못한 채로 노골적인 성적 대상이 되는 경험을 반복하면서 성별화되고 성차별적인 성적 관행에 익숙해져 있었다. 이런 아이들에게 성적 자존감과 성적 자기 결정권은 찾아보기 힘들었다. 그 대신 '순결 의식'과 '처녀막 신화'가 아이들의 성 의식을 지배하고 있었다.

🍓 해빈(19세)이와 나눈 대화

성폭행을 당하고 나서 두 번째 성관계가 원조교제라고 했잖아. 원조교제를 할 때 성폭행을 당했다는 사실이 어떤 영향을 미쳤어?

그냥 내가 성에 대한 나쁜 인식한 거. '복수해야지', '난 더럽다. 그러니까 이래도 된다' 이런 식으로. '해 봤자 뭐 똑같은걸.'

그런데 순결을 잃었다고 보통 말을 하는데 성폭행 같은 경우는 네 잘못이 아니잖아. 그 사람 잘못이잖아. 그런데도 '내가 더럽다'는 생각이 들어?

네. 일단 다른 애들은 다 있는 처녀막이 없고 남자랑 관계를 했다는 자체만으로. 요즘엔 더 심해요. 내가 더럽다는 생각을 가지고 있고, 우울증 같은 것도 있고. 그리고 막 내가 일했던 것들, 손님들한테 내가 들었던 이야기들…….

나는 성매매 피해를 입은 아이들이 대부분 성 경험이 있고 강제적·폭력적인 성관계를 일상적으로 경험한다는 사실을 알고 있었지만, 해빈이의 이야기는 충격이었다. 해빈이의 첫 성 경험은 가람이와 마찬가지로 성폭행이었다. 해빈이가 초등학교 6학년인 열세 살 때였다. 해빈이는 성폭행을 당한 뒤 어머니에게 '맞을까 봐' 말을 못 했고, 자신이 가해자를 따라간 게 잘못이었다고 말했다. 그때 해빈이는 고작 초등학생이었을 뿐인데도 말이다. 해빈이가 성폭행을 당한 뒤 다른 성적 경험 없이 바로 성매매를 했던 것도 순결을 잃은 자신을 '더럽다'고 생각했기 때문이었다. 해빈이는 첫 성관계가 자기 의사와는 무관하게 강제로 이루어졌다고 해도, 그와는 상관없이 순결을 지키지 못했다는 죄의식을 지니고 있었다.

우리 사회에서 순결을 '잃은' 여성은 비난의 대상이지만 순결을 '뺏은' 남성은 부러움의 대상이다. 순결은 일종의 희소한 가치인 양, 남성들이 쟁취할 대상이 되고 그것을 지켜야 할 책임은 온전히 여성에게 있는 것으로 여겨진다. 해빈이는 어린 나이에도 이러한 남성 중심적 성 의식을 내재화하고 있었다. 해빈이는 성폭력에 대한 '복수'로 성매매를 했다고 말했지만, 사실은 순결을 잃어 '처녀막이 없는' 자신에 대한 혐오감에서 나온 행동으로 보였다. 순결에 집착하는 남성 중심적 성 의식은 오직 순결한 여성만이 보호받을 가치가 있다고 말한다. 돈을 받고 성을 팔 수 있다고 생각하는 사람들도 순결에 대해서는 판단을 유보하곤 한다. 반대로 '순결을 잃은 성'은 상대적으로 돈으로 환산하거나 판매되어도 무방하다고 생각한다. 해빈이처럼 순결에 집착하는 성적 각본에 충실한 아이들은 성폭행을 당한 순간부터 자신을 '더럽다'고 인식하기 쉽다. 더욱이 그런 자신을 직접적·간접적으로 비난하는 성 구매 남성들을 만나다 보면 스스로에 대한 부정적인 인식은 더욱 강화되고 그만큼 자존감도 훼손된다.

"얼마면 돼?"냐고 묻는 사회

한국 사회에서 십대 여성들의 섹슈얼리티는 오랫동안 부정되어 왔다. 십대 남성들이 포르노를 보거나 자위를 하는 것은 생물학적으로 자연스러운 행위로 간주되지만 십대 여성들은 성적 욕망이 없는 순수한 존재로 남아 있기를 강요받거나 기대받는다. 그러나 이러한 젠더 차별적인 성 의식도 시대의 변화를 막을 수는 없었다. 학교와 가정만을 오가는 학생 정체성에 더 이상 정박되어 있지 않은 십대 여성들이 가시화되기 시작한 것이다. 이들은 화장을 하고, 교복을 줄여 입고, 다이어트를 하는 등 외모에 부쩍 신경을 썼고 이성 교제에 스스럼이 없었을 뿐 아니라 성관계를 갖는 경우도 적지 않았다. 학생 정체성의 대표적인 상징인 무성성을 거부하고 자신들의 섹슈얼리티를 표현하는 십대 여성들의 등장에 우리 사회는 충격을 받았고, 이들을 어떻게 받아들여야 할지 혼란스러워했다.

이러한 상황에 발 빠르게 대응한 것이 기업이었다. 기업은 새롭게 부상한 고객층인 십대 여성들을 대상으로 거대한 소비 시장을 개척하기 위한 상품 개발과 마케팅에 주력했고, 이들을 겨냥한 상품들을 쏟아 냈다. 그중 가장 급성장한 것이 십대 전용 화장품 시장이다. 미국의 〈클린앤드클리어〉는 1995년 한국에 상륙한 이래 우리나라 최초이자 대표적인 십대 전문 화장품 브랜드로 자리매김했다. 〈클린앤드클리어〉는 '깨끗하게, 맑게, 자신 있게' 라는 카피를 사용하며 십대 여성들을 광고 모델로 기용했다. 이은주(1997년, 당시 18세), 이요원(1998년, 당시 19세), 김민선(1998, 당시 20세), 임수정(1999년, 당시 21세), 김효진(2000년, 당시 17세), 박한별(2002년, 당시 19세), 장신영(2002년, 당시 19세), 이연희(2003년, 당시 16세), 소이현(2003년, 당시 20세), 고은아(2007년, 당시 20세), 박보영(2008년, 당시 19세) 등이 유명 연예인으로 성장했으며 이후 소녀시대, 에프엑스 등 유명 걸그룹들이 모델로 활동하고 있다. 십대들이 화장을 하는 모습은 더이상 낯선 풍경이 아니다.

기업들이 십대 여성을 겨냥한 상품들로 독립된 시장을 형성하려면 십대 여성들의 섹슈얼리티를 기존 성인 여성의 섹슈얼리티와 구분해야 했다. 여기에서 십대의 무성성과 성인 여성의 섹시함이 결합된 '순수함과 섹시함의 공존'이라는 모순적인 이미지가 십대 여성의 특성이자 특권으로 자리 잡게 되었다. 십대 여성들은 순수하면서도 섹시한 매력을 지니고 있는 존재로 자신의 섹슈얼리티를 인지하기 시작했지만, 사실이는 기업이 상품을 판매하기 위해 만들어 낸 차별적인 이미지였다.

이러한 이미지는 십대 여성들의 성애화＊를 수반했다. 그 대표적인 사례가 2000년대에 쏟아져 나온 걸그룹이다. 걸그룹 앞에 늘 따라다니는 '큐티 섹시', '청순 섹시' 등의 수식어에 아저씨들뿐 아니라 또래인 십대 여성들도 열광하기 시작했다. 걸그룹을 보면서 십대 여성들만이 가진 특수한 매력이 다양한 형태의 심리적·물질적 보상으로 돌아온다는 사실을 알게 되었기 때문이다. 걸그룹이 십대 여성들의 역할 모델이 되면서 십대 여성들은 스스로를 적극적으로 성애화하는 데 익숙해지기 시작했다.

이러한 상황에서 별다른 자원 없이 가출한 아이들은 자신의 섹슈얼리티를 통해 직접적인 심리적·물질적 보상을 획득하는 경험을 쉽게 하게 된다. 가출한 아이들에게 이러한 자원을 제공하는 이들은 성인 남성에 국한되지 않는다. 오히려 아이들은 또래 남성들과의 교환을 통해 자신의 섹슈얼리티가 자원이 되는 경험을 먼저 하게 된다.

🍃 솔비(17세)와 나눈 대화

조건을 언제 하게 된 거야?

딱 조건 해 본 적은 없어요. 그러니까 '돈 받고 딱 하자' 이런 건 아니고 그냥 번개? 그런 건 많이 했어요. 그러니까 그것도 조건이랑 비슷한 거긴 한데 돈을 이렇게 건 게 아니라 잠자리, 먹을 거, 놀 거 그런 거 제공하는 대

＊ sexualization. 몸이나 몸의 일부가 성적 의미를 띠고 성의 대상이 되는 과정.

신. 그러니까 남자애들이 지네 자취방에 재워 준다는 애들이 있어요, 찾아 보면. 가면 맨 처음엔 좋게 챙겨 줘요. 동생처럼 편하게 대해 주고 그러다가 나중에 좀 편해진다 싶으면 그때부터 더듬는 거지.

개네가 성적인 걸 바라서 그런 걸 대 준다는 거를 알게 되잖아.

네, 처음엔 진짜 아, 그냥 착해 보여요. '쟤네들 심심하니까 그렇게 해 주나 보다' 그랬어요. 그런데 이제 남자가 질렸어요.

솔비는 가출 후 조건을 한 적은 없고 번개를 많이 했다. 번개를 처음 할 때 솔비는 순진하게도 또래 남성들이 '착해서', '심심해서' 재워 주고 챙겨 준다고 생각했다. 하지만 얼마 지나지 않아 또래 남성들이 성적 서비스를 대가로 바란다는 사실을 알게 되었다. 그 뒤로도 솔비는 또래 남성의 집에서 동거를 하면서 용돈을 받기도 하고, 상대 남성이 돈이 많으면 마음에 들지 않아도 생계를 위해 사귀기도 했다. 또래 남성들의 경제적 자원과 자신의 섹슈얼리티를 교환할 수 있다는 사실을 자연스럽게 체득한 것이다. 어쨌든 솔비는 이러한 관계 덕분에 가출 뒤 생계를 유지하기 위해 조건을 하지 않아도 됐다. 솔비와 또래 남성은 각자의 목적을 위해 교환 관계를 형성했던 것이다.

성매매 아니라니까요

섹슈얼리티를 남성들의 경제적 자원과 교환하는 경험을 하면서 아이들은 자신의 섹슈얼리티가 자원이 된다는 사실을 깨닫는다. 남성의 자원과 섹슈얼리티의 교환은 번개, 연애, 동거 등 다양한 이름으로 불린다. 일부 아이들은 자신들의 성매매 경험을 이렇듯 다양한 용어로 분화시켜 설명하면서 '성매매'가 아니라고 생각하기도 했다.

🌰 은호(22세)와 나눈 대화

월급이 30만 원에서 40만 원이면 먹는 건 어떻게 해?

대충 해 먹어요. 엄마가 부쳐 줘요, 얘기하면.

편의점에서 남는 음식 먹을 수는 없어?

남는 음식 먹죠. 별로 먹고 싶지 않아요. 가끔 보면 상한 것도 있어요. 시간도 덜 됐는데, 시간 되기 전에 빼잖아요. 9시 폐기인데 9시 전에. 한 2, 30분 전에 빼잖아요. 그런데도 상한 게 있어요. 까서 먹어 보면 알잖아요. 그래서 거의 안 먹지. 그거 말고 도시락. 도시락은 좀 먹지. 밥이잖아요.

조건은 안 하고 있어?

안 해요.

안 하고 살 수 있어?

안 해요, 안 하고 왜 못살아요. 돈 생기는 데 있겠다. 걔한테 돈 많이 뜯었는데.(웃음) 그냥 차비하라고 주던데요. 집에 못 데려다 준다고.

(중략)

너랑은 나이 차이가 열일곱 살 이렇게 나는 거 아니야?

그러네? 친구가 술 마시고 싶어서 연락했어요. 조건은 하기 싫고. 그래 가지고 연락했어요. 술 마시려면 채팅해야 되잖아요. 돈이 없으니까. 연락해서 술 마시고 싶다고 그러잖아요. 그래서 만난 거예요. 연락한 거예요.

술 마시려면 채팅해야 된다는 건 무슨 말이야?

돈이 없으니깐요. 우리가 돈이 없으니까 채팅을 해서 술을 마시려구요. 우리 돈 쓰기 싫고, 돈도 없는 터에 쓰기도 싫고 그러니까. 차라리 채팅하는 게 더 나아요. 안 해도 생기잖아요. 좋은 사람만 만나면 생겨요. 쩐이 생겨요. 쩐이 생기던지, 아니면 먹을 게 생기던지, 아니면 필요한 게 생기던지 그래요. 배고프면 밥 생기겠다. 필요한 거 많이 생겼어요.

은호는 2008년 말에 경북에서 서울로 올라온 뒤 계속 일자리를 구하지 못해 2009년 8월에 충북으로 갔다. 충북에서 편의점 일을 구했지만 얼마 버티지 못하고 11월에 다시 서울로 올라왔다. 충북의 편의점에서는 손님이 없다는 이유로 시간당 3천 원밖에 주지 않았다. 법정 최저임금에 못 미친다는 사실을 알고 있었지만 그 일이라도 하지 않을 수 없었다. 한 달에 40만 원도 안 되는 돈을 받았고 방세 20만 원을 내고 나면 생활이 불가능했다. 은호는 번개(채팅)로 만난 삼십대 후반의 남자들 두 명에게 경제적인 도움을 받는 것으로 생계를 꾸려 나갔다. 이들은 자신을 의사라고 소개했고, 은호와 은호의 친구에게 밥과 술을 사 주고 헤어질 때는 차비를 하라고 돈을 주기도 했다.

은호는 번개와 조건은 전혀 다르다고 생각하고 있었다. 번개를 할 때도 성관계를 할 가능성은 있지만, 번개를 하는 목적은 생계가 아니라 놀기 위해서기 때문이다. 은호는 '돈을 벌기 위한 목적으로 채팅을 해서 만난 남자와 성관계를 하는 것'만을 조건, 즉 성매매라고 생각하기 때문에, 이들처럼 '대가 없이' 먹을 것을 사 주고 돈을 주는 '좋은 사람들'과 맺는 관계는 성매매가 아니었다.

　이렇게 아이들은 자신의 몸을 자원으로 삼아 남성들에게 다양한 경제적 지원을 받고 있다. 경제력을 갖추기 어려운 아이들에게 자기 몸을 통해 남성들이 지니고 있는 자원에 접근하는 것이 가장 손쉬운 대안이기 때문이다. 잠자리나 먹을 것뿐 아니라 술 등의 유흥과 성적 서비스를 교환하는 경험을 하면서 아이들은 남성들에게 성적 서비스를 제공하고 그에 대한 대가를 받는 것에 익숙해진다. 그러면서도 자신들의 행위는 번개 또는 동거일 뿐, 성매매는 아니라고 말한다. 성매매의 정의가 협소해지고, 연인 사이의 데이트나 동거 등과 유사한 성질의 성매매가 늘어나면서 이성애 연애와의 구별이 모호해지고 있는 것이다. 아이들 세계에서 성매매와 연인 관계는 상호 침투 및 모방되고 있었다.

안전장치 없는 십대의 성

　우리 사회는 십대 여성들을 무성적인 존재로 간주하면서도 이면에서는 이들의 성을 적극적으로 성애화하며 소비하는 이중적인 태도를 보이고 있다. 화장을 하거나 교복을 줄여 입는 십대 여성들의 행태에는 눈살을 찌푸리면서도 그런 십대 여성의 성을 사는 사람들이 있고, 아슬아슬한 무대의상을 입고 선정적인 춤을 추는 걸그룹에 열광하는 것이 우리의 현실이다. 이런 사회 분위기에서 십대 여성들은 자신의 섹슈얼리티가 지닌 가치를 자연스럽게 인식하게 되고 거리에서 직접적인 보상을 받으며 자신의 섹슈얼리티를 자원화하는 방식을 터득하게 된다. 특히 노동시장이 십대 여성에게 닫혀 있는 상황에서 십대 여성들은 더 적극적으로 자신의 섹슈얼리티를 자원화하게 된다. 십대 여성의 섹슈얼리티와 남성의 경제적 자원은 놀이, 데이트, 번개, 동거 등 다양한 관계 형태로 교환되면서 아이들이 그것을 성매매로 인식하는지 여부와 상관없이 유사 성매매를 고착화시킨다. 십대 여성의 성을 바라보는 우리 사회의 이중적 태도와 다양한 유사 성매매의 존재는 아이들이 성매매를 하나의 선택지로 고려하고 시도하게 하는 중요한 기제다. 이를 통해 십대 성매매가 일종의 사회 현상으로 자리 잡게 된다.

이러한 사회 현상으로서의 십대 성매매는 십대 여성들이 성적 자기 결정권과 성적 자존감을 갖기 힘든 환경에서 더 심화된다. 여전히 우리 사회의 성 의식이 남성 중심적이고 성차별적이기 때문에 십대 여성들은 부정적인 성적 경험을 하는 경우가 대부분이다. 더욱이 그것을 보완해 줄 어떠한 사회 장치도 없다. 십대들의 이성 교제 증가로 십대 때 성관계를 갖는 아이들도 늘고, 학교와 지역에서 십대 여성들을 대상으로 한 성폭력 사건이 비일비재한데도 남성 중심적이고 성기 중심적인 성교육과 성 문화는 변화의 기미를 보이지 않고 있는 것이다. 스무 살이 넘었는데도 데이트 강간 개념에 대해 모르고 있는 가람이나 성폭행을 자기 잘못으로 생각하는 해빈이는 여성들이 성적 자기 결정권을 인지·행사하기 어렵고, 그것이 침해되었을 때 도움을 받기 어려운 현실을 그대로 보여 준다. 또한 성관계를 '따먹고 따먹히고', 순결을 '뺏고 빼앗기는' 것으로 인식하는 문화에서 성적 자존감을 갖기란 힘들다. 이러한 성 문화는 가해자와 피해자를 만들어 내고, 양자 모두에게 심리적 상처를 입힌다. 무엇보다 십대 여성들이 강제적·폭력적으로 성적 경험을 하고 있는 현실에 개입할 필요가 있다. 성적 자기 결정권의 존중과 행사, 그리고 성적 자존감의 개발은 성을 자신의 성적 욕망을 충족하고 남성성을 확인하는 수단으로 도구화는 십대 남성들과, 남성 중심적인 성 관념을 내재화해 차별적이고 폭력적인 성적 관계를 계속해서 경험하는 십대 여성 모두에게 필요하다.

2장
거리의
생존 법칙

가람(21세)이와 나눈 대화

고 1 때 가출을 처음 했어요. 친구들이랑 놀다가 오면 아빠가 문을 잠가요. 또 거기서 열어 달라고 해야 되는데 전 그런 말 안 하고 잠겨 있으면 또 친구 집에 가서 자다가 그냥 그렇게 친구 집에서 계속 생활하다가 한 한 달 뒤, 두 달 뒤 집에 들어갔다가 또 놀다가 집에 안 들어가고 그래서.

가출 계기는 뭐야?

그냥 친구들이랑 놀라고. 그냥 계속 친구들이랑 놀다 보면 집에 있는 게 답답하고 그러니까는. 그때까지는 집이 정말 싫다는 생각은 안 들었거든요. 그런데 막 이제 고 2 되고 고 3 되고 그러니까, 고 3 돼서 완전 집을 확 나와 버린 거죠. 그냥 뭐, 부모님들 연락도 안 하고 언니랑 연락도 안 하고. 그러다가 밖에서, 친구 집에서 지내니까 집 생각이 아예 제 머릿속에서 거의 잊혀질 정도.

처음에 가출했을 때 부모님은 어떤 반응이었어?

그냥 아빠는 들어오라고는 하죠. 그런데 제가 좀……. 친구들이 다 이래요, 학교 친구들이 아빠 계속 속일 거면 그냥 지금부터 아예 집에 들어가지 말라고. 아빠가 더 속상해하시니깐. 친구들이 그렇게 말은 하죠. 그래도 저는 밖에서 생활하는 것보다 집이 훨씬 더 편하죠. 그런데 또 집 나올까 봐 집에는 들어가지 못하겠고.

그러면 너는 집에 들어가고 싶은 마음이 있었고, 아빠도 집에 들어오라고 하시고 그랬는데 다시 가출을 하게 될까 봐 부모님한테 미안해서 집에 못 들어갔다는 얘기지?

네.

가출을 안 할 자신이 없었던 거야?

그런 거 같아요, 반반.

처음 가출했을 때는 어땠는데?

마냥 좋았죠. 놀 수도 있고 누가 간섭 안 하니까.

부모님 간섭이 많았어?

네. 심한 것도 아닌데 그냥 아빠가 "친구들이랑 노는 건 좋다, 네가 여자니까 남의 집에서 자는 건 안 된다" 이런 식으로. 친구들 부모님 같은 경우에는 친구들이랑 자는 건 괜찮다고 하시는데 아빠가 저희 어렸을 때부터 언니랑 저를 키워 왔으니까는 되게 좀 남들이랑 다르게 키우셨어요. 그러니까 남들이 놀 때 너희는 공부를 좀 더 하라고 이런 식으로 말하고. 저는 그런 게 싫었어요, 너무. 어느 정도까진 좋은데. 제가 그때는 아직 철이 덜 들어서 그런 것도 듣기 싫고 짜증나니까 집을 나오게 되고.

(중략)

후회되는 게 있어?

많죠! 저는요 집 나온 것부터 후회가 돼요. 제일 후회가 돼요. 다른 부모

같은 경우에는 집 나가면 막 야단치고 장난 아니잖아요. 저희 아빠는 그게 절대 아니었어요. 나가서 밥은 잘 먹고 사냐, 잠은 잘 자냐, 누구 집에서 잤냐, 다음부터는 그러지 말라고 웃으면서 넘겼어요. 생각해 보니까 너무 미안한 거예요, 그게. 한 달 뒤에 집에 가니까 아빠가 살이 쭉 빠져 있는 거예요. 그리고 막 자면서 아빠가 우는 소리 제가 들었어요. 저는 그렇게까지 아빠가 속상해하는지 몰랐어요. 그런데 그때 알았죠. 그러니까 제가 너무 미안한 거죠. 그때 집 나가서 아빠 힘들게 하면 안 되는 거였는데.

그런 거 알면 다시 집에 들어갔을 수도 있잖아.

제 말이요.(웃음)

왜 다시 나왔어?

그게 반복이 된다니깐요. 나왔다 들어갔다 이래요.

나오지 말아야겠다고 생각해도 잘 안 돼?

네, 안 돼요.

왜 그럴까?

그러게요.

그 유혹이 커? 친구들이랑 놀고 싶고 그런 거?

네, 제가 귀가 얇아서 누가 "놀자" 그러면 "그래" 또 나가요.

나가서 뭐하고 노는데?

술도 먹고(웃음) 친구 집에서 계속 있다가 그냥, 그냥, 있어요. 컴퓨터 같이 하다가 시간 보고 집에 가면 집이 문이 잠겨 있어서 열어 달라는 말은 못하고 다시 친구 집에 가 버리고.

부모님 이혼 뒤 아버지, 언니와 함께 살던 가람이는 자신이 가출을 하게 된 과정과 가출에 대한 복잡한 심경을 이야기했다. 가람이는 집이 싫어서라기보다 답답해서 가출을 했다고 말했다. 결심하고 집을 나온 게 아니라 친구와 놀다가 시간이 늦어져서 외박을 하는 생활을 반복하다 보니 가출로 이어졌다는 것이다. 가람이의 아버지는 가람이가 네 살 때 이혼한 뒤 홀로 가람이 자매를 키웠다. 아버지는 막노동을 하는데, 일을 구하지 못할 때도 적지 않았다. 가람이는 아버지의 사랑을 느끼고 있었지만, 생계를 꾸려야 하는 아버지와 함께하는 시간은 적고 언니와 관계도 소원했다. 방과 후 대부분의 시간을 혼자 보내야 하는 집은 심심한 곳이었다. 가람이는 친구들과 놀면서 답답함과 외로움과 부담을 잊을 수 있었다. 가람이는 아버지에게 미안했지만 집에 돌아갈 수는 없었다. 아버지에게 미안한 마음도 친구들과 놀다 보면 곧 잊혀졌다. 오히려 집에 들어갈까 하는 생각이 들어도 아버지 얼굴을 보기가 미안해서 못 들어가기도 했다. 가람이는 집에 들어가도 얼마 지나지 않아 또 가출을 하게 될 거라는 사실을 잘 알고 있었다.

가람이 사례처럼 대부분 아이들은 별다른 이유 없이 집을 나온다. 왜 가출을 했는지 물으면 아이들은 "그냥"이라는 말을 많이 했다. "그냥 답답해서", "그냥 놀고 싶어서", "그냥, 그냥……." 어쩌면 "그냥" 한 번의 일탈일 수 있는 가출 경험은 조금씩 거리의 생활에 익숙해지면서 일상이 된다. 그렇게 집을 나온 아이들은 거리의 생존 법칙을 배우며 그들만의 문화를 형성한다.

일탈에서 일상으로

　십대 여성은 가출과 동시에 성매매에 유입될 수 있는 위험이 커진다. 어디서 누구와 무엇을 하며 지낼지 계획을 세우고 가출하는 경우도 많지 않거니와 그러한 계획을 세웠다 하더라도 막상 가출을 해 보면 이들이 세웠던 계획이 비현실적인 경우가 대부분이기 때문이다. 자취하는 친구에게 신세를 지거나 집에서 가지고 나온 돈으로 버티는 경우도 있지만, 친구 눈치도 보이고 가지고 온 밑천도 이내 바닥난다. 일을 해도, 십대의 노동을 가치 절하하는 아르바이트 시장의 저임금 구조에서는 먹을 것이나 잠자리에 드는 비용을 충당할 수 없다. 또한 아르바이트 월급이 한 달 뒤에나 나오기 때문에 그 한 달을 버티기가 어렵다. 이러한 상황에서 가출한 십대 여성들은 성매매로 유입될 위험이 매우 높다.
　그러나 가출이 모든 새로운 경험의 시발점은 아니다. 아이들은 가출을 하기 전부터 친구들과 함께 어느 정도 거리 생활을 경험하며 가출을 하나의 선택지로 상상하게 된다. 가출을 하는 십대 여성들의 삶은 집과 학교와 학원만 왔다 갔다 하는 일반적인 또래들의 삶과는 다르다. 이들은 학생에게 기대되는 일상을 벗어나 친구들과 술을 마시고, 외박을 하고, 학교를 결석하고, 아르바이트를 하는 등, 일반적으로 십대들에게 기대되고 허용되는 것과는 다른 삶을 산다. 처음에는 일탈로 시도되었던 이러한 경험들이 반복되면 일탈이 아닌 일상이 된다.

🍓 하나(18세), 슬아(17세)와 나눈 대화

하나 가출해 가지고 맨날, 하루 맨날 남자를 만나고. 꼭 하루에 한 번, 돈 없으니까 남자들이랑 뻗어 먹고 자고 그런 거예요.

중학교 때부터?

하나 네. 그리고 "아, 이제 집에 들어가야지" 하고. 지치잖아요. 집에 들어가면 또 나오고 또 나오고 또 나오고.

슬아 그러다가 이제 맛이 드는 거예요. 이제 심심해서 나오고, 살 빼려고 나오고. 이유 없이 살 빼려고. 나가면 5키로씩 빠지니까. 한 달 동안 나갔다가 학교 딱 나가면 애들이 "너 왜 이렇게 살이 빠졌어?" 다 이래요. 그게 너무 좋은 거예요. 살 빠진 게.

하나 저 그때 엄청 날씬했어요. 지하철 노선도 있잖아요. 그거 보잖아요. 안 가 본 데 없어요. 한번은 우리가 이랬어요. 지하철에서 가 본 데를 체크해 봤어요. 안 간 데 한 다섯 군데 빼고 다 가 봤어요. 조치원 이런 데도 갔다 오고. 그런데 그때는 개념 없는 게 재밌었는데 지금 생각하면 토 나와. 다시 그러라면 못 그래.

슬아 진짜 걷는 게 제일 자신 있었어요.

하나 만약에 돈이 없잖아요. 그러면 우리 어디지? 인천에서 어디까지 걸어 봤지? 부평, 부천? 거기까지 걸어 봤어요. 인천에서. 일곱 시간 걸었지? 걷는 데만. 다 걸어 다녔어요, 맨날.

슬아 한 아침 8시에 출발해가지고 저녁 9시까지.

하나 그리고 맨날 먹는 것도 없으니까 남자들 만나도 술만 먹으니까 살도 안 쪄요. 먹고 바로 막 걷고 그러니까. 운동이 되니까.

하나와 슬아가 가출한 이유는 가출 후 생활에서 쉽게 짐작할 수 있었다. 하나와 슬아는 매일같이 또래 남자들을 만나서 놀며 서울과 경기도 방방곡곡을 돌아다녔다. 또래 남자들을 주로 만난 이유 중에 하나는 조건을 하지 않으면서 먹을거리와 잠자리를 마련할 수 있었기 때문이다. 하나와 슬아는 마음껏 놀기 위해서 가출을 했지만 여느 아이들과 마찬가지로 처음부터 조건으로 생계를 유지할 생각은 없었다. 또래 남자들과 만나면 돈을 들이지 않고도 재미있게 놀 수 있었다. 물론 또래 남자들이 하나와 슬아를 만난 궁극적인 이유는 성관계를 하기 위해서였다. 하나와 슬아는 이를 잘 알고 있었고, 성관계를 놀이의 연장 또는 일부라고 생각했다. 하나와 슬아의 긴 가출 생활은 이들의 섹슈얼리티와 또래 남자들이 지니고 있는 물적 자원의 교환으로 유지되었다. 하나와 슬아가 만난 또래 남자들은 원래 알던 아이들, 친구가 아는 아이들, 또는 번개로 만난 아이들 등, 셀 수 없이 많았다. 차비도 없는 빈털터리 상태에서 하나와 슬아는 먹을 것과 술과 잠자리와 유흥을 얻기 위해 걷고 또 걸었다. 이들에게 집은 거리 생활에 지친 몸을 쉬며 원기를 회복하는 장소일 뿐이었다. 반면 가출은 특별한 이유를 댈 필요도 없는 일상이 되어 갔다.

이처럼 또래와 어울리며 놀다가 한두 번 외박을 한 게 가출이 되고, 가출이 반복되면 집 밖의 삶이 일상이 된다. 가람이와 하나와 슬아에게 가출한 이유를 물었을 때, 이들은 공통적으로 집이 싫어서 가출을 했다기보다는 집 밖에서 접할 수 있는 새로운 경험들에 매료되었기 때문이라고 답했다. 그들의 시각은 분명 '집'이 아닌 '집 밖'에 고정되어 있었다. 이들이 집 밖에서 생활하는 시간이 점점 길어지는 것은 곧 거리 생활에 적응했기 때문이며 이는 경제적·심리적으로 부모에게서 '독립'하게 되었다는 뜻이다. 물론 이들이 거리에서 부모가 제공해 줄 수 있는 만큼의 경제적 자원이나 심리적 지지를 획득했다고 보기는 힘들다. 오히려 가출로 인한 부모로부터의 독립은 가장 기본적인 자원의 상실을 의미하는 경우가 대부분이며, 이러한 독립이 반드시 의도된 선택이라고 볼 수도 없다. 그럼에도 가람이와 하나와 슬아는 가출 후 생활을 고생스럽지만 모험과 즐거움과 재미와 위험이 공존하는 일상으로 받아들이고 있었다. 이들은 거리의 생리인 끊임없는 불확실성과 타협하며 나름의 생존 방법들을 터득해 갔다. 따라서 아이들을 이해하기 위해서는 가출의 이유를 캐묻기보다 먼저 아이들을 매료시킨 그 거리의 규칙과 문화를 알아야 한다.

생존을 위한 동화同化

아이들은 결코 혼자서 가출을 결심하지 않는다. 친구와 함께하거나 때로는 이미 가출해 살고 있는 친구들과 연락을 주고받는 와중에 가출을 모색하게 된다. '가출 선배'들은 가출을 망설이는 아이들에게 안내자 역할을 자처하고 가출을 독려한다. 함께 다니는 무리의 수가 많을수록 힘이 세지고, 돈을 벌 수 있는 가능성도 높아지기 때문에 거리 생활을 함께하는 친구들은 경제적·심리적으로 큰 자원이다. 아이들은 가출 후 가출 선배들에게 요령을 배우고, 가출 선배들은 새로운 아이들로 무리의 성원을 충원하면서 상호 보완 관계가 형성된다. 아이들이 가출한 다음 구체적으로 어떻게 살아야겠다는 계획을 세우는 경우가 드문 것은 이미 가출해서 살고 있는 친구들 무리에 합류하면 된다고 생각하기 때문이다. 가출 선배들이 절도, 갈취, 성매매 등으로 생활하고 있는 경우 새로 가출한 아이들도 여기에 동참하게 된다. 이러한 상황에서 처음 가출한 아이가 꾸준히 학교를 나가거나 하루에 몇 시간씩 아르바이트를 해서 돈을 모으는 등의 '튀는' 행동을 하기란 거의 불가능하다. 학교에 나가면 가출 사실이 알려질까 봐 두렵고, 아르바이트로는 잠자리를 비롯한 생활비조차 벌기 힘든 것이 그 이유기도 하지만, 일단 또래 집단에 합류하고 나면 집단의 생활 패턴에 따라 움직여야 하기 때문이다. 특히 대부분의 아이들이 한 장소에 정착하지 않고 잠자리와 먹을 것을 좇아 계속 이동하기 때문에 집단에 속한 아이들은 아르바이트를 구할 상황이 되지 않는다.

🍃 가람(21세)이와 나눈 대화

어떻게 삥 뜯어?

제가 옆에서 보고 있었는데 핸드폰을 빌리더라고요. 걔가. 그래서 이렇게 좀 어두운 데를 가요. 그래 가지고 전화를 막 하는 척한 다음에 핸드폰도 뺏고, 가방 털고. 학원 앞에 많이 가요. 계속 핸드폰 빌려 달라 그런 식으로 해서 내놓으라고.

걔한테 삥 뜯는 걸 배운 거구나.

네. 그래서 인제 저도 슬슬 배워 갔죠, 그때쯤에. 그래 가지고 "너 일루 와 봐!" 핸드폰 빌리고, 제가 먼저 주도해서.(웃음) 다음에 "한 번 더 할까?" 그래서 "그래 알았어." 제가 먼저 핸드폰 빌리고, 제가 먼저 걔 막 때리고. 네, 그랬어요.

처음에 삥 뜯고 때리고 그랬을 때 미안하거나 그러지 않았어?

그랬죠. 그런데 저희들도 돈이 없는데 어떡해요.

가람이는 조건을 하지 않을 때는 절도나 갈취로 생활했다고 말했다. 가람이는 고3 때 거리에서 만난 친구에게 폭행과 갈취를 배웠다. "한 번 더 할까?"라는 친구의 말은 가람이에게 "너도 돈 벌어 와라"하는 말로 들렸고, 가람이는 자신이 배운 대로 갈취를 했다. 가람이는 갈취 방법을 가르쳐 준 친구가 남성을 두 명 구해 와 조건도 하게 되었다. 가람이는 조건을 하라는 친구의 압력을 거절하지 못했는데, 갈취, 절도, 성매매 등으로 돈을 버는 친구에게 자신의 생계를 의탁할 수 없었고, 친구도 원하지 않았기 때문이다. 또한 친구와 함께하면 더 많은 돈을 벌 수 있었고, 번갈아 하면 위험 부담을 줄일 수 있었다. 가람이는 갈취를 하면서 미안한 마음이 들었고 조건도 하기 싫었지만 "돈이 없기 때문에 어쩔 수 없었다"고 말했다. 다른 대안을 찾기 어려운 상황에서 갈취, 절도, 성매매 등은 아이들에게 불가피한 생존 방식으로 간주되고 실천되고 있었다. 더욱이 이러한 일탈 행위가 또래 집단 안에서 반복 재생산되면서 또래 집단의 눈 밖에 나지 않기 위해 거쳐야 할 통과의례나 응당 감수해야 할 부담으로 받아들여졌다. 또래 집단은 거리의 아이들에게 생존의 조건이나 다름없었기 때문이다.

'쎄' 보이기

아이들 여럿이 무리를 지어 거친 거리 생활을 함께하다 보면 나름의 규칙과 문화가 만들어진다. 이러한 규칙과 문화는 '생존'과 '자기 보호'를 위한 방식으로 구성되어 습관적으로 유지된다. 특히 '생존'을 위해 갈취를 하고 '자기 보호'를 위해 폭력을 행사하면서 아이들은 점점 폭력에 익숙해지게 된다. 처음에는 생존과 자기 보호라는 이유가 있었지만 점점 '심심해서', '삥을 뜯는 김에', '친구의 복수를 하기 위해', '그냥 시비가 붙어서' 등, 별다른 이유 없이 폭력을 행사하기도 한다.

우리 사회에서 십대 폭력은 이미 심각한 문제다. 규제와 처벌이 있는 학교에서도 폭력이 발생하니 거리의 십대들이 폭력을 행사하는 것은 그보다 더 쉬운 일이다. 솔비는 하루에 한 번꼴로 시비가 붙고, 일주일에 한 번꼴로 싸움이 일어난다고 말했는데 이는 가출한 아이들 사이에서 폭력이 얼마나 만연해 있는지를 보여 준다. 대부분 아주 사소한 일에 시비가 붙는데, 그 이유는 가출한 아이들이 주로 무리 생활을 하기 때문인 것으로 풀이된다. 아이들은 혼자 있으면 문제 삼지 않았을 일에도 폭력을 행사했고, 때리고 싶은 마음이 없어도 주도하는 친구가 있으면 폭행에 동참했다. 옳고 그름에 대한 자각이 없는 이런 상황에서 폭행은 재미, 기 싸움, 세력 과시 등의 양태를 보이며 확산된다. 또한 '개기거나 미운털이 박힌' 경우 폭행의 강도가 세지는데 이러한 폭행은 분노의 표현이나 잘못에 대한 처벌로 이해되고 용인된다.

이렇게 폭행이 일상적으로 만연한 문화에서 아이들은 폭행을 당하지 않기 위해 과장된 언행을 보이거나 가장假裝을 하게 된다.

🌧 솔비(19세)와 나눈 대화

제 또래 친구들도 그렇고 중요한 거는 "화장을 해서 남자를 꼬셔야겠다" 이런 마음까진 아니고, 세 보이잖아요. 이런 게 아무래도 있었어요. 그러다 보니까 눈 화장을 진하게 하고, 좀 위압감 있게, 그런 게 있었던 거 같아요. 다른 마음은 아닌 거 같고, 제가 그랬거든요. 티가 안 나는 화장을 하면 더 예쁠지언정. 집에서 평범하게 사는 애들이라면 모르는데 가출을 한 상황이라고 하면 정말 시비가 많이 붙어요. 그 상황에서 그냥 깔끔하게, 단정하게 거의 맨 얼굴처럼 화장을 하고 있는 상태에서 가출해서 돌아다니면 얘는 진짜 뭣도 없는 거야. 그러니까 아무래도 시비가 더 붙을 수밖에 없고, 아무래도 좀 노출 심하게 입고 화장도 진하고 그러면 가출 상태에서 그게 더 유리할 수 있다고 봐요. 착해 보이면 진짜 무시 많이 받아요. 솔직히 애들 입장에서는 별로 그렇게 선택권이 있지가 않아요. 굳이 안 무서운 애가 무섭게 변할 수 있는 방법이 없잖아요. 겉모습이라도 그렇게 할라고. 저도 원래 말을 착하게 하는 애였어요. 저도 막 처음에 집 나가고 이랬을 때 "착해 보인다"는 말이 더럽게 싫었거든요. 착해 보인다는 말이 평소에 들으면 칭찬인데, 그때 같은 경우는 솔직히 또래 애들 입장에서 착해 보인다는 건 "아, 너랑 같이 못 놀겠다" 그런 분위기가 느껴졌어요. 표적이 되니까. 원래 어디를 가든 다수를 따르게 돼 있는 게, 가출을 한 애들은 거의 다 옷이 야하고 화장이 진해요. 그 상황에서 옷 단정하고 화장 안 한 애가 들어가 버리면 솔직히 바로 무시당하고 쫓겨나는 거지.

솔비는 가출한 아이들의 진한 화장과 노출이 심한 옷, 거친 말투들이 거리 생활에서 살아남기 위한 전략의 하나며 무리에 수용되는 방법이라고 말했다. '착해 보인다'는 말은 일반적으로 칭찬이지만, 이들이 놓여 있는 상황에서는 전혀 다른 의미를 지닌다. 또한 옷이 단정하고 화장을 하지 않는 아이들은 가정의 보호를 받던 시절의 습관을 버리지 못했고, 아직 거리 생활에 적응하지 못한 것으로 간주된다. 폭력이 만연하는 거리에서 착하고 순진해 보이는 것은 곧 무시를 당하거나 폭행의 대상이 되는 것을 의미한다.

나는 솔비의 이야기를 들으면서 아이들의 외모가 '보호색'이라는 생각이 들었다. 야생에서 화려한 색깔로 자신에게 독이 있다는 사실을 알리는 동물들처럼 아이들도 상대방에게 경계심을 유발하기 위해 화려한 보호색을 사용하는 것이다. 아이들은 집에서 생활하는 또래들과는 구별되는 강한 외모와 거친 언행으로 자신이 절대 '만만하거나 나약한' 소녀가 아니며, 거리 생활에 익숙하다는 사실을 드러낸다. 이는 자신을 보호하는 방법이며 궁극적으로 무리에 속하기 위한 전략이다. 아이들은 거리에서 생활하는 또래들만의 특수한 문화와 규범을 체득했음을 드러냄으로써 구성원으로 인정받는다.

아이들의 언어, 논리, 생리

주지하다시피, 가출한 십대 여성들 중 상당수가 성매매에 유입된다. '돈을 벌기 위해' 성매매를 하는 것은 사실이지만 돈을 벌기 위한 방법이 '왜 성매매'인지에 대해서는 간단히 설명하기 어렵다. 1장과 2장을 통해 살펴본 것처럼 십대 여성들의 성애화, 성적 자기 결정권을 행사하지 못하는 성적 경험, 노동시장에서의 배제, 사회적 안전망의 부재, 생존을 위한 방식으로 구성되는 독특한 거리 문화 등 다양한 요소들이 만들어 내는 복잡한 역동 안에 성매매가 위치하기 때문이다. 그러나 우리 사회는 십대 여성들을 성매매로 내모는 복잡한 원인을 파악하고 십대 여성들의 취약한 상황을 살피려는 노력을 하지 않는다. 십대 성매매는 가출, 폭력, 갈취, 절도 등과 연계된 일탈 행위 또는 비행으로 간주되고 따라서 규제와 처벌의 대상이 될 뿐이다.

눈에 보이는 성매매 현상만을 피상적으로 들여다보면서 '성매매를 해서는 안 된다'는 결론만 반복하면 성매매를 하는 십대 여성을 낙인찍는 결과만을 낳을 뿐이다. 이는 규제와 처벌의 논리가 갖는 한계다. 그러나 십대 여성들의 목소리에 귀를 기울이려는 노력을 하다 보면, 아이들에게도 자신만의 언어와 논리, 생리가 있다는 사실을 알게 되고 그들을 이해할 수 있는 통로가 열린다. 왜 가출을 했는지, 왜 폭력을 행사하는지, 왜 성매매를 하는지 등, 민감할 수 있는 질문에도 아이들은 늘 자신만의 답을 가지고 있었다. 아이들이 제시하는 설명이 모두 합리적이었고 설득력이 있었다는 말은 아니다. 그러나 아이들의 이야기 속에는 최소한 상황적 진실이라는 게 존재했다.

　십대라는 연령과 여성이라는 젠더가 교차하는 곳에 십대 여성이 있다. 이들은 우리 사회의 대표적 약자다. 특히 사회 안전망이 부실하고 돌봄의 책임을 가정에만 맡기는 우리 사회에서 가출은 곧 보호자의 부재를 의미한다. 십대 여성들은 가출과 동시에 경제, 관계, 학력, 주거 등 필수적인 자원을 상실하게 되고, 자신들의 취약한 상황을 이용해 다양한 이득을 취하려는 사람들을 만나면서 생존 방법을 모색하게 된다. 어른들에 대한 불신이 또래에 대한 의존을 강화시키면서 처지가 비슷한 가출한 아이들끼리 모이게 되고, 그 상황 안에서 가능한 생존 방식과 규범을 만들어 가는 것이다. 처벌과 비난의 관점에서만 십대 성매매를 바라보면 우리는 이러한 이야기를 놓치게 된다. 십대 여성들의 성매매 유입을 막고 싶다면 먼저 이들의 목소리에 귀 기울여야 하고, 이들의 언어와 논리, 생리를 이해해야 한다. 그러다 보면 우리는 십대 성매매 문제가 개인의 일탈 또는 비행의 문제가 아니라 사회문제라는 사실을 깨닫게 될 것이다. 십대 여성들을 사회적 약자로 위치시키고, 성적 대상으로 소비하며, 노동시장에서 배제하고, 사회적 안전망을 갖추지 않은 우리 사회가 십대 여성들을 성매매 시장으로 내몰고 있다.

2부
청소년 성매매의 스펙트럼

청소년 성매매는 기존의 산업형 성매매와 달리 십대 여성들이 포주에게 고용되어 있지 않다는 점에서 특징적이고 나아가 상대적으로 덜 열악한 성매매로 간주되었다. 이러한 특성은 십대 여성들이 '자발적'으로 성매매를 한다는 견해의 근거가 되어 십대 여성들을 비판하는 이들도 적지 않았다. 그러나 '원조교제'의 특징이 장점처럼 부각되던 초기와 달리 오늘날 청소년 성매매는 젠더 권력에서 하위에 있는 여성 인권의 폭력적 침탈이라는 성매매의 본질을 여실히 드러내고 있다. 원조교제에서 '조건'으로 용어가 변하고 포주가 개입되면서 청소년 성매매가 지니고 있던 장점들은 사라졌다. 여기에 십대 여성들의 취약한 지위가 더해져 청소년 성매매는 여느 성매매 못지않게 십대 여성들의 인권을 침해하고 있었다.

내가 만난 아이들은 청소년 성매매를 하면서 경험한 수많은 인권침해에 대해 이야기했다. 특히 성 구매 남성들에게 당하는 신체적·언어적 폭력이 심각했다. 그럼에도 성매매를 중단하지 못하는 아이들은 자신을 보호할 수 있는 수단을 강구했지만 이는 결과적으로 중층의 착취와 인권침해로 되돌아왔다. 더욱이 성에 대한 제대로 된 정보를 접한 적이 없고 성매매를 하면서 자기애와 자존감이 손상된 아이들은 자신을 심각한 신체적·심리적 위험에 그대로 방치하는 모습을 보이기도 했다.

2부에서는 청소년 성매매가 변화하고 분화되는 양상과 그 안에서 다양한 위험에 노출되고 있는 십대 여성들의 현실을 중심으로 살펴본다.

: 3장

원조교제에서
'조건'으로

가람(21세)이와 나눈 대화

사람 구할 때 인터넷으로 구하지. 버디?

네, 버디. 그냥 키 몇이냐, 몸무게 몇이냐 그런 거 다 이렇게 해요. 안 되는 것도 보내고. 그러니까 하면 안 되는 거. 그런 것도 보내고 다 이렇게 한 다음에 온다고 하면 "오세요." 기다리다가 오면 가고.

(중략)

보통 남자들이 몇 살이야?

삼십대. 어린애들, 이십대라고 하면 막 돈 안 주고 도망갈 거 같아서.

그러면 너도 몇 살이냐 이런 거 물어봐?

당연하죠. 저는 거기서 먼저 물어봐요. "몇 살이에요?" "저요? 삼십대인데요." "와요."(웃음)

삼십대면 오라 그러는 거야?

네.

직업 같은 건 상관없고?

네.

외모는?

뭐 상관이에요. 그냥 딱 눈 감고 하는 건데.

눈 감고 무슨 생각해?

'아~ 짜증난다, 이거 언제 끝나냐.'

보통 피시방으로 데리러 오는 거야? 너인지 어떻게 알아? 너는 어떻게 알아? 인상착의를 말하나?

네. "뭐 입었어요?" 제가 물어봐요. 잠바 입었다, 뭐 입었다. 저는 가방을 본체 위에 올려놔요. "들어오시면 본체 위에 가방 올려 있으면 접니다." 이러고 알아보는 거죠. 눈빛으로 말해요.(웃음)

그러면 피시방 돈도 내줘?

당연하죠. 피시방비 없는데 어떻게 나가요.

나가면 무슨 얘기해?

아무 얘기 안 해요. 제가 조건을 부천에서 많이 하고 신림에서 많이 했어요. 거의 제가 길 아니까 앞장서서 어디 모텔이 싸다, 어디 모텔이 괜찮다 제가 다 알거든요. 그래서 제가 아는 데서 하고.

만나서 헤어질 때까지 시간은 얼마나 걸려?

한 시간은 안 걸릴 걸요.

헤어질 때는 "안녕히 가세요" 하는 거야?

네, "수고하세요" 이러고.

그러면 남자들은 십만 원에다가 모텔비하면 십오만 원 정도 쓰겠네. 시간대는?

저녁에 하죠. 9시에서 10시.

가람이와 인터뷰를 하면서 내가 현장을 떠난 5년 동안 많은 변화가 있었다는 사실을 알 수 있었다. 가장 대표적인 것이 용어의 변화였다. '원조교제'에서 '조건'으로 바뀐 용어는 청소년 성매매의 성격 변화를 내포하고 있었다. 인터넷으로 성 구매 남성을 구하는 것은 같았지만 가람이는 '하면 안 되는 것'을 보내고, 만나서 대화하지 않으며, 한 시간이 채 되지 않아 헤어지고, 가격은 십만 원에 불과했다.

청소년 성매매는 1997년에 '원조교제'라는 명칭으로 가시화되었다. '도우면서 사귀다'라는 뜻인 원조교제는 일본에서 1970년대에 등장한 것으로 알려져 있다. 당시 원조교제라는 표현은 돈을 매개로 중년 남성과 젊은 여성이 맺는 육체적 관계를 지칭했는데, 한동안 잊혀졌다가 1990년대, 중고등학교 여학생들이 성 시장에 합류하면서 다시 등장했다. 원조교제가 사회문제로 부상하자 일본에서는 1997년 초에 원조교제에 대한 규제*가 만들어졌고, 우리 나라 언론들도 이 사실을 보도했다. 당시 『조선일보』는 "일본의 '원조교제'를 본뜬 십대 매춘"(1997년 8월 20일)이라는 제목의 기사를 싣기도 했다.

원조교제가 우리 사회에 큰 충격을 준 것은 기존의 성매매와 구별되는 특성 때문이었다. 가장 큰 차이는 청소년 성매매가 '포주에게 고용되지 않은 개인형 성매매'라는 점이다. 내가 2002년에 만난 아이들은 학교에 다니면서 아르바이트 삼아 성매매를 할 수 있다는 것을 원조교

■ 1997년 4월 일본 도쿄 지방자치단체는 청소년 건전육성조례를 개정해 십대 여성과 성관계를 한 남성에 대한 처벌 규정을 만들었다.(김고연주, 『길을 묻는 아이들』, 책세상, 2004, 7쪽)

제의 큰 장점으로 꼽았다. 소비 자본주의의 만연으로 소비 욕구는 커졌지만 열악한 노동시장에서 착취를 당하는 아이들에게 원조교제는 학교를 다니면서 필요할 때 큰돈을 벌 수 있는 유일한 방법이었다. 한편, 성 구매 남성들은 아이들에게 선물을 사 주기도 하고, 함께 노래방에 가거나 술을 마시는 등, 일종의 데이트를 원했다. 아이들은 성 구매 남성과 거리에서 손을 잡고 걷는다거나 의식적으로 대화를 많이 하기도 했는데, 이는 성 구매 남성이 자신에게 계속 연락하도록 하기 위한 방법이었다. 이러한 관계 역시 아이들이 포주에게 고용되어 있지 않기 때문에 가능했다. 이처럼 성 구매 남성과 십대 여성이 일종의 연인 관계를 유지하는 모습이 포착되면서 원조교제는 성매매와 연애의 중간 지점에 위치하는 '유사 연애'로 분류되기도 했다.

  석사 논문을 쓸 당시 나는 원조교제에 대해 이렇게 이해하고 있었다. 그런데 박사 논문을 쓰기 위해 아이들을 다시 만나면서 상황이 상당히 달라졌다는 느낌을 받았다. 불과 5년이 지났을 뿐인데 다시 만난 아이들에게서는 이전 아이들이 지니고 있던 도발적인 발랄함 같은 것은 찾아볼 수 없었다. 아이들은 상당한 삶의 무게를 견디고 있었다.

  물론 내가 2002년에 만났던 아이들 중에는 성매매를 하지 않은 아이들도 있었고, 집에서 사는 아이들도 있었던 반면, 2008년에는 아이들을 주로 쉼터와 캠프에서 만났기 때문에 아이들의 상황이 더 열악했을 수 있다.[*] 또한 내가 아이들을 만난 기간이 다르다는 것도 큰 차이였다. 석사 논문을 쓸 때는 짧은 기간 동안 만났지만, 박사 논문을 쓸 때는 2007년 말부터 2008년 사이에 처음 만나 2010년 논문을 쓸 때까지 지속적으로 만났고, 일부 아이들은 나와 같은 생활 공동체(〈새날〉)에서 살고 있었으며, 또 소수의 아이들과는 현재까지도 관계를 지속하고 있다.

이렇게 아이들을 만난 경로와 기간, 그리고 아이들의 특성을 감안하더라도 상황은 많이 바뀌어 있었다. 이는 아이들의 경험 자체가 매우 달랐기 때문이다. 안타깝게도 아이들의 경험은 나쁜 방향으로 변하고 있었다. 원조교제는 생계형 '조건'으로 변해 있었고, 아이들의 성은 더 싼 가격에, 더 극단적인 상황에서 팔리고 있었다.

원조교제의 성격 변화와 기능 분화

앞서 인용한 가람이와의 대화에서 우리는 성매매가 성사되는 과정을 알 수 있다. 편리하고 신속하며 동시에 많은 사람과 접속할 수 있고 익명성을 보장해 주기 때문에 인터넷이 주요한 매개다. 성 구매 남성들은 채팅을 하면서 십대 여성의 미니홈피를 방문하거나 쪽지를 통해 사진을 받는 등, 십대 여성의 외모를 미리 '점검'하곤 한다. 이는 그들에게 십대 여성이 '상품'이기 때문이다. 그러나 가람이의 말처럼 십대 여성은 돈을 받는 것이 목적이기 때문에 남성에게 사진을 요구하지 않

■ 쉼터에 대한 우리 사회의 편견이 강하고 정보가 많지 않기 때문에 아이들은 더 이상 거리 생활을 버티기 어려운 상태에 처했을 때 어쩔 수 없이 쉼터에 오는 경우가 많다. 또한 성매매를 많이 할수록 경찰의 함정 수사에 적발될 확률이 높아지기 때문에 캠프에 참가하는 아이들은 성매매에 유입된 기간이 긴 경우가 많았다.

는다. 가람이가 30대 이상을 선호하는 것도 돈을 못 받을 위험성을 줄이기 위해서다. 또한 남성들이 직접 찾아오는 게 중요한데, 피시방비를 받아야 하기 때문만이 아니라 바람을 맞히더라도 그 여파를 최소화하기 위해서다. 이러한 성매매 성사 과정은 과거와 크게 다를 바 없었다.

그러나 가람이의 이야기에서 나는 예전과는 다른 특징적인 변화를 발견할 수 있었다. 바로 가람이와 남성이 서로 조건을 건다는 점이다. 십대 여성과 남성은 서로의 '조건'을 제시하고 서로가 그 조건에 동의했을 때 만남이 성사된다. 조건은 '조건 만남'의 줄임말이다. '원조교제'가 성을 판매하는 여성의 나이에 초점을 맞추고 있다면 조건은 여성의 연령과는 무관하게 여성과 남성 사이의 협상을 강조하고 있다. 과거 원조교제와는 다르게 가람이가 남성과 만나 대화 없이 성관계만 한 후 곧바로 헤어지는 것도 서로 조건을 내세우게 되면서 만남의 목적이 그만큼 명확해졌기 때문이다. 아래 이슬이와 나눈 대화에서 원조교제의 변화된 성격을 더 확실히 알 수 있었다.

🍃 이슬(20세)이와 나눈 대화

만났는데 사람이 잘해 주고 돈도 잘 주고 그러면 계속 관계를 만드는 게 있어?

진짜 그러면 편하니까 자주 만나고 싶죠. 연락이 오면 그런 사람들은 좋게 나가요. 그런데 그런 애들은 진짜 막 오래 만나면 진상 돼. 몇 번 괜찮은데 좀 만나다 보면 바라는 것도 많아지고. 솔직히 아무리 편하고 막 삼촌 같고 그래도 나가서 밥 먹기는 싫잖아요. 사람들 보는 눈이 있으니까. 오래 만나면 나가서 밥 먹자 그러고, 술 먹자 그러고, 좆나 짜증나고 막. 바라는 것도 많아지고, 막 자고 가라 그러고. 편하니까, 지는. 나가서 밥 먹고 그러는 거 진짜 싫거든요.

너는 전혀 상대를 애인이라고 생각 안 하는데 상대가 그런 걸 기대하는구나.

오래 만나면.

너는 단순히 그거일 뿐인데. 남자가 좀 안돼 보이긴 하겠다?

안돼 보일 게 뭐가 있어. 안돼 보일 게 없지. 가정 있겠다, 어? 직장 있겠다. 지가 돈 있으니까 지가 심심하니까 만나는 거지, 안돼 보일 게 뭐가 있어. 그냥 어차피 걔네도 진심으로 그러는 게 아니라 그냥 엔조이. 그렇게 생각하는 건데. 그냥 나가서 밥 먹고 싶고, 술 먹고 싶고, 시간 좀 끌고 싶고. 솔직히 걔네들 지가 필요할 때만 찾지 뭐, 우리가 힘들다 해도 주는 거 없잖아요. 진짜 바보 같은 애들이야 돈 주고 그러지.

이슬이는 인터뷰를 하면서 진상에 관한 이야기를 많이 했다. 검증이 됐다고 생각하고 지속적으로 만난 남성들도 시간이 지날수록 진상으로 변했다. 일반적으로 진상은 돈을 주지 않거나, 약속을 지키지 않거나, 원하지 않는 행위를 강요거나, 폭언·폭행을 하는 남성을 의미하는 데 반해, 이슬이는 자신에게 애인과 같은 역할을 기대하는 남성들을 진상이라고 지칭했다. 남성들은 이슬이와 여러 번 만나면서 친해지고 편해졌다고 느꼈지만, 이는 일방적인 느낌에 불과했다. 이슬이는 아무리 여러 번 만나도 호감이 생기지 않았고, 사람들 눈이 불편해 빨리 헤어지고 싶을 뿐이었다.

안전하다는 이유로 만나던 남자들도 시간이 지나면 더 이상 안전한 상대가 아니었다. 이슬이는 조건으로 만난 남성도 자신을 '엔조이'로 생각할 뿐 진정성은 없다며 어떤 '관계'가 만들어질 수 있는 일말의 가능성도 생각하지 않고 있었다. 이는 지속적인 관계를 중요하게 생각했던 과거의 원조교제와 명확하게 달라진 지점이다. '지속적인 관계'가 여기서는 오히려 거추장스러운 것으로 여겨진다.

그렇지만 원조교제에서 탈각된 '관계성'이 성매매에서 완전히 사라진 것은 아니었다. 지속적인 관계를 바라는 남성들의 욕구는 '애인 대행'이라는 새로운 성 시장을 개척하고 있었다.

🍃 은호(22세)와 나눈 대화

요즘 애들, 뭐지? 애인 대행인가? 그거 하던데.
애인 대행은 뭔데?
그러니까 애인처럼 밥 먹고, 노래방도 가고, 술 먹고 그래 가지고 맘 맞으면 한 번 하는 거고. 돈 엄청 번다잖아요. 한 번 놀아 주면 한 백만 원? 내가 아는 애가, 내 친구의 친구가 그걸 하는데. 한 달에 한 두세 번 만난대요. 한 번에 백만 원 주는 사람도 있고, 몇 번에 백만 원씩 주는 사람도 있고. 그것도 큰돈인데. 한 두세 시간 놀아 주고. 왜 그렇게 살아, 그런 걸 왜 하는지 몰라. 이해가 안 돼요.
너는 조건이 더 낫다고 생각하는 거야?

아니요, 나는 일자리를 못 구해서 이러고 있는 거고, 걔는 일자리를 안 구하는 거고. 이거랑 그거랑 틀리잖아요. 일자리는 안 구하고 돈은 펑펑 써야지. 걔는 맛사지하고, 쇼핑하고 그런 식이라니깐요. 꼭 백화점에서 옷을 사야 되고, 애가. 왜 그러는지 몰라. 아무리 생각해도 이해가 안 돼.

조건과 연애 대행은 모두 개인형 성매매의 유형이지만 조건은 성관계만을 목적으로 하고, 연애 대행은 데이트가 수반된다는 차이를 지니고 있다. 가격 차이도 커서 은호는 조건은 생계를 위해 하는 데 반해, 연애 대행은 사치스러운 소비를 위해 한다고 생각하고 있었다.

과거에 원조교제는 유사 연애적 성격 때문에 성매매와 연애의 중간 지점에 위치하는 것으로 인식되었다. 그러나 오늘날에는 원조교제가 지니고 있던 성매매적 성격은 '조건'으로, 연애적 성격은 '연애 대행'으로 각각 분리되어 강화된 것으로 보인다. '조건'과 '연애 대행'이라는 용어 자체에서 이러한 만남의 성격이 잘 드러난다.

"청소년성보호법" 제정 후 일부 성 구매 남성들은 처벌의 위험이 적은 이십대 초반 여성을 선호하게 되었다. 성매매 여성의 나이를 강조하던 '원조교제'라는 용어가 성매매의 성격을 나타내는 '조건' 또는 '연애 대행'으로 바뀐 데는 이처럼 십대 여성뿐 아니라 이십대 이상의 성인 여성도 원조교제를 하게 된 상황과 관련 있다. 이는 성매매 시장이 남성들의 요구와 수요에 따라 분화되고 개인형 성매매가 여성의 연령과 무관하게 활성화되고 있는 현실을 보여 준다.

더 많이 더 싸게

처음 청소년 성매매가 '원조교제'라는 용어로 가시화됐을 때, 십대 여성의 성은 매우 높은 가격에 거래되었다. 때로 성인 여성의 성보다 두세 배 높은 가격에 거래되기도 하고 '부르는 게 값'일 때도 있었다.■ 당시만 해도 성 시장에서 십대 여성의 성은 희소성을 가지고 있었고 오랫동안 금기시되어 온 만큼 성 구매 남성들은 이들이 '순결'한 여성일 확률이 높다고 기대해 높은 가격을 기꺼이 지불했다. 당시 십대 여성들은 남성들의 순결에 대한 집착을 이용해 자신을 '처녀'라고 속이고 많은 돈을 받기도 했다.■■ 조건이 이러했기 때문에 십대 여성들은 원조교제를 자신들이 상상하기 어려울 정도의 큰돈을 짧은 시간에 벌 수 있는 아르바이트쯤으로 여기게 됐다.

그러나 십대 여성의 성애화가 급속하게 진행되었고, 다양한 이유로 가출을 하는 십대 여성이 증가했으며, 그중 일자리를 구하기 어려워 성 시장에 유입되는 십대 여성의 수도 크게 증가했다. 이 때문에 십대 여성들이 지니고 있던 성적 희소성이 감소하면서, 그 가격도 하락하기

■ "평범한 애들은 보통 20만 원~25만 원 받아요. 요즘은 어린애들이 더 많아요. 남자들 어릴수록 좋아하니까. 그리고 처녀인 애들은 60까지도 받는 거 봤어요." (김고연주, 『길을 묻는 아이들』, 책세상, 2004, 126쪽)

■■ "술집에서 2차 가면 가끔 아저씨들이 물어요. 처녀냐고. 짜증나요. 그거는 왜 묻는지. (…) 개새끼들이라는 생각이 많이 들어요. 전 처녀라고 속여서 돈 많이 받았어요. 아저씨들이 잘 모르던데요. 처녀는 아무튼 좋다고 하면서 미쳐요." (김고연주, 『길을 묻는 아이들』, 책세상, 2004, 126쪽)

시작했다.

💬 은호(21세)와 나눈 대화

요새는 얼마씩 해?

몰라요. 요즘에는 안 구해져요. 운 좋으면 12만 원밖에 안 해요. 주안은 15만 원인가? 지금은 안 돼요. 내가 열다섯 살 때만 해도 15만 원 줬는데.

네가 열다섯 살 때? 언제부터 십만 원이 됐어?

그러니깐요. 15만 원에 한 번이라 그러면 미쳤냐 그러던데. 주안은 사람이 너무 많아서 그런지, 너무 많아서 지저분해 보여서 성병 있을까 싶어서 또 안 가요. 우후죽순 있는 데는. 또 많아진다 싶으면 딴 동네로 옮기는 거예요, 인제. 동네를 옮겨야지, 그래야 사람이 깨끗하지. 또 많아지면 그 장소 날라야지. 많아지기 전에. 사람들이 많으면 안 돼요.

은호는 16살이던 2003년, 어머니와 함께 살게 되면서 성매매를 하지 않았다. 그러나 2008년 12월에 서울로 올라온 뒤 일자리를 구하지 못해 6년 만에 조건을 다시 하게 되었다. 은호는 조건을 하는 십대 여성들이 많아져 조건을 구하기 어려울 뿐 아니라 가격도 싸졌다고 말했다. 또한 조건이 잘 구해진다고 소문이 나면 십대 여성과 성인 남성이 몰려서 가격이 떨어졌고, 성병도 성행했다. 십대 여성들은 성병과 낮은 가격을 걱정하면서 성매매를 해야 하는 상황에 처했다.

원조교제 초기에 십대 여성들은 희소성을 권력처럼 활용해 어느 정도 협상력을 지닐 수 있었다. 성매매로 받을 수 있는 돈의 액수가 매우 크고, 남성들을 구하기도 어렵지 않았기 때문에 당시의 십대 여성들은 남성을 '선택'할 수 있었다. 돈을 더 많이 주는 남자, 외모가 마음에 드는 남자, 인터넷 채팅을 할 때 매너가 좋은 남자처럼 십대 여성들은 돈, 외모, 안전 등 나름의 선정 기준을 가질 수 있었다.■ 그러나 조건을 하는 십대 여성들이 급속도로 증가하면서 그만큼 남성을 선택하는 게 어려워졌다. 나와 인터뷰를 한 아이들은 '내키지 않았지만 돈이 급해서 할 수 없이 그 남성과 만났다'고 말했다. 이렇게 희소성이 사라지면서 아이들은 '조건'의 원래 뜻과는 달리 원하지 않는 행위를 하게 되는 경우가 많아졌다.

때로는 시장 상황뿐 아니라 국가 개입도 성 시장에서 십대 여성들을 취약하게 만드는 요인이 되기도 했다.

🍃 예은(19세)이와 나눈 대화

옛날에는 법이 없어서 여자가 부르는 대로 돈 줬다면서요. 여자가 부르는 대로 70이면 70, 80이면 80. 많게는 100 넘게 받았대요. 그런데 지금은 법이 생겼잖아요. 법이 생기면서 거의 사람들 막 십만 원? 그렇다던데.

■ "이십대도 많은데 이십대는 안 믿어요. 학생은 돈이 없으니까 도망갈 거라고 보고 안 믿어요. 채팅에서 자기 직업이 의사니 사장이니 그러는 거 다 뻥이에요." "경찰일 것 같아서 느낌이 안 좋으면 안 나갔어요. 괜히 나갔다가 우리만 잡히면 손해잖아요. 경찰들은 전화 통화 같은 걸 안 해 봐서 목소리가 무뚝뚝하고, 어디 사는지 몇 살인지 그런 걸 다 물어봐요. 그래서 알죠."(김고연주, 『길을 묻는 아이들』, 책세상, 2004, 143쪽)

예은이는 집이 가난해 용돈을 받지 못해 조건을 시작하게 되었다. 부모는 형편이 어려워도 축구를 하는 남동생이 부족함을 느끼지 않도록 지원했고, 그런 부모에게 예은이는 늘 뒷전이었다. 부모는 예은이에게 용돈을 전혀 주지 않아서 예은이는 직업 학교에서 매달 나오는 20만 원으로 차비와 점심값까지 모두 충당해야 했다. 용돈이 없어서 친구들과 어울리지 못할 뿐 아니라 밥을 굶는 일도 예사였다.

예은이는 조건의 가격이 크게 낮아진 원인을 "청소년성보호법" 제정에서 찾고 있었다. 성 구매 남성들의 신상이 공개되는 등의 처벌이 법제화되면서 남성들이 감수해야 하는 위험 부담이 증가하자 십대 여성 성의 가치가 하락하게 되었다는 말이다. 처벌의 위험 때문에 십대 여성을 기피하고 이십대 초반의 여성을 선호하는 남성들이 생겨났다. 십대 여성들이 큰돈을 벌 수 있었던 요인인 '십대'라는 특성이 처벌의 원인으로 지목되면서 십대 여성들이 지니고 있었던 특수한 장점이 퇴색된 것이다. 또한 십대 여성뿐 아니라 이십대 여성들도 조건 시장에 합류하게 되면서 십대 여성들이 지니고 있던 희소성도 감소하게 되었다.

진상이 싫어

원조교제가 조건으로 명칭이 바뀌고, 아이들이 채팅을 하면서 자신이 원하는 조건을 내걸고 상대 남성과 협상한다는 이야기를 들었을 때 나는 아이들의 협상력이 강화되었다는 인상을 받았다. 2002년에 만난 아이들이 지니고 있던 도발적인 발랄함이 이제 맹랑함으로 바뀐 건 아닌가 하는 생각도 했다. 그러나 본격적으로 아이들의 이야기를 들어 보니 내 생각은 섣부른 낭만화에 불과했다. 아이들이 조건을 내세워 남성과 협상하는 것은 맹랑하기 때문이 아니라 스스로 자신을 보호하기 위한 장치였다. 원조교제가 조건으로 바뀐 후 아이들의 상황은 더욱 열악해져 있었다.

🍓 해빈(18세)이와 나눈 대화

처음에는 어떤 조건 같은 거 없었다 그랬잖아. 그러다가 생겼다 그랬잖아. 왜 그렇게 됐어?

막 사람들이 이상하게 하는 거예요. 난 싫은데. 그래 가지고 남자들이 막 조건 어떻게 되냐고 물어봐요. 뭐 "○○ 되요?" 막 그러면 아니 안 된다, 그런 식으로 얘기하면서 내가 조건을 하나둘씩 만들어 간 거죠.

그럼 너의 조건은 뭐야?

선불로 받는다는 전제하에 콘돔을 껴야 되고, ○○ 안 되고, 사까시(구강성교)도 맨 처음에 아예 안 된다고 했는데 사까시 안 해 주면 남자들이 안 할라 한단 말이에요. 나중에는 사까시도 그냥 된다고 그랬었는데, ○○ 안 되고, ○○ 안 되고, ○○ 안 되고, ○○ 안 되고.

그럼 콘돔 말고 ○○, ○○ 이런 거는 다 지켰어? 사람들이?

해 달라고 해요.

조건이 그랬는데도 그냥 해 달라 그래? 그럼 어떻게 했어?

해 주죠. 여관 들어가면 어쩔 수 없어요.

돈 받았잖아. 안 해 줘도 되는 거 아닌가?

나중에 안 해 줬다고 때리면 어떡해요.

처음엔 아무 조건 없이 성매매를 하던 해빈이는 남성들로부터 "조건이 어떻게 되냐?"는 질문을 받으면서 조건을 협상할 수 있다는 사실을 알게 되었다. 해빈이는 남성들의 무리한 요구를 경험하면서 차차 자신의 기준을 만들어 나갔다. 개인적인 차이는 있었지만 아이들의 조건은 선불을 받고, 콘돔을 착용하며, 원치 않는 성행위를 하지 않는 것으로 매우 상식적인 수준이다. 그러나 이러한 상식적인 성행위를 '약속'하지 않으면 그런 행위를 해도 된다고 '동의'한 것이 돼 버리는 상황이기도 했다. 특히 콘돔 착용은 안전한 성관계의 기본이지만 성 구매 남성들은 자신이 감염될까 봐 걱정하는 경우가 아니면 콘돔 착용조차 거부했다.

상황이 이렇기 때문에 조건을 내거는 아이들이 협상력을 지녔다고 보기 어렵다. 해빈이는 구강성교를 하기 싫었지만 그것을 조건으로 내걸 경우 남성들이 자신을 기피하기 때문에 어쩔 수 없이 하게 되었다고 말했다. 이처럼 성 구매 남성이 십대 여성이 내건 조건에 동의를 하지 않으면 거래 자체가 성사되지 않기 때문에 '조건'에서도 협상의 주도권은 남성에게 있다. 더욱이 협상을 한 후 남성을 만났다 하더라도 그 남성이 약속을 지키지 않는 경우가 허다하다. 보통 인터넷을 이용해 십대 여성과 조건을 협상하는 남성들은 거짓으로 얼마든지 조건에 합의하는 척할 수 있다. 이러한 남성들에게 해빈이가 약속을 강제할 수 있는 방법은 없었다. '맞을 수 있기 때문에 여관에 들어가면 어쩔 수 없다'는 해빈이의 이야기는 조건을 하는 십대 여성들이 얼마나 열악한 위치에 있는지를 잘 보여 준다.

🍃 이슬(20세)이와 나눈 대화

지금은 하라고 해도 못하겠어. 무서워서. 사람이 무서워, 나 이제. 경찰이 무서운 게 아니라.(웃음) 요즘에 좀 그렇잖아요, 세상이. 솔직히 무섭잖아요. 솔직히 진상이면 그나마 다행이지, 만약에 진짜 또라이 걸리면 어떡할 거예요. 나 〈추격자〉 보는 순간 헐~. 사이코들 너무 많으니까. 내 친구도 사이코한테 진짜 당한 적 있어요. 애(성 구매 남성)가 여자애들이 막 소리 지르고 울어야 쾌감을 느끼는 그런 애들 있죠. 친구가 갔다가 한 시간이 됐는데 안 오는 거야. 그래가지고 전화를 계속 했는데 전화도 안 받아. 친구가 전화를 딱 받았는데 울면서 난리를 치는 거야. 너 어디냐고, 거의 다 왔대요. 빨리 오라고, 와서 얘기하자고. 그러니까 애가 완전 사이코인데 여자애들이 막 힘들어하고 막 울어야 흥분하는 그런 애들 있죠. 친구가 한 시간 동안 참았대요. 그런데 또 짜증나는 거야, 아프고. 그래서 아, 그만 좀 하라고 돈 안 받을 테니까, 나 그냥 갈 테니까 그만 하라고 그러니까 뭐 "씨발년이, 너 같은 년들은 당해 봐야 돼" 이러면서 막 때렸대요. 막 머리 끄뎅이 잡고 그러니까 친구가 막 운 거야. 그러니까 "그래, 그렇게 울어야 재미가 있지" 막 이 지랄 하면서 흥분. 그리고 끝나고 나서 돈 던지면서 "다음에는 더 울어" 이러고. 그러니까 친구가 막 난리가 나서 온 거야. 또라이들이. 애들이 만나면 만날수록 더 진상이야. 죽이면 어떡해.

네가 경찰한테 걸리면 불려고 써 놨다는 그 진상 두 명, 걔네는 어떤 애들이었어?

그냥 기억은 잘 안 나는데, 만나면 그렇게 만났어도 사람 대 사람이니까 인격을 존중해 줘야 되잖아요. 인격 존중 안 하고, 말 막 하고, 좆나 위협적으로 말하고, 막 시키고 이런 거. 그런 애들, 그냥 좀 짜증나게 하는 애들. 어떤 새끼가 지가 쌌으면서 안 쌌다 그러고. 죽여 버려. 아, 그냥 싫은 애들 적어 놓은 거예요.

인터뷰를 할 당시, 이슬이는 자신이 조건을 안 한 지 꽤 됐다고 말했다. 이슬이는 경찰에 적발됐던 경험을 이야기하다가 경찰이 아니라 성 구매 남성들이 무서워서 조건을 하지 못하겠다고 말했다. 이슬이는 '이렇게 만났어도 인격을 존중해 줘야 한다'고 생각하지만 이슬이의 바람은 현실에서 이뤄지기 어렵다. 성 구매 남성들은 돈과 성을 매개로 남성으로서 자신의 권력을 확인하려고 한다. 때문에 성매매에는 늘 폭력의 위험이 존재한다. 이슬이와 이슬이 친구처럼 개인형 성매매를 하는 십대 여성들은 훨씬 더 위험하다. 이슬이는 유영철 사건을 배경으로 한 영화 〈추격자〉(나홍진 감독, 2008)를 보면서 그런 사건이 자신에게도 얼마든지 일어날 수 있다는 생각을 했다. 유영철은 여성을 성적으로 학대하고 살인하는 것으로 자신의 분노와 상실감을 해소하려 했고 그것이 바로 살인 동기였다. 이처럼 비뚤어진 남성의 분노는 종종 성매매 여성들을 희생양으로 삼는다. 성적으로, 더 나아가 인격적으로 상대를 지배해 권력을 행사하는 데서 쾌락을 느끼는 남성들에게 특히 나이가 어리고 포주 없이 개인 성매매를 하는 십대 여성은 더할 나위 없는 대상이다.

협상이 통하지 않는 조건

십대 여성들은 젠더 면에서도 약자지만, 연령 면에서도 약자다. 또한 포주 없이 대부분 개인형 성매매를 하는 십대 여성들은 조건을 하면서 여러 가지 위험에 노출되기 쉽다.

청소년 성매매 초기에 내가 만난 십대 여성들은 포주에게 고용되지 않아 누릴 수 있는 여러 장점을 이야기했다. 이들은 시간 사용, 상대 남성 선택, 수입 조절 등을 자신들이 어느 정도 통제할 수 있다는 점을 강조하며 청소년 성매매와 산업형 성매매를 구분하고 청소년 성매매가 더 많은 장점을 가지고 있다고 생각했다. 또한 자신이 어디에도 구속되어 있지 않다는 점을 강조했다. 성매매는 일시적인 아르바이트일 뿐이며 언제든지 그만두고 사회가 인정하는 길을 걸을 수 있다고 전망한 것도 그 이유에서였다. 당시 십대 여성들이 강조한 대로 개인형 성매매는 비교적 많은 장점들을 가지고 있었지만, 반대로 이들이 위험에 처하게 되는 원인이기도 하다.

십대 여성들은 자신이 원하는 조건을 협상하는 등 나름의 자구책을 마련하고 있지만 권력의 차이, 돈과 인격의 교환이라는 성매매 속성 때문에 이러한 협상은 한계를 가질 수밖에 없다. 먼저 성 구매 남성은 물리적 힘이 셀 뿐 아니라 성별, 연령, 돈이라는 세 가지 권력 요소를 가지고 있다. 성 구매 남성과 십대 여성 사이에 넘을 수 없는 권력 차가 존재하는 것이다. 이러한 권력 차는 십대 여성의 협상력을 약화시키는 가장 큰 원인이다. 성 구매 남성은 자신이 돈을 지불했다는 사실이 여성을 인격적으로 모독해도 되는 이유라고 생각한다. 또한 십대 여성이 자신의 이름과 신분을 모르고, 나이가 어리고 혼자라는 사실을 악용해 쉽게 위해를 가한다.

십대 여성들은 자주 돈을 받지 못하거나 폭행을 당하면서 성 구매 남성을 만날 때 친구와 함께 가는 방법을 택하기도 한다. 같이 간 친구는 남성의 얼굴을 확인하고 조건이 끝날 때까지 기다린다. 목격자를 만들어 남성이 십대 여성에게 함부로 행동하지 못하게 하는 보호 장치인 셈이다. 그러나 이런 장치도 십대 여성들의 안전을 보장하지 못한다. 친구가 동행해도 결과적으로 십대 여성은 성 구매 남성과 단 둘이 남게 되기 때문이다. 또한 포주와 조직폭력배의 보호를 받는 성매매 여성들도 성 구매 남성이 가하는 폭력에서 안전하지 못하다는 사실은 목격자라는 안전장치의 한계를 그대로 보여 준다.

이처럼 늘 폭력의 위협에 시달리는 십대 여성들은 자신들을 보호하고 더 많은 돈을 벌게 해 주겠다며 접근하는 포주들의 감언이설을 의심하기 어렵다. 다음 장에서 살펴보겠지만, 최근 포주에게 고용된 십대 여성들이 적지 않게 발견되고 있다. 개인형 성매매에서 산업형 성매매로, 십대 성매매 현장이 또 다른 방식으로 변하고 있는 것이다.

4장
포주가 개입된 조건

하나(18세), 슬아(17세)와 나눈 대화

하나 그거 우리 일하는 거요, 지금 1년 됐단 말이에요. 1년 동안에 1주일에 한 번씩 쉬고 진짜 하루에 세 번씩 네 번씩 하면 진짜 셀 수 없을걸요.

걔네들이 남자를 구해서 너네들 주는 거야?

슬아 네, 채팅으로 조건 구해 주는 거. 전화 오면 우리가 받고.

하나 포주.

슬아 포주. 그렇게 하는데 진짜 떼 주기가 요즘 너무 싫어요. 만약에 15짜리 들어가면 저희가 9, 걔네가 6. 옛날에 A 오빠랑 할 때는 진짜 잘 됐어요. 장사라고 해야 되나? 그게.(웃음) 하여튼. 옛날에 A 오빠랑 할 때는 거의 다 15만 원에 한 번이었어요. 그러면 우리가 받는 돈이 15만 원 중에 9만 원이고 하루에 세 번 하니까 27만 원이에요. 그 오빠는 항상 세 개 찍었어요. 그 오빠는 (저녁부터 시작해서) 아침 7시가 되든, 8시가 되든, 무조건 세 개 안 찍어 주면 쫑(끝)을 못 냈어요. 하우스 다니고 막 지 도박해 가지고, 막 우리 돈 갖다가 도박하는 애란 말이에요. 그러면은 그 새끼한테 미수를 잡아요, 우리가. 그래서 백만 원이 채워지잖아요. 그러면 그때 백만 원을 타는 거예요. 그 다음에 백만 원 채워지면 또 받고. 그게 진짜 3일에 한 번이었어요. 그러면 1주일에 그게 거의 한 3백 정도 되잖아요. 진짜 그랬어요, 뻥 아니라. 그런데 그때 모았으면 지금 이러고 있지도 않았을 텐데. 그때 진짜 막 별짓 다했어요. 돈이 너무 남아도는 거 있잖아요. 어디다 써야 되는지, 쓸 데도 없고 막. (중략) 저희는 항상 가는 데가 있는데, A 오빠랑 일할 때는 거래처가 있었어요, 모텔이. 그러면 채팅하는 애가 모텔비가 원래 3만 원이면 4만 원 받아요. 우리가 들어가면 그 만 원은 채팅하는 애한테 떼어 줘요. 그렇게 했거든요. 그런데 요즘은 거래처가 없어요. B 새끼가 무능력해요, 좀 애가. 그래서 그냥 ○○ 모텔이 있어요. 우리가 맨날 거기 가는데 우리가 맨날 가면 걔는 진짜 하루에 한 이십 얼마 벌어요. 셋이서 한 두세 번 들락날락거리니까.

하나와 슬아는 2008년 11월에 열린 6회 캠프에 참여했는데 당시에 나는 이 아이들이 포주에 고용되어 있다는 사실을 몰랐다. 하나와 슬아는 경찰에 적발되었을 때 포주의 존재가 드러나면 일이 더 커질 것 같아 그 사실을 숨겼고, 캠프에서 상담을 할 때도 포주 얘기를 하지 않았다. 포주는 하나와 슬아에게 조건을 시켜 하루에 수십만 원을 벌어들이고 있었다. 하나와 슬아가 5일이나 일을 쉬면서 캠프에 참여할 수 있었던 것은 "성매매알선등행위의처벌에관한법률" 위반으로 조사를 받을 가능성이 높은 상태에서 캠프 참여가 검찰 조사를 받을 때 도움이 될 수 있다는 사실 때문이었다.

캠프 후 사후 관리를 위해 하나와 슬아에게 연락하면 항상 일 때문에 시간이 잘 나지 않는다고 했다. 그러다가 캠프의 '직업 체험' 프로그램 시간에 만났던 〈노리단〉■ 선생님이 하나와 슬아를 공연에 초청해 2008년 12월에 어렵게 만날 수 있었다. 공연을 본 후 인터뷰를 하면서 나는 하나와 슬아가 포주 밑에서 일을 하고 있다는 사실을 알게 됐다. 하나와 슬아는 시종일관 밝은 목소리로 이야기했지만 포주 밑에서의 생활은 상상을 초월했다.

인터뷰를 하던 당시 하나와 슬아는 포주 밑에서 조건을 한 지 1년이 되어 가고 있었다. 하나가 17살, 슬아가 16살이었을 때, 둘은 채팅을 통해 포주를 만났다. 포주가 아이들에게 조건을 시켜서 가져가는 돈은 어마어마했다. 하나와 슬아의 말대로라면, 세 명이 15만 원짜리 조건을 하루에 세 번 한다고 할 때 포주가 하루에 가져가는 돈은 63만 원■■에 달했다. 아이들이 일주일에 6일을 일했으니 한 달에 버는 돈만 1,512만 원■■■인 셈이었다. 포주는 어떻게 해서든 아이들에게 조건을 세 번 시켰고, 그렇게 해서 가져간 돈을 도박에 탕진했다.

청소년 성매매의 가장 큰 특징은 포주 없이 존재하는 개인형 성매매라는 점이었다. 십대 여성들이 '자발적'으로 성매매를 하므로 피해자라고 볼 수 없다는 주장이 나온 것도 이러한 청소년 성매매의 특징 때

■ 문화 예술 분야의 사회적 기업이다. 폐기물로 제작한 악기로 거리 공연을 하는 집단.
■■ (조건비 6만 원 + 모텔비 1만 원) × 3 명 × 3번 = 63만 원
■■■ 63만 원 × 24일 = 1,512만 원

문이었다. 그러나 나는 아이들을 만나면서 조건에 이미 포주들이 깊숙이 개입해 있다는 사실을 알게 되었다. 한편으로 포주 밑에서 성매매를 하는 경우뿐 아니라 십대 여성이 포주가 되어 다른 십대 여성들을 착취하는 경우도 있었다. 포주가 개입하면서 조건은 산업형 성매매*로 변화하고 있었다. 물론 포주 없이 조건을 하는 아이들이 더 많지만, 내가 인터뷰한 열 명 중 세 명이 포주에 고용된 경험이 있었다. 아이들은 포주가 필요하다고 생각하면서도 포주의 착취와 학대에 강한 반감을 드러냈다.

요즘엔 재미없어요, 일하는 게

성 구매 남성들은 십대 여성들이 혼자서 움직이는 상황을 악용해 극단적으로 인권을 침해해 왔다. 그리고 그러한 성 구매 남성의 폭력을 악용하는 또 다른 사람들이 바로 포주다. 개인형 성매매인 조건과 달리 포주가 존재하는 산업형 성매매에서 여성들은 포주와 성 구매 남성 모두에게 착취를 당한다. 포주들에게 여성들은 아무 투자 없이 엄청난

---

* 일반적으로 성매매는 전통형, 산업형, 개인형으로 분류한다. 전통형은 집결지 등 성매매만을 목적으로 하는 데 반해 산업형은 안마 시술소, 단란 주점, 티켓 다방 등 주업이 있는 업소에서 성매매가 이루어지는 것을 지칭한다. 그러나 다양한 업소들 역시 성매매를 목적으로 하기 때문에 이러한 분류는 작위적일 뿐 아니라 성매매 유형 구분에 있어서 핵심이 되는 성질이라고 볼 수 없다. 여기서는 포주에게 고용되어 있는 모든 형태의 성매매를 산업형 성매매로 지칭한다.

이익을 창출하는 소중한 자산이다. 포주들이 여성들에게 지각비, 결근비 등을 물리고, 생리 기간에도 성매매를 강요하는 것은 여성들이 일을 하지 않을 때 자신이 입는 손해가 그만큼 크기 때문이다. 포주가 성 구매 남성의 폭력에서 여성들을 보호하는 것도 같은 이유에서다. 여성들이 성 구매 남성에게 상해를 입어 일을 못하게 되면 그것은 고스란히 자신에게 손해가 되기 때문이다. 포주들이 성매매 여성을 '자산'으로 생각한다는 점에서 이러한 보호는 사실 '자산 관리'나 마찬가지다. 궁극적으로 '안정적인 착취'를 통해 자신의 이윤을 극대화하기 위한 행위다. 십대 여성들은 포주가 자신들을 보호해 주기를 바라지만 포주는 성 구매 남성과는 또 다른 측면에서 십대 여성들에게 위험한 존재인 것이다.

🍃 하나(18세), 슬아(17세)와 나눈 대화

슬아 그런데 요즘은 재미없어요, 일하는 게.

하나 요즘엔 죽을 거 같아요. 물려요. 토할 거 같아요. 가서 침대에 앉잖아요. 앉아 가지고 돈 달라고 하기도 귀찮아요. 그리고 오빠가 막 15만 원에 두 번짜리 넣어 줄 때가 있어요. 그런데 내가 너무 지치잖아요. 막 두 세 개씩 찍을 때면. 일부러 그 남자한테 "내가 지금 몸이 안 좋아서 그러는데 10만 원에 한 번만 하자." 그리고 오빠한테는 "애가 돈이 없어 가지고 10만 원에 한 번만 하자고 했다"고 그렇게 뻥쳐요. 그리고 일부러 막 뺀지맞고(거절당하고) 들어오고. 그리고 솔직히 오빠는 남자 구하는 게 그냥 이렇게 채팅하면 되잖아요. 그런데 우리는 힘들게 하고 오잖아요. 요새 좀 빡

세게 하는 거거든요. 한 세 개 찍고 이러면 힘들잖아요, 솔직히. 두 개 찍으면 토 나올 것 같은데, 아프고.

슬아 세 개 찍는다고 해서 세 번만 하는 게 아니라 거의 다 두 번 씩이에요.
하나 솔직히 가서 우리는 힘들잖아요. 하루에 총 한 일곱 번 여섯 번을 하는 거예요, 많이 하면. 그래서 오늘 일을 끝내자고 하면 지는 돈 벌어야겠다고 "아, 좀만 기다리자, 좀만 기다리자" 막 이 지랄하고. 좆나 짜증나. 그 오빠들한테 진상 처리 때문에 돈을 떼 주는 거예요. 솔직히 진상이 걸릴까 말까거든요. 몇 주에 한 번씩 가끔 걸리는 건데 맨날 돈을 떼어 줘야 되니까 그게 짜증나요.

슬아 저는 진상이 세 달에 한 번 터질까 말까예요. 그런데도 막 떼어 주기가 너무 좀 그래요. 진짜 막 요즘 들어서 그냥 자진 신고 해 버리고 싶은 마음 있잖아요. 그런 마음이 좀 많이 들어요. 피시방에서 작업을 한단 말이에요. 컴퓨터 하다가 너무 짜증나잖아요. 너무 짜증나면 '아, 그냥 신고 할까, 신고하고 싶다' 막 이런 생각이 자주 들어요.

왜 같이 일을 하는 거야? 그렇게 돈을 떼어 줘야 되는데.

슬아 개네들이 채팅을 해 주잖아요.

하나 그리고 여자끼리 하면 무섭잖아요. 진상 걸리면 저희가 어떡해요.

슬아 핸드폰도 뺏겼어요, 친구가. 그리고 저 맥주병으로 맞을 뻔하고, 막.

하나 하여튼 좀 무서워요.

하나와 슬아가 조건을 해서 버는 돈은 하루에 30만 원, 3일이면 100만 원이 채워졌다. 하나와 슬아는 또래들이라면 상상도 할 수 없는 돈을 벌었지만 밤을 새면서 하루에 세 번 조건을 하고 나면 낮에는 잠을 자느라 돈을 쓸 시간이 없었고 만날 친구도 없었다. '별 짓을 다 해도' 돈이 남아 돌 수밖에 없는 상황이었다.

하나와 슬아는 이렇게 많은 돈을 벌었지만, 자신의 의사나 몸 상태와는 무관하게 포주가 시키는 대로 조건을 해야 했다. 조건을 하는 횟수를 스스로 결정했던 아이들이 포주와 연루되면서 결정권을 상실하게 된 것이다. 포주에게 아이들은 돈을 버는 수단에 불과하기 때문에 포주는 어떻게든 많은 돈을 벌기 위해 아이들에게 할당량을 강제했다. 약속된 돈을 받아 와야 하는 하나와 슬아가 횟수를 줄일 수 있는 유일한 방법은 성 구매 남성의 마음이 바뀌었다고 거짓말하는 것이었다. 하나와 슬아는 포주가 요구하는 할당량을 채우고, 돈을 나누고, 감시당하고, 때로는 욕설이나 모욕을 감수해야 했다. 이는 악덕 업주가 연루되어 있는 산업형 성매매의 전형이다.

하나와 슬아가 포주를 신고하고 싶다는 생각을 자주 하면서도 포주와 함께 일하는 것은 '진상 처리' 때문이다. 진상은 횟수가 문제가 아니라, 한 번을 만나더라도 치명적인 상해를 입을 수 있기 때문에 두려움의 대상이다. 그러나 한편으로 하나는 포주가 개입할 수 없는 돌발 상황이 언제든 발생할 수 있다는 사실도 알고 있었다. 성 구매 남성이 핸드폰을 빼앗아 포주와 연락할 방법이 없어지거나 갑자기 태도가 돌변할 수도 있기 때문이다. 즉 포주도 아이들의 안전을 완전히 보장해 주지 못한다. 하나와 슬아는 세 달에 한 번꼴로 발생하고, 완벽하게 안전을 보장받지도 못하는 진상 처리를 위해 매일 포주에게 착취를 당하고 있는 것이다.

피해자이자 가해자

최근 또래에게 강제로 성매매를 시키고 그 대가로 받은 돈을 갈취하는 십대들의 사례가 언론에 심심치 않게 오르내리고 있다. 채팅으로 만난 십대 여성들을 감금해 조직적으로 포주 노릇을 해 오던 십대 남성들이 검거되는가 하면, 소위 '가출 선배'인 십대 여성이 또래 집단 내의 다른 십대 여성에게 성매매를 시키고 화대를 갈취하는 사례도 보고되고 있다. 2010년, 경찰청은 인터넷 및 청소년 성매매 집중 단속을 벌였는데, 당시 검거된 포주 중 십대 비율이 무려 절반에 육박한 것으로 드러나 충격을 주었다.[■] 이들 십대 포주, 또는 '또래 포주'는 점점 증가하는 추세다.

우리는 특히 십대 여성들이 또래 여성을 착취하는 사례에 주목해야 한다. 여기서 또래 집단은 산업형 성매매 업소와 다를 바 없는 역할을 한다. 또래에게 성매매를 강요하기 위해 강간, 폭력, 협박, 감시 등 다양한 수단이 동원되고, 종종 힘이 센 남성들이 연루되며, 조직화되어 있다. 조건을 하기 싫지만 생활은 해야 하는 십대 여성들이 쉽게 택하는 선택지가 '포주 되기'인 것이다. 이들 십대 포주 중에는 과거 자신

■ 당시 검거된 알선자는 67명이었는데, 그중 32명이 십대였다.("청소년성매매 551명 검거 … 알선자 절반이 '또래 포주'", 『문화일보』, 2010년 2월 11일)

이 성매매 피해자였던 경우도 종종 발견된다.[■] 피해자가 쉽게 가해자가 되고 마는 것은 그만큼 십대 여성을 둘러싸고 있는 현실이 십대 여성에게 아주 좁은 선택지만을 제시한다는 뜻이다. 강자와 약자가 분명하게 갈리는 폭력적인 또래 문화, 팍팍한 생계 문제와 늘 성매매 수요가 존재하는 현실은 십대 여성들이 조건을 하거나 포주가 되는 주요 원인이다.

내가 인터뷰한 아이들 중에서는 새롬이가 십대 포주 경험이 있었다. 나는 새롬이가 성매매 알선 혐의로 판사에게 수강 명령을 받아 캠프에 왔다고 알고 있었지만, 구체적인 내용은 몰랐다. 새롬이에게 자세한 이야기를 들으면서 포주도 세분화되어 있다는 사실을 알 수 있었다. 새롬이는 성인 포주의 제안으로 포주 노릇을 시작했고 또래들이 조건을 해서 번 돈을 성인 포주와 나눠 가졌다고 말했다. 그러면서도 자신이 주도한 일은 아니라는 점을 강조했다. 새롬이는 성인 포주와 또래 성매매 여성들의 중간에서 일종의 '새끼 포주' 역할을 한 것이다.

🍂 새롬(17세)이와 나눈 대화

얼마씩 주는 거야?

만약에 그 여자애들이 한 번 갔다 오면 6대 4로 나누는데요, 여자애가 15만 원을 벌었으면 자기가 8만 원 먹고 그 남자(포주)가 7만 원을 먹어요. 포주 몫에서 제 것이 떨어지고요. 그러면 그 여자애들이 네 명이니까 적어도

■ "여자 비행 청소년 그들도 '처음엔' 피해자였다", 『시사서울』, 2009년 1월 9일.

열 번 이상은 한단 말이에요. 두 번씩 두 번씩 하면은 그러면 열 번이라 치면 그 남자한테 7만 원이 떨어지고, 7만 원에서 그 남자가 저한테 2만 원에서 3만 원씩, 2만 원만 줘도 열 번이면 저는 20만 원 그 정도 받는단 말이에요. 저는 그냥 누워서 돈만 무는 거죠. 그러니까 저도 돈 버는 걸 쉽게 알았었죠.

너는 거기서 위치가 뭐였던 거야?

저는 그냥 채팅해 주는 여자요?

그 남자 있고, 너 있고…….

그 밑에 애들 있고. 애들을 모아 주기도 하고, 애들 내보내고, 전화 받고 그런 거. 만약에 사장이랑 부사장이 있다고 하면 걔가 사장이고 저는 부사장이었던 거예요. 그런 식으로 생각하면 돼요. 밑에 애들은 직원이고. 쉽게 설명되죠. 걔는 사장, 저는 부사장, 밑에 애들은 직원. 그렇게 해 가지고 "너 가" 막 이러면서. 전 좀 삭았으니까 제가 나이 많은 줄 알았어요. 존댓말 쓰고.

새롬이는 가출 뒤 함께 지내던 친구가 집으로 돌아가 혼자 남게 되었을 때 포주에게 성매매 알선 제의를 받았다고 말했다. 혼자서 막막하던 차에 새롬이는 별 고민 없이 그 제안을 받아들였다. 성인 포주에게 새롬이는 '새끼 포주' 일을 시키기에 매우 적합한 상대였다. 혼자가 된 새롬이는 심리적으로 취약한 상태였고, 무엇보다 생계를 유지해야 했다. 또한 나이보다 성숙해 보이는 외모를 지니고 있어서 또래들에게 성인 행세를 할 수 있었다. 새롬이는 조건을 하지 않으면서도 쉽게 돈을 벌 수 있다는 생각에 포주 일에 몸담았다. 새롬이는 새끼 포주 일을 하면서 '누워서 돈만 물었다'고 말했지만, 사실 위험 부담을 떠안은 것이었다. 실제로 조건을 하던 또래 네 명 중 한 명이 경찰에 적발되었을 때 새롬이는 성 구매 남성과 채팅을 했다는 이유로 경찰 조사를 받았다. 그러나 정작 성인 포주의 존재는 노출되지 않아 성인 포주는 어떠한 처벌도 받지 않았다. 실제로 성인 포주가 새끼 포주를 고용하는 주된 이유가 경찰에 적발되었을 때를 대비해 보호막이 필요하기 때문이다. 또한 새끼 포주에게 채팅을 맡기고 자신은 십대 여성들을 감시하려는 목적도 있다.

🍓 새롬(17세)이와 나눈 대화

그 오빠가 얼마나 철저했냐면요, 무전기에다가 대포폰 쓰고요. 어이없죠. 무전기로 "쟤 어디 들어간다, 시간 확인" 뭐 이러면서 되게 철저하게. 조직적이었어요, 그게. 'ㅇㅇ동 조건' 해 가지고 유명해요, ㅇㅇ동에서. 여기 ㅇㅇ 앞에서 만나요. 저도 그걸 겪어 보니까요, 지금 막 되게 후회를 많이 하고 있어요, 진짜로 막. 진짜 제가 뭘 해서라도 그 일이 기억에서 없어지면요, 저 뭐든지 다 할 수 있을 것 같아요. 그걸 생각하기도 싫고요, 그 일이 있었다는 자체가 진짜 싫어요. 괴로워요, 막. 그런 생각할 때마다. 거기 있는 애가, 제가 봐 왔잖아요, 일하는 애들을. 병 걸린 애들이 많더라고요. (중략) 그건 일이 아니고 진짜 막말로 해서 개돼지처럼 부려 먹는 거지, 그게 어떻게 사람이 할 일인가라는 생각도 들고요. 진짜 어려도 생각할 줄 알고 진짜 정상적인 애들은 부모님 생각을 조금이라도 하면요 그런 짓은 못할 거예요.

그게 일이 아니라 개돼지 같은 거라는 건 그만큼 인간적인 대우를 못 받는다는 거야?

그냥 죽어라 일만 시키는 거죠, 그 일만. 물론 그 애들도 돈을 받지만, 그 일을 시키는 그 사람한테도 돈이 많이 떨어지기 때문에 그 사람도 돈을 목적으로 하는 거기 때문에 당연히 인간 대우를 잘 못 받죠. 입장 바꿔 생각하면, 제가 만약에 사장이라 그러면요, 저도 제 이익을 위해서 별로 인간 대우를 못 해 줄 것 같아요. 솔직히 그렇잖아요, 돈에 안 미친 사람들이 어디 있겠어요, 세상에. 돈 좋아하잖아요, 돈 없으면 못 사는 세상인데. 돈을 위해서 하는 거기 때문에. 그 일은 정말 할 짓이 안 돼요, 할 짓이. (중략) 솔직요, 진짜 그거 몇 달 하고 나서요, 집에 들어가고 싶었어요. 그런데 진짜 그 사람이 너무 무섭게 생겨 가지고 무서워서 잡힐 것 같은 생각에, 티비에 그런 거 많이 나오잖아요. 그것 때문에 무서워서도 못 들어갔어요.

그러면 같은 여자로서 걔네들이 좀 불쌍하고 미안하고 그랬겠다.

그렇죠, 당연하죠. 진짜 감정이 메마르지 않은 이상 되게 막 처량해 보이죠, 애들이. 병 걸려서 수술한 애들도 있었어요. 저는 되게 친하게 지냈거든요. 너무 불쌍해 가지고. 전 잘해 줬었어요. 전 제가 돈 벌어도요, 걔네들 맛있는 것도 사 주고요, 가족처럼 생각을 했어요. 왜냐하면 불쌍하니까. 아, 정말 불쌍하더라고요.

(중략)

그런 거에 대한 죄책감 같은 것도 있었겠다.

당연히 죄책감 엄청나게 들죠. 제가요, 사실 작년에 우울증이 있었거든요.

혼자 살고 그런 일을 하다 보니까 자책감 그런 거에 너무 시달려서요. 그때 한 10키로 15키로 빠졌던 것 같아요. 그때 완전 핼쑥했거든요. 우울증이 좀 있었어요. 요즘도 집에서도 가끔 되게 슬퍼요. 이유 없이 눈물도 나고요. 가슴이 막 되게 답답해요. 뭐라 그러지, 사람들이 이렇게 때리잖아요. 가슴 답답하다 그래서. 진짜 이렇게 막혀 있는 느낌 있잖아요.

새끼 포주로서 새롬이의 자기 설명은 모순적이었다. 이는 새롬이가 포주로서 공모자이자 감시자의 정체성을 지니고 있었지만 또래들에게도 감정이입을 할 수밖에 없는 위치에 있었기 때문이다. 또래들과 나이도 같고 처지도 같기 때문에 자신도 또래들과 같은 상황에 처할 수 있었다는 생각을 자주 했을 것이다. 그래서 새롬이는 더욱 또래들과 자신을 분리시키려고 했던 것 같다. 새롬이가 포주가 또래들을 '개돼지처럼 부려 먹었고, (성매매는) 사람이 할 일이 아니다'고 이야기할 때 나는 새롬이가 '내가 아니라서 다행이다'라고 생각한다는 느낌을 받았다.

새롬이가 또래 여성에게서 거리를 두는 방법 중 하나는 자신의 알선으로 성매매를 했던 또래들을 끊임없이 '타자화'하는 것이었다. 새롬이는 '또래를 가족처럼 생각했고 또래들이 불쌍해서 잘해 주었다'고 말하지만 또래들에게 진정으로 공감했다고는 보기 어렵다. 오히려 '부모를 생각하면 그런 짓은 못할 것'이라는 발언을 통해 은연중에 성매매를 하는 또래 여성들을 비난하고 있었다. 성매매를 하는 또래 여성들은 비도덕적이지만 불쌍한 아이들로, 보호해 주어야 할 대상이었다. 새롬이는 비난과 시혜적인 태도를 함께 유지하는 타자화 전략을 통해 또래 여성들에게서 거리 두기를 하면서 동시에 십대 여성들의 보호자를 자처하는 자신을 정당화하고 있었다. 그러나 포주라는 가해자의 위치에 있으면서도 포주로부터 벗어날 수 없는 새롬이의 처지는 또래들과 마찬가지였다. 새롬이는 포주가 무서울 뿐 아니라 자신이 성매매 알선을 했다는 사실이 부모에게 알려질까 봐 두려워 일을 그만두지 못했다.

새롬이의 이야기에서 알 수 있듯이 새끼 포주 노릇을 했던 새롬이는 가해자이자 피해자다. 새롬이는 공모의 이유를 설명하며 생계 때문에 어쩔 수 없었고 빠져나올 도리도 없었다고 말했다. 그러나 자신이 성매매를 하지 않아서 다행이라고 생각한 것이 성매매 알선을 해서는 안 되는 바로 그 이유다. 새롬이 겪었던 심리적 고통과 지금도 남아 있는 트라우마는 새롬이가 성매매 알선을 하며 얻은 부당한 경제적 이익에 대해 치러야 하는 대가를 보여 준다.

원조교제의 퇴화

청소년 성매매는 '원조교제'란 명칭으로 일본에서 처음 등장해 한국과 대만 등으로 퍼져 나갔다. 당시 일본과 대만에서는 원조교제가 등장한 사회문화적인 맥락을 분석하는 연구들이 진행되고 있었다. 대부분의 연구들은 가부장제에서 성적으로 통제받던 십대 여성들이 원조교제를 통해 자신들의 성적 자율성을 드러내고 있다고 해석했다. 따라서 십대 여성들이 성매매를 하는 이유를 성적인 모험, 호기심, 자부심 등에서 찾으며 십대 여성들이 자신의 몸에 대한 권리를 주장하고 자기 결정적이며 독립적으로 변화하고 있다고 강조했다.■

2000년 초반에 십대 여성들을 인터뷰하던 당시 나는 이러한 통찰을 바탕으로 성매매를 십대 여성들의 삶의 다양한 역동 속에서 구성되는 것으로 이해하고 그것이 이들의 삶에서 지니는 다층적인 의미를 파악하는 데 주력했다. 2000년 초반에 만났던 십대 여성들은 가족이나 학교 등 십대들의 삶에서 주요한 준거로 간주되던 장들의 비중을 감소시키면서 또래와 대중문화, 인터넷 등을 새로운 삶의 장으로 구성하고 있었다. 또한 우리 사회의 성에 대한 가부장적 이중 기준을 비난하고 자신들의 성적 행위에 대해 당당한 태도를 지니고 있었다. 이들은 기존의 산업형 성매매와 다른 원조교제의 특성을 부각시키며 원조교제를 자신들의 삶에서 큰 의미를 차지하지 않는 일시적인 아르바이트로 간주했다. 나는 이러한 분석을 통해 원조교제를 소수 십대 여성들의 특수한 비행으로 간주하는 시각의 한계를 지적하고, 십대 여성들의 인식, 가치관, 문화와 이들이 놓여 있는 사회적 장의 변화를 응축해서 보여 주는 징후로 파악할 것을 제안했다.

청소년 성매매가 '원조교제'라는 명칭으로 우리 사회에 들어온 지

■ 우에노 치즈코(2001), 「성적 결정권 – 일본 십대 소녀들의 성 상품화」, 『연세 여성 연구』, 제7호, 연세대학교 여성 연구소; 조세핀 호(2001), 「'스파이스 소녀'로부터 '원조교제'로 – 대만 십대 소녀들의 성애화」, 『연세 여성 연구』, 제7호, 연세대학교 여성 연구소.

도 15년 가까이 됐다. 그동안 십대 여성들의 도발적인 발랄함은 많이 사라졌다. 나는 그 원인을 청소년 성매매의 성격 변화에서 찾았다. 오늘날 청소년 성매매에서는 과거 원조교제의 특징이던 유사 연애적 성격을 찾아보기 힘들다. 무엇보다 원조교제가 조건으로 변하면서 청소년 성매매와 산업형 성매매의 차이가 사라지고 있다. 특히 포주가 조건 시장에 뛰어들면서 포주 밑에서 조건을 하는 십대 여성이 등장하고 있다. 십대 여성들은 성 구매 남성들의 폭력에서 스스로를 지키기 위해 포주의 도움을 받는다고 생각하지만 사실상 포주는 십대 여성들을 보호한다는 미명하에 조직화되고 위압적인 방식으로 십대 여성들을 착취한다. 포주의 개입은 조건이 산업형 성매매로 나아가고 있다는 가장 명확한 증거다. 십대 여성들 앞에는 성 구매 남성들의 폭력과 포주의 착취, 두 가지 선택지가 놓여 있다. 여기에 탈주로는 없다. 성 구매 남성과 포주 중 덜 치명적인 위험을 선택할 수밖에 없는 상황에서 십대 여성들의 인권은 더욱 벼랑 끝으로 내몰리고 있다.

: 5장

감수해야 할,
그러나 너무나 가혹한

하나(18세)와 나눈 대화

조건을 별로 나쁜 거라고 생각 안 한다고 했잖아. 왜 그렇게 생각해?

조건이요? 왜 나쁘다고 생각 안 하냐고요? 번개나 조건이나 똑같은게요, 번개도 솔직히 막 걔네가 돈을 쓴 만큼 걔네가 대가를 바라잖아요. 그거랑 성매매 하는 거는 다 보면은 남자들이 다 솔직히 못생기고 그런 남자애들이잖아요. 그런 남자들도 하고 살아야 되잖아요, 솔직히. 그런데 자기네랑 해 줄 여자가 없으니까 돈 주고 하는 건데 그게 나쁜 거라 생각하지 않아요. 그냥 청소년이 해선 안 될 거지만 그냥 걔네는 돈 주고 하는 거고, 우린 돈 받고 해 주면 되는 거고. 그러니까 서로 그냥 그런 거잖아요, 뭐라 그래야 되지? 어, 뭐 이득이 되는 거잖아요. 솔직히, 둘이. 나는 돈을 받고 대신 이걸 해 주고, 그 남자는 대신 아까운 돈을 주지만 그만큼의 그걸 받고. 걔네들은 평생 못 하고 살 순 없잖아요. 남자들 이거는 빼 줘야 된다는데.

(중략)

지금 좀 후회되는 거 엄청 많아요. 내가 그때 상담할 때 말했잖아요. 병 심하게 걸렸다고. 이런 거 한 번 걸리잖아요. 눈물 개 나요. 자살할라고 그랬다니까요. 진짜 뻥 아니라. 너무 아파서. 자살하려는 방법이 뭔지 알아요? 아파 가지고 오줌을 못 싸요. 물에 대고 싸야 되요. 이렇게 차가운 물 대고. 오줌 싸려면 한 시간 정도 걸려요. 진짜 계속 울다가 못 싸요. 싸고는 싶은데 너무 우니까. 그래 가지고 막 욕조에다가 물을 받아 놔요. 거기다 이렇게 싸는 거예요. 욕조에다 그냥 잠수하고 죽을라고 했어요. 너무 싸고 싶은데 못 싸니까 눈물이 막 나는 거예요, 막.

아파서 못 싸는 거야?

네, 그러니까 거기, 오줌 나오는 구멍 있잖아요. 거기에 장난 아니게 난 거예요. 여기 다 난 거예요, 아예. 의사 선생님도 보고 막, "아니, 이 나이에 이런 거 처음 봤다"고, "내가 산부인과 7년 하면서 이 나이에 이런 사람 못 봤다"고. 그래서 나한테 무슨 빡촌(집결지)을 다니냐고 물어봐요. 아니라고. 그런데, 몰라요, 갑자기, 그전에 이거 나기 전에는 아무렇지 않았거든요. 그날 하루 자고 일어났는데, 너무 아파요, 갑자기 밑에가. 오줌을 싸는데 소리가 나는 거예요. 악. 거울을 봤죠, 이렇게. 고름 덩어리들이 막 이렇게 난 거예요. 살이 째진 것처럼. 그리고 하얀 진물이 나와요. 바로 병원에 갔어요. 병원 갔더니 왜 이렇게 심하냐고. 무슨 일을 하냐고, 이 나이에, "무슨 조건 같은 거 해요?" 막 이래요. 그때 조건을 하고 다녔단 말이에요. 아니라고, 그렇게 말할 순 없잖아요. 아니, 그냥 남자 친구랑 성관계를 좀 많이 하는 편이라고 그랬더니 남자한테 무슨 감염 바이러스가 온 거래요. 성병 검사를 했어요. 병이 여덟 개가 나왔어요. 좆나 웃겨.

그때가 몇 살이었어?

2007년 얘기예요. 17살. 겨울. 2008년 넘어올 때 얘기예요. 아, 진짜. 막 이래요, 겁을 줘요. 이게 애기 낳는 거랑, 애기 낳는 것만큼 아프다고. 애기 낳는 거에 비해선 안 아프지만 애기 낳는 거랑 고통이 똑같다고. 그리고 이거 걸린 사람은 열 명 중에 한두 명만 아프대요. 나머지는 고통을 잘 못 느낀대요. 심해야지 두 명이 느끼는 거래요. 그만큼 심하다는 거예요. 진짜 막 신신당부해요. 내 손잡고 막 이래요, 하지 말라고, 이거 하고 다니면 안 된다고, 진짜. 술도 먹으면 안 되고, 진짜 몸 편안하게 있어야 된다고. 약도 줬는데 약도 바르잖아요, 약이 너무 독해요. 바르지를 못하겠는 거예요, 너무 아파서. 오줌을 진짜 못 싸. 오줌 정말 싸고 싶었어. 그래서 안 먹었다니까요, 이거 걸렸을 때. 일부러 오줌 안 쌀라고. 나는 안 먹으면 안 나오는 줄 알았는데 안 먹어도 나와. 그래서 내가 맨날 이랬어. "차라리 내가 애를 네 번 낳고 말지." 오줌은 쌀 수 있으니까.

얼마나 자주 했었는데?

하루에 많으면 여덟 번? 그 정도 했어요.

헤~ 많이 했네.

네. 하루하루 먹고 산 게 조건이었단 말이에요. 그러다가 조건이 안 되는 날도 있잖아요. 안 되는 날은 그냥 번개. 그거 하면 무조건 하니까. 안 한다고 해도 남자들이 하려고 하니까. 그러다가 갑자기 어느 샌가 딱 나 있고.

놀랐겠다.

하나는 가출 뒤 주로 번개를 하면서 돈이 필요할 때마다 조건을 했다. 슬아와 함께 포주 밑에서 조건을 하기 전에도 하나는 하루에도 여러 번 조건을 했다. 결국 산부인과 의사도 놀랄 정도로 여러 성병에 동시에 걸렸고 상태도 매우 심각했다. 하나의 얘기를 들으면서 나도 매우 놀랐다. 말만 들어도 하나의 증상은 꽤 심각해 보였다. 자살까지 생각했다는 하나의 말에 그 고통이 얼마나 심했을지 짐작할 수 있었다. 하나는 집에 들어갔다 나오기를 반복했는데, 성병이 집에 들어간 계기가 되기도 했다. 그러나 집에 들어갔던 것도 잠시, 하나는 다시 가출을 해서 언제 성병에 걸렸냐는 듯이 포주 밑에서 조건을 하고 있었다. 성병에 걸린 게 고작 1년 전 일인데도 그 뒤로도 계속 조건을 하고 있다니 혹시 치명적인 병에 걸리지는 않을까 걱정이 되었다.

가뜩이나 성에 대한 지식이 없는 아이들이 가출을 하면 대부분 안전하지 않은 성관계를 하게 된다. 번개로 만난 또래나 남자 친구에게도 콘돔 사용을 요구하지 못하는 현실에서 성 구매 남성들에게 콘돔 사용을 강제하기란 불가능하다. 아주 운이 좋은 아이들을 제외하면 임신으로 낙태를 하는 아이들도 많고, 성병에 걸리는 아이들도 많다. 또한 낙태를 경험한 후에도 피임을 하지 않아 임신과 낙태를 반복하기도 한다. 성병이나 낙태 경험은 탈성매매 이후에도 아이들에게 심각한 상처가 된다.

헌혈하고 싶어요

성병은 콘돔으로 상당 부분 예방할 수 있지만 성매매를 하면서 콘돔을 사용하는 남성들은 거의 없다. 성 구매 남성들은 자신의 쾌락을 위해 콘돔 착용을 거부하고, 십대 여성들은 돈을 벌기 위해 또는 폭행을 당할까 봐 콘돔 없는 성관계에 응한다.

　문제는 이렇게 성병에 감염될 위험이 높은 상황에 놓여 있으면서도 성병에 신경을 쓰는 십대 여성들이 많지 않은 현실이다. 대부분의 십대 여성들은 성병에 대해 무지해 그 심각성을 잘 알지 못한다. 콘돔도 피임의 수단으로만 생각하기 때문에 다른 피임 방법을 사용하는 십대 여성들은 콘돔 사용의 필요성을 느끼지 못한다. 때로는 상태가 심각해질 때까지 감염 사실을 알지 못하고 병을 키우기도 한다. 성병에 걸린 사실을 알고 난 다음에도 적절한 치료를 지속적으로 받기 어려운 환경에 있기 때문에 성병을 방치하는 경우도 있다. 성병을 방치해 증상이 심각해지거나 완치가 어려운 성병에 걸린 십대 여성들은 성매매를 그만둔 뒤에도 지속적인 신체적·정신적 고통을 겪게 된다.

🍃 해빈(19세)이와 나눈 대화

제가요, 고민되는 게요, 보건증 있잖아요. 무슨 일 하던지 보건증 다 필요하잖아요. 거기에 그게(성병) 나오지 않을까요?

그런 게 나오나? 피검사 해 가지고?

그거 때문에 좀 요새 고민이에요.

설마 그런 게 나올까? 그러면 너무 인권을 보호해 주지 않는 거잖아, 개인의 비밀인데.

치료가 다 됐다면 되지 않을까? 아, 또 짜증날라 그래. 그거 때문에 좀 고민⋯⋯. 만약에 내가 임신을 했는데 애기가 선천성 ○○이라고 하면은⋯⋯.

그럴 수가 있다고?

네. 완치가 되었다 하더라도. 그런 케이스가 있다고 하니까요. 아~ 진짜 그 몇 퍼센트가 나면 어쩌지. 그러면은 또다시 반복되는 거잖아요. 휴~ 모든 게 다 안정되고 다 정리가 되었다고 생각할 찰나에 그렇게 다시 반복되면 감당 안 될 것 같아요.

그런데 의학이 발달해서 완치는 안 되나? 네가 결혼해서 애 낳으려면 적어도 5년은 남았잖아.

그런데 페니실린 이후로 그런 게 없대요. 아예 피를 갈아야 되겠어. 저 생리할 때마다 바라는 게 있어요. 그 균들이 생리할 때 다 빠져나갔으면 좋겠어요. 정말. 이런 생각도 해 봤어요. 왜, 사람이 피 투석인가? 하여튼 그런 거 한다잖아요. 다른 사람 피로 받을 수 있다고 하잖아요. 몸에 있는 피를 싹 빼고 있잖아요. 다른 사람 피를 받으면 되지 않을까요? 만일에 그게 된다면 하겠어요. 돈이 얼마가 들어도. 제가요, 요즘 하고 싶은 게 있단 말이에요. 헌혈하고 싶어요, 저는. 그런데 그게 안 되니까.

왜 헌혈하고 싶은데?

그냥 딱 까놓고 이야기하면 '나는 깨끗하다' 뭐 그렇게. 왜 저한테 이런 큰 고난을 주셨는지 모르겠어요. 그냥 맘 졸이면서 살아야 하는 게 싫어요. 그런데 그게 제가 제 자신을 잠시나마 포기했던 거에 대한 벌이라고 생각하는데요. 그래도 이건 너무 심한 거 아닌가. 저는 진짜 지지리도 운이 없나 봐요. 또 제가 처음에 그런 쪽으로 일 했을 때 아무도 저한테 콘돔 착용하라는 거를 가르쳐 준 사람도 없었어요. 저 성병 자체를 아예 몰랐어요.

당연하지. 남자들이 콘돔 끼는 걸 싫어하니까. 누가 그런 걸 가르쳐 주겠니.

아~ 그런 거 누구 한 명이라도 그런 거 가르쳐 준 사람이 있었더라면……. 저는 그냥 원망스러워요. 그런데 그때 당시에 제 주변에 있던 사람들이 제대로 정신 똑바로 박힌 사람은 아니었으니까요.

그게 제일 걱정이구나.

제일 걱정은 아닌데요. 평생 가지고 갈 걱정이잖아요.

해빈이는 가출 뒤 조건을 하다가 성매매 산업에 유입되었다. 내가 해빈이를 만난 것은 2008년 3월, 〈새날〉에서였다. 인터뷰 당시 해빈이는 성병에 걸린 상태였다. 이후 성병은 〈새날〉에 있는 동안 여러 번 치료를 받아 완치되었다. 그러나 해빈이가 걸린 성병은 완치가 되었다 해도 면역이 형성되지 않아 언제든 재발할 가능성이 있었고 완치가 되더라도 성병 혈액 검사에서는 평생 양성으로 나오기 때문에 해빈이는 자신이 완치되었다고 생각하지 않았다. 2009년 5월 인터뷰 당시 19살이던 해빈이는 대입 검정고시를 준비하고 있었다. 취직과 독립을 구체적으로 생각하던 해빈이는 성병이 단순한 병이 아니라 미래에도 자기에게 부정적인 영향을 미칠 수 있다는 생각에 불안해했다. 보건증에 기록된다면 취직도 힘들어질 것이고, 아이에게 전염될 가능성도 있었다. 특히 빨리 결혼을 해서 가정을 꾸리고 아이를 낳고 싶어하는 해빈이는 결혼과 출산을 '모든 게 안정되고 다 정리가 되었다'는 의미로 생각하고 있었다. 그러나 성매매를 했던 과거는 성병의 형태로 현실에 자취를 남기고 있었다. 성병은 언제 폭발해서 일상을 뒤엎을지 모르는 잠복된 뇌관과 같았다. 해빈이는 '잠시나마 자신을 포기'했기 때문에

'평생 헌혈을 할 수 없는 사람'이 되는 벌을 받은 것이라고 자책했다. 그러나 해빈이도 말했듯이 그 벌은 너무 가혹하다. 생리할 때 균도 함께 빠져 나가길 바라고, 자기 피를 다른 사람의 피로 갈아 버렸으면 좋겠다는 해빈이의 말을 들으면서 돌이킬 수 없는 현실에 대한 고통과 미래에 대한 불안이 느껴져서 마음이 좋지 않았다.

몸을 돌보는 데 익숙하지 않은 아이들

아이들을 만나면서 가장 의아했던 것은 피임을 하는 아이가 거의 없었다는 점이다. 성매매 상황에서는 상대 남성에게 피임을 요구하기 어려운 게 사실이지만 또래와 성관계를 할 때도 피임을 하지 않는 것은 이해하기 어려웠다. 아이들이 피임을 하지 않는 이유는 다양했다. 사귀는 사람과 결혼할 마음이 있거나 지금까지 임신이 되지 않은 아이들은 아예 피임할 필요성을 느끼지 못했다. 또 상대 남성에게 콘돔을 요구할 경우 '헤픈 여자'로 낙인찍힐까 봐 말하지 못하기도 했고, 느낌이 싫어 기피하기도 했다. 피임 효과가 가장 높다고 알려진 피임약은 복용이 불편하고 불임 등 부작용이 생길 거란 두려움에 선호하지 않았다. 때로는 질외 사정처럼 잘못된 정보에 기초한 피임이나 주기 조절처럼 안전하지 못한 피임 방법을 사용하는 아이들도 있었다. 이렇게 다양한 이유로 피임을 하지 않는 아이들을 보면서 아이들이 임신에 대해 크게 걱정하지 않는다는 느낌을 받았다. 피임을 하지 않아, 또는 피임에 실패해 곤경에 처하는 또래를 보면서도 아이들은 임신이 자기 문제가 아니라고 생각하는 듯했다. 더욱 안타까운 것은 임신으로 낙태를 경험한 아이들조차 피임을 제대로 하지 않아서 여러 차례 낙태를 반복하는 현실이었다. 이십대 초반의 나이에 낙태 수술을 네 차례나 받은 아이도 있었다.

🍃 슬아(18세)와 나눈 대화

그때가 처음 낙태했을 때야?

네, 그런데 지금도 했어요. 지금 임신했어요.

지금 남자 친구?

아니요, 다른 애요. 그래서 월급 받고 바로 하려고요. 사귄 건 아니고 그냥 처음에 번개로 알다가 그렇게 됐어요. 그래 가지고 요번 달에 쉬지 말고 계속 일하려고요. 쉬면 돈 깎이잖아요. 그런데 그때 제 기억으로 옛날에 처음에 했을 때가 60(만 원)인가 그랬단 말이에요. 2개월일 땐가 2개월 반인가 그때 60(만 원)이어 가지고 지금이 두 달 정도 됐으니까 월급 받으면 바로 하게요.

걔한테 얘기했어?

그런데 뻥인 줄 알죠. 번개 그건데.

그래도 돈을 받아야지.

연락 안 돼요. 말을 했는데 그냥 뻥치지 말라고 끊고서 연락이 안 돼요.

왜 피임을 안 했어?

몰랐어요.

뭘 몰라?

될지를.

경험도 있으면서 왜 몰랐어?

그때 처음 경험은 같이 살았으니까 그랬는데, '설마 한 번에 되겠어……' 이런 생각이었는데 바로 된 거예요.

2008년 12월에 처음 인터뷰를 하고 10개월 만인 2009년 10월에 다시 만났을 때 슬아는 조건을 하다 적발된 뒤 검찰 소환을 계기로 조건을 하지 않고 지내고 있었다. 조건은 하지 않았지만 조건과 번개가 다르다고 생각하는 슬아는 가끔씩 번개를 하다가 임신이 된 상태였다. 슬아는 2008년 1월 한 차례 낙태한 경험이 있었는데 2년이 채 되지 않아 또 낙태를 하게 된 것이다. 낙태 경험이 있었는데도 피임을 하지 않은 이유가 무엇인지 묻자 슬아는 '설마' 하는 마음이었다고 담담하게 답했다. 슬아만 이런 반응을 보인 게 아니다. 낙태를 경험한 아이들에게 피임을 하지 않은 이유를 물으면 대부분 '그냥요', '설마 해서요' 하고 말한다.

이런 무신경한 답을 들으면 답답함과 안타까움을 느낀다. 그만큼 아이들이 자기 몸과 마음에 상처가 되는 행위를 아무렇지 않게 생각하고 있다는 뜻이기 때문이다. 도저히 이해하기 힘든 아이들의 모습을 보면서 나는 아이들을 둘러싼 환경이 이들을 신체적·정신적 위해에 익숙해지게 만든다는 생각이 들었다. 조건을 하는 십대 여성들은 자기 몸을 함부로 대하고 인격을 침해하는 남성들을 만나며 자존감과 자기애를 상실하게 된다. 자신의 신체에 가해지는 위해에 익숙해지다 보면 낙태에 대해서도 둔감해지는 것이다.

더욱이 성매매를 할 때는 피임을 하다가도 번개로 만난 상대 남성에게 호감이 가거나 남자 친구와 성관계를 할 때는 임신과 피임에 신경을 덜 쓰는 모습을 보이기도 했다. 포주 밑에서 1년 넘게 조건을 하는 동안에는 임신을 한 적 없던 슬아가 덜컥 임신을 하게 된 것도 남자 친구와 동거를 했을 때, 그리고 번개 남성과 어울릴 때였다.

슬아는 어머니에게 임신 사실을 알릴 수가 없어서 아르바이트를 해서 낙태를 할 생각이었다. 일자리를 구하고 월급이 나올 때까지 기다리는 동안 뱃속의 아이는 속절없이 자라고 있었다. 설상가상으로 슬아가 마음먹은 대로 꾸준히 출근을 하지 못해 해고되면서 시간은 더욱 지체되고, 아이가 자란 만큼 수술비도 불어났다. 임신 5개월에 가까워지면서 슬아와 아이 모두 위험해졌고, 슬아가 아르바이트를 해서 번 돈으로는 수술을 받기 어려운 지경이 되었다. 슬아 혼자 힘으로는 해결할 수 없는 상황으로 상태가 악화되어 나는 슬아에게 청소년 기관에 도움을 요청해 보라고 했다. 그러나 기관에서는 성폭행을 당한 경우에만 지원을 해 줄 수 있기 때문에 성폭행 상황에 대해 설명해야 하고, 부모에게도 알려야 한다고 했다. 번개로 임신을 했기 때문에 성폭행 상황도 아니었거니와 부모에게 임신 사실을 알릴 수 없어서 슬아는 도움 받는 것을 포기할 수밖에 없었다. 결국 슬아는 더 이상 수술을 미룰 수 없는 상태에 이르러 어머니의 도움을 받아 임신 5개월에 수술을 받았다. 애초에 어머니에게 말했다면 임신을 한 사실을 알자마자 적은 비용으로 수술을 받을 수 있었겠지만 혼자 힘으로 해결해 보려던 슬아의 노력은 상황만 악화시킨 안타까운 결과를 초래하고 말았다.

자신을 방치하는 아이, 아이를 방치하는 사회

생계, 놀이, 소비 등을 위해 성관계나 성매매를 하는 십대 여성들은 대부분 또래나 성 구매 남성들에게 신체적·심리적 위해를 받으면서 그 위험에 대처할 수 있는 나름의 자구책을 마련한다. 그러나 소리 없이 진행되는 성병과 임신에는 속수무책이다. 둘 다 '콘돔'을 통해 충분히 예방할 수 있는 문제지만 십대 여성들은 성병에 걸리거나 임신을 한 다음에야 비로소 그 위험성을 인지하게 된다. 이유는 단순하다. 누구도 십대 여성들에게 성관계에는 성병과 임신의 위험이 따른다는 것을 경고하지 않았기 때문이다. 학교도 가정도, 콘돔 사용이 왜 필요한지, 어떻게 피임을 하는 게 가장 안전한 방법인지를 가르쳐 주지 않는다. 그렇다고 십대 여성들의 섹슈얼리티를 통해 이득을 취하는 사람들이 아이들에게 제대로 된 피임법을 알려 줄 리 없다.

아이들 대부분이 증상이 나타나고 한참이 지나서야 자신이 성병에 걸렸거나 임신했다는 사실을 자각한다. 성병의 경우에는 적절한 치료를 받지 못할 뿐 아니라 감염된 뒤에도 생계를 위해 성매매를 계속하는 게 아이들의 현실이다. 하나, 해빈, 슬아의 경우에서 볼 수 있듯이 성병과 임신은 때로 진상 손님이나 포주의 착취보다 아이들에게 더 치명적인 상처가 된다. 한편으로 성병과 임신은 십대 여성들이 노출되어 있는 위험 중 극히 일부일 뿐이다. 안전하지 않은 성관계나 성매매로 인해 골반, 자궁, 요도, 방광, 신장 등에 다양한 질병이 생길 수 있다. 오히려 성병은 가시적인 증상이라도 있지만 기타 질병들은 쉽게 자각하기 어렵다는 점에서 그 위험성은 매우 심각하다.

무엇보다 아이들이 자기 몸을 스스로 돌볼 능력이 없다는 것이 문제를 심화시키는 원인이다. 성병에 걸려도, 또는 낙태를 해도 피임을 하지 않고 자신을 위험에 반복적으로 노출시키는 아이들이 많다. 물론 자기 몸을 돌볼 경제적·시간적인 여유가 없기 때문이기도 하겠지만, 더 근본적인 이유는 아이들이 자기 몸을 소중히 여기지 않는 데 있다. 거리 생활과 성매매를 하면서 자기 몸이 함부로 다뤄지는 것에 익숙해지다 보면 자기애도 함께 상실되는 것이다.

이러한 십대 여성들에게 피임 교육이나 적절한 의료 지원 등, 물리적인 개입도 물론 필요하겠지만 스스로 소중한 존재라는 사실을 일깨워 주는 심리적인 개입도 함께 이루어져야 한다. 슬아가 만약 임신 초기에 적절한 의료 지원을 받을 수 있었다면 슬아가 감수해야 할 위험은 그만큼 줄어들었을 것이다. 그러나 일시적인 의료 지원은 슬아가 앞으로 계속 피임을 하게 만드는 동력은 되지 못한다. 따라서 다양한 심리적 상처에 대한 치유가 선행되어야 한다. 이를 통해 자기애가 회복되었을 때 십대 여성들 스스로 자신을 돌볼 능력을 갖게 될 것이다.

3부
나가는 문은 어디에?

많은 사람들이 성매매를 하고 싶지 않으면 그만두면 되는 것 아니냐고 말한다. 탈성매매를 어렵게 하는 구조의 문제를 성매매 여성 개인의 의지 문제로 바라보기 때문이다. 성매매를 중단하지 못하는 여성들의 상황을 이해하지 못하는 것이다. 이러한 언설은 여성들이 성매매를 '선택'하는 것이라고 전제하고 있다. 따라서 성매매를 '선택'한 여성들에게 노동, 성, 사회의 윤리적 잣대를 들이대며 비난한다. 성인 여성들뿐 아니라 십대 여성들도 이러한 비난을 피할 수 없고 오히려 더 큰 비난을 받기도 한다. 특히 포주도 없는 십대 여성들이 조건이 싫다고 하면서도 그 상황에서 벗어나지 못하는 현실을 사람들은 이해하지 못한다.

내가 만난 아이들은 모두 자기의 조건 경험을 담담하게 얘기하면서도 조건이 너무 하기 싫다고 입을 모았다. 진상의 폭행, 포주의 착취, 성병 감염, 경찰 적발 등의 위험 요소 때문이기도 하지만 아저씨들과 원치 않는 성관계를 하는 것 자체가 싫다고 했다. 하지만 싫다고 하면서도 대부분의 아이들은 조건을 계속 했고, 중단했다가도 재유입됐다. 표면적인 이유는 간단하다. 돈이 필요하기 때문이다. 그러나 아이들의 얘기를 들어보면 조건에 유입된 이유만큼 조건을 계속 하고, 다시 하게 되는 이유는 복잡했다.

3부에서는 십대 여성들이 조건을 계속하는 이유를 관계의 빈곤, 사회 안전망의 부재, 법 집행의 문제로 나누어 살펴보겠다.

: 6장

상처에 닿은
소금 같은 사람들

해빈(19세)이와 나눈 대화

그때 교통사고 났을 때 입원을 얼마나 했었지?

한 두 달 했나? 그러니까 자보(자동차보험)가 한 병원에서 한 달 이상 못 한단 말이에요. 자동차 보험이 한 달 이상을 못 하니까 거기 한 병원에서 한 달 있다가 또 다른 병원에서 한 달 있다가.

합의를 안 해 줘서 거기서 계속 있었던 거지.

아니, 합의해 줬어요. 형사 합의 했고 보험 합의는 안 해 줬어요. 했는지 모르겠어요. 그때 제가 하고 싶다 해도 지금 나이가 안 되니까 못 하는 거 잖아요. 성인만 합의되는 거죠, 부모님 그게 있어야지.

합의금은 받긴 받은 거야?

제가 안 받았어요.

부모님, 엄마가 받으셨어? 얼마나 받았는데?

그때 그 사람이 26살이었단 말이에요, 음주 운전 한 사람이. 그래서 엄마가 막 불쌍하다면서 백만 원에 해 준 거 있죠.

왜 그렇게 조금 받으셨을까? 치료비도 거기서 다 댔어?

아니요, 치료비는 그쪽 자동차 보험에서. 그런데 모르겠어요. 내가 뭐 사고 났다 해도 즈그(자기)들이 다 딱아 먹는데.(가로채는데.) 그리고 뭐지, 며칠 전에 제가 민증을 아직 안 만들었단 말이에요. 그래 가지고 어제 민증을 만들었는데 이사까지 해 버린 거 있죠. 와~ 깜짝 놀랐어요.

엄마가? 어디로 가셨는데?

그 근처로.

그래서 연락은 됐어?

아니요. 안 해요, 싫어요. 정말 이번에 가 가지고 느낀 건데 정말 사람은 변할 수 없는 건가 봐요. 변하길 바랐는데, 변한 듯했는데 변하지 않았어요.

나는 너 설에 집에 가고 그랬다 그래서 좀 화해가 됐나 싶었지?

평생 만나고 싶지 않아요.

병원에도 좀 오고 그러지 않았어? 엄마가?

병원에는 오셨죠, 그때까지만 해도. 퇴원하고 나서 (집에서) 나온 거니까.

그런데 그 합의금은 너를 주셨어야 되는 거 아닌가?

그러게요. 웃기죠. 그래서 안 된다는 거예요.

너 다쳤을 때 엄마랑 동생들이랑 문병 오고 그랬다 그랬잖아. 그런데 퇴원하니까 왜 다시 달라진 거야?

그러니까 순간 욱 하는 게 정말 심하단 말이에요. 그랬는데 이제 저도 그 상황에서 저도 감정이 격해져 가지고 이제, 집에 갔는데 짐을 다 싸 놨대요. 그래서 가지고 나왔죠. (중략) 진짜 엄마랑 나랑 상극인가 봐요. 그렇게 생각해요. 평생 그냥 찾지 않을라고요. 성인되면은 저 호적 팔라고요. 아빠 쪽에서도 엄마 쪽에서도 다 팔라고요. 혼자 살라고요. 혼자 있을라고요. 싫어요, 엮이기. 엄마도 그러길 바라고.

엄마가 그러길 바란다고 생각해?

엄마가 그때 이번에 2008년에 그게 되잖아요, 호주제 폐지 그 있잖아요.

개인 가족 등록부(가족 관계 등록부)인가?

새아빠 쪽으로 할라고 뭐 서류 많이 떼 가지고 어디에 냈다던데, 그 일(외박) 있었다고 했잖아요. 너는 진짜 안 된다면서 아예 저를 제외시킨 거 있죠. 제외시키고는 이거 아빠 쪽으로 넘겨 줄 테니까 그쪽으로 가라면서. 옛날부터 그렇게 충분히 얘기해 왔으니까, 진심이든 아니든, 저는 진심으로 받아들이는 거죠. 나와서 그냥 그렇게. 지금은 제가 상태가 많이 좋아져서요, 그냥 이렇게 얘기하는 건데요, 그때 당시에는 정말 진짜 죽고 싶었어요.

해빈이는 어머니의 폭행으로 가출을 한 뒤에도 외할머니와 지속적으로 연락을 했다. 외할머니는 해빈이와 가족을 이어 준 존재였다. 해빈이는 외할머니를 만나기 위해 고향에 내려가 택시를 탔다가 음주 운전자가 택시를 들이받은 사고를 당했다. 와병중이던 외할머니는 해빈이가 고향에 도착했다는 소식을 듣자마자 돌아가셨고, 해빈이는 교통사고를 당해 외할머니의 임종을 지키지 못했다. 사고 규모에 비해 경미한 부상을 당한 해빈이는 외할머니가 자신을 지켜 주었다고 생각했다. 해빈이에게 외할머니의 임종은 유일하게 자신을 사랑해 주던 사람이 사라졌다는 의미 이상이었다. 해빈이는 외할머니의 죽음 이후로 자신이 철저하게 혼자라는 사실을 대면해야 했다. 2009년, 해빈이가 19살 때였다.

해빈이가 다시 업소에 들어간 데는 여러 가지 이유가 있겠지만 외할머니의 임종과 어머니의 거부로 절망한 상태에서 업소만이 유일하게 해빈이를 환영하고 필요로 했기 때문이었으리라 짐작해 본다. 해빈이는 나와 인터뷰를 할 때도 포주와 마담을 삼촌과 이모라고 불렀다. 〈새날〉에 들어오기 전에도 업소 생활을 1년 넘게 했기 때문에 익숙해서일 수도 있겠지만, 나는 해빈이가 단지 익숙함 때문에 그 호칭을 사용한다고 생각하지 않았다. 설사 그것이 가족을 빙자한 착취라고 해도 해빈이는 업소에서 어느 정도 정서적인 안정을 찾는 것처럼 보였다. 그만큼 해빈이에게 가족의 빈자리가 컸다는 뜻이기도 하다.

내가 아이들을 만나면서 가장 인상 깊었던 것 중에 하나는 아이들이 굉장히 빨리 마음의 문을 연다는 점이었다. 웬만해서는 속내를 드러내지 않는 어른들과 달리 아이들은 속얘기 하는 것을 꺼리지 않았고, 오히려 하고 싶어했다. 나는 아이들의 이야기를 들으면서 아이들이 자기를 이용하려 들지 않고, 비난하지 않으며, 믿어 주고, 기다려 주는 사람들을 거의 만나지 못했다는 사실을 쉽게 알 수 있었다. 아이들은 관심과 사랑과 인정과 믿음에 고파 있었다.

관계의 빈곤

사회관계망은 부모, 형제, 친척, 교사, 친구 등 의미 있는 타인들과의 관계로 이루어진 네트워크다. 그리고 이러한 대인 관계를 통해 얻을 수 있는 애정이나 신뢰, 정보, 물질적 원조 등 모든 형태의 긍정적 자원이 개인의 사회 적응과 건강에 직·간접적인 영향을 미친다.[■] 가출을 하고, 학교에 다니지 않으며, 먹을 것과 잠자리를 따라 끊임없이 이동하는 십대 여성들은 가족, 교사, 친구, 이웃 등 주요한 인적 자원을 상실하게 된다. 기본적인 사회관계망이 단절되면서 십대 여성들에게는 자신들이 지니고 있는 한정된 인적 자원이 더욱 중요해진다. 십대 여성들은 대개 또래 관계를 중시하는 편이지만, 가출이라는 특수한 상황에서 또래에 대한 의존이 더욱 심해진다.

그러나 가출 후, 또는 성매매에 유입된 후 또래 집단 안에서 새로운 관계망이 만들어지더라도 다들 비슷한 처지에 있기 때문에 이들의 열악한 상황은 개선되기 어렵다. 이미 사회적으로 배제된 상태에서 형성되고 유지되는 관계망은 구성원들에게 긍정적인 영향을 미치지 못한다. 오히려 아이들은 폐쇄적인 또래 관계망 속에서 사회적으로 더 고립된다.

🍃 가람(21세)이와 나눈 대화

너가 조건을 걔 때문에 하게 된 거고, 조건을 하고 나서 되게 기분이 안 좋았다고 했잖아. 그런데 왜 계속 같이 다녔어?

혼자 다니면 저는 뭔가 모르게 불안하고 무서워요. 제가요, 어렸을 때 제가 아는 언니들한테 심하게 맞은 적이 있어요. 그 뒤로 저는 제가 막 혼자

[■] 송현옥, 박아청, 최성열(2010), 「청소년의 가정환경, 지각된 사회적 지지, 자기 효능감과 자아 정체감 간의 관계 분석」, 『청소년학 연구』, Vol.17, No.2, 한국 청소년 학회; 장인협 (1989), 『사회 사업 실천 방법론』, 서울대학교 출판부.

다니면 누구한테 잡혀서 맞을 것 같은. 맞아도 같이 맞는.(웃음) 제가 어떤 애한테 욕을 했어요. 그런데 욕을 했는데 걔가 누구한테 이른 거예요. 그렇게 하다 만난 거예요, 이른 애들을. 맞았죠. 저 그때 처음 맞아 보니까, 지금은 심한 것도 아니에요. 그냥 맞다가 심장을 맞았어요, 제가. 울지도 못하겠는 거예요. 숨도 잘 못 쉬고. 숨 쉬기가 너무 어려운 거예요. 저는 그때 너무 무서운 거예요. 그래서 병원에 갔죠. 근처에 경찰서 있어서 '아저씨, 저 맞았는데 심장이 너무 아프다'고, 숨 못 쉬겠다고. 119 불러 준 거예요. 혈압을 쟀는데 혈압이 너무 낮대요. 검사 해 봤는데 심장이 많이 놀랐대요. 별일 아니구나.(웃음) 차츰 괜찮아진 거예요. 제가 그때 혼자 갔으니 누가 있겠어요. 부모님 번호를 알려 달래요. 아, 부모님 연락 모른다고. 아는데도 모른다고 했죠. 계속 알려 달래요. 아빠 번호를 알려 줬어요. 통화하고 왔나 봐요. 그런데 아빠가 안 오신다고 했대요. 그럼 제가 뭐가 돼요? 그래서 "그래요?" 아, 그러면 저 그냥 나간다고. 다음에 제가 와서 돈을 드린다고. 거기 계속 있었는데 좀 그런 거예요. 다른 사람들 보면 다 옆에 누구 한 명씩 달고 있는데 나 혼자 누워 있으니까 속상해 가지고 나와 버렸죠.

가람이는 부모님 이혼 후 아버지, 언니와 함께 살던 중 외박을 반복하다가 외박이 장기화되면서 가출을 하게 되었다. 가람이는 가출 후에도 아버지와 언니에게 지속적으로 연락을 했고, 특히 이혼 후 혼자 자신을 키운 아버지에게 미안한 마음을 가지고 있었다. 그러나 반복적이고 지속적으로 가출을 하는 가람이를 바라보는 아버지의 마음은 가람이와 달랐다. 위기 상황에 놓인 가람이가 아버지에게 도움을 청했을 때 아버지는 가람이를 외면했다. 자신이 응급실에 있는데도 오지 않는 아버지를 보면서 가람이는 더 이상 가족에게 심리적·물질적 지원을 기대하기 어렵다는 사실을 깨달았다.

아이들은 가출을 계기로 갖가지 위험이 도사리는 거리로 생활 터전을 옮기게 된다. 이는 아이들의 생활 공동체가 가족에서 또래로 변화한다는 뜻이다. 또래와 맺는 관계가 자신의 생존에 직접적인 영향을 미치게 되는 것이다. 따라서 가출한 아이들에게 또래 집단은 매우 중요해진다. 그러나 이러한 또래 집단 내 관계는 상당히 불안정하고 임시적이다. 사이가 틀어져 헤어지기도 하고 새로운 친구가 들어오기도 하는 등 변화가 잦기 때문이다. 따라서 아이들은 또래 집단 안에 있으면서도 자신이 언제든지 혼자 남겨질 수 있다는 가능성을 염두에 두게 되고, 그것은 아이들에게 또 다른 불안감을 심어 준다.

아이들은 거리의 생리를 누구보다 잘 알고 있다. 혼자 남으면 거리의 다양한 위험에 직접적으로 노출된다. '혼자 다닌다는 것'은 폭력과 빈곤으로부터 그나마 보호해 줄 수 있는 집단을 잃어버린다는 뜻이기 때문이다. 문제는 이런 또래 집단을 통해 아이들이 또 다른 위험에 유입된다는 것이다. 또래 집단은 가람이의 경우처럼 조건으로 유입되는 경로일수도 있고 때로는 일상적으로 폭력이 행사되는 공간일 수도 있다. 그러나 아이들은 싫건 좋건, 거리에서 기본적인 생활을 유지하기 위해서는 또래 집단이 필요악이라는 사실을 일찌감치 깨닫게 된다.

또래 집단에 대한 의존도는 가출 횟수와 기간이 늘어날수록 높아진다. 아이들에게는 또래 집단이 '유일하게' 기댈 수 있는 생활 공동체기 때문이다. 아이들은 마음껏 놀고 싶어서 가출을 하지만 거리는 이내 놀이가 아닌 삶을 살아야 하는 공간이 된다. 여기에는 재미 말고도 위험과 불안이 아이들을 기다리고 있다. 막상 거리 생활을 해 보면 자신의 예상과 다른 경우가 많고, 자신이 통제할 수 없는 방향으로 삶이 전개되는 경우가 대부분이다. 지치고 힘이 들어서, 가족과 화해하고 싶어서, 학교에 다시 다니고 싶어서 등, 다양한 이유로 귀가하려는 아이들도 생겨난다. 스스로 가출을 하고 연락을 끊었기 때문에 아이들은 가족 관계의 주도권을 자신이 지니고 있고, 가족은 언제든지 자신을 받아 줄 것이라 생각한다. 그러나 예상과 달리 가족들이 자신을 외면하거나 귀가를 반기지 않을 때 이는 무엇보다 큰 상처가 된다. 언제라도 돌아갈 곳이 있다고 생각했던 아이들은 가족에게 거부를 당하면서 어떻게든 혼자 거리에서 살아남아야 한다는 사실을 깨닫게 된다. 가족에게 받을 수 있는 심리적·물리적 지지를 상실한 아이들은 자신에게 남은 유일한 인적 자원인 또래에게 더욱 의존하게 된다. 아이들의 인간 관계는 더욱 폐쇄적이 되고, 또래 집단 안에서 폭행이나 갈취, 조건 등을 강요받더라도 당장의 생계, 신체적 안전, 심리적 안정 때문에 또래 집단을 떠나기 어려워진다.

정에 굶주린 아이들

가족을 비롯한 지인들에게 신뢰, 관심, 애정, 지지 등을 받지 못하는 아이들은 감정적으로 매우 취약해진다. 이러한 감정적 취약함은 이성애 연애를 할 때 배가되는 모습을 보인다. 일반적인 이성애 연애는 남성의 경제력과, 외모로 대표되는 여성의 섹슈얼리티가 교환되는 양상을 보이지만, 아이들의 연애는 다른 경우가 많았다. 아이들은 성매매를 해서 번 돈을 남자 친구에게 썼고, 데이트 비용을 마련하기 위해 성매매를 하기도 했다. 남자 친구들의 반응도 다양했는데, 성매매를 한다는 사실을 알고서 헤어지기도 했고, 알게 된 뒤에 묵인하는 경우도 있었으며, 알면서 사귀기도 했고, 성매매를 목적으로 만나서 사귀게 된 경우도 있었다. 성매매를 한다는 사실을 알면서 사귀는 남성들은 여자 친구가 성매매를 해서 번 돈으로 경제적 이득을 얻는 경우가 많았다. 십대 여성들은 그러한 관계에 문제가 있다는 사실을 알면서도 관계의 진실을 외면하면서 자신에게 해로운 관계를 유지하고 있었다.

🍃 은호(22세)와 나눈 대화

조건은 얼마나 가끔씩 했는데?

거의 매일 했다고 봐야지.

꽤 많이 벌었겠네.

벌긴요. 다 썼어요. 그 미친 놈 때문에. 걔한테 돈을 얼마 썼지? 몇 백만 원 썼다고 봐야 되나. 한 1, 2백을 걔한테 줬다고 봐야지.

왜?

돈 관리 걔가 했으니까. 내가 갖고 있으면 쓴다고. 지가 다 써 놓고서 내가 쓴다고. (중략)

왜 계속 사귀었어?

정이지.

정은 무슨 정이야?

그놈의 정이. 3, 4개월인가 같이 있었으니까 그러죠. 3개월 동안 같이 살고 5월까지 같이 있었으니까, 계속. 거의 매일 같이 있었으니까. 5개월 정도.

같이 있던 기간 동안 못살게 군 게 더 중요한 거 아니야? 같이 있어서 행복했으면 몰라.

그러게 말이야, 진짜. 다 정이에요. 같이 살았을 때 생각이 계속 많이 남았으니까 그런가 보죠. 같이 살았을 때 진짜 잘해 줬어요. 걔 일 안 하면서 애가 확 변하는 거예요. 사람이 확 변해 진짜, 한번에. 돈을 보더니만 확 변해, 애가. 지 버는 것보다 더 많이 버는 걸 보니까 애가 확 변해 가지고. 확 변했어, 진짜. 미친 사람 있잖아요, 그냥. 그 정도로 확 변해 가지고. 전에도 그 비슷한 애가 있었는데 걔는 그나마 그렇게까지 안 했는데. "없어? 그럼 오늘은 못 받겠네" 그냥 이 정도였는데 걔는 그게 아니에요. "없으면 어디서라도 구해 와."

니가 주지를 말아야지. 계속 주니까 계속 그러는 거 아니야.

안 주면 지가 가져가요. 그냥, 지갑에서 쓱 빼 가요. 5만 원만 남겨 놓고 빼 가요. 할 말이 없잖아요, 인제. 그러다가 인제 내가 성질나 가지고 또 한 달 동안 연락이 끊겼어요. 끊겼는데 왜 내가 그때 전화를 했을까, 술 먹고. 술 먹고 전화해 가지고는 만나자고 했다는데, 내가. 그때 연락을 안 했어야 했는데 그랬으면 지금 이렇게 안 됐는데.

은호는 경북에서 서울로 올라온 후 오랫동안 일자리를 구하지 못해 조건을 하게 됐다. 은호는 성인이었고 고졸 학력이 있었지만 통신사에 갚아야 할 수백만 원의 빚 때문에 성매매를 하고 있었다. 가출 후 16살에 인터넷 채팅으로 만난 한솔, W 센터에 있을 때 친해진 나래, 그리고 A 쉼터에 잠깐 있을 때 만난 다혜에게 자기 명의로 핸드폰을 개통해 준 것이 발단이었다. 한솔이에게는 자신보다 더 가난하다는 이유로, 나래에게는 갓 낳은 딸에게 응급 상황이 생길까 봐 걱정돼서, 다혜에게는 미성년자라 가입이 안 된다는 이유로 명의를 빌려 주었다. 이들은 명의를 빌릴 때는 나중에 갚겠다거나 통장을 바꾸겠다고 했지만 약속을 지키지 않았고, 핸드폰 요금도 연체되기 일쑤였다. 그렇게 생긴 빚은 시간이 흐르면서 은호가 감당할 수 없는 지경이 되었다. 그러나 은호가 2백만 원이 넘는 돈을 받을 수 있을 가능성은 희박했다. 한솔이는 여전히 가출 상태로 노숙을 하고 있고, 나래는 이혼하지 않은 유부남과 아이까지 낳았으나 경제력이 없어서 교회의 도움을 받고 있으며, 다혜는 유치원 보조 교사를 하면서 60만 원의 월급을 받고 있지만 돈을 갚지 않고 있었다. 은호는 친구들이 진 빚을 갚기 위해 하기 싫은 조건을 하면서도 친구들과의 관계를 유지했다. 이들은 사실상 은호에게 남은 유일한 인적 자원이었다. 은호는 몇 명 없는 친구에게 자신의 애정을 쏟았고 그만큼 의존했다. 그래서 친구들이 계속 자신에게 부정적인 영향을 미쳐도 단호하게 대처하지 못하고 있었다.

은호의 이러한 모습은 남자 친구와의 관계에서 더 확실하게 나타났다. 은호는 핸드폰 요금을 갚으려고 조건을 시작했지만 생각만큼 돈을 모으지는 못했다. 같이 살던 남자 친구가 은호가 조건을 한다는 사실을 안 순간부터 소위 '기둥 서방'으로 변해 은호의 수입을 갈취했기 때문이다. 은호는 남자 친구와의 관계가 자신에게 해가 된다는 사실을 알면서도 관계를 지속했다. 더욱이 은호에게 이러한 연인 관계는 처음이 아니었다. 은호는 매번 "그놈의 정" 때문에 헤어지지 못했다고 말했다. 은호가 조건을 한다는 사실을 남자 친구가 안 순간부터 그들의 관계는 완전히 달라졌음에도 은호는 좋았던 과거에 집착하면서 과거의 기억으로 현재를 덮으려고 했다.

은호가 맺는 관계의 성격은 친구를 사귈 때나 애인을 사귈 때나 모두 본질적으로 같았다. 관계 때문에 손해를 보고 때로는 착취를 당하더라도 늘 관계에 집착했다. 한정되고 폐쇄적인 관계 안에 있는 십대 여성들은 일반적인 사회관계에서 얻을 수 있는 신뢰, 의무감, 소속감, 애정 등의 감정적 지지를 받지 못하면서[■] 감정적으로 취약해진다. 조금만 관심을 보이고 잘해 주면 쉽게 마음을 열고 정을 붙이고, 자신을 떠날까 봐 두려워 무리한 요구도 거절하지 못한다. 십대 여성들은 자신을 이용해 이득을 보려는 사람들과 자신을 소중히 하는 진정한 관계를 헷갈려한다. 자기를 이용하려는 사람이 자신에게 해가 된다는 사실을 알면서도 벗어나지 못하는 것이다. 따라서 십대 여성들이 자신을 착취하고 학대하는 관계에서 과감히 벗어나려면 '대안'이 필요하다.

■ 신원영, 강현아(2008), 「빈곤 청소년의 사회적 자본이 학업 성취에 미치는 영향」, 『청소년학 연구』, Vol.15, No.4, 한국 청소년 학회.

폐쇄적인 관계가 확장되고 새로운 관계로 대체할 수 있는 그런 관계 맺음이 필요한 것이다.

새로운 관계 맺음을 위하여

사회적 자본 이론에 의하면 십대들이 부모, 혹은 주요 성인과 친밀하고 의미 있는 관계를 형성할수록 그 성인들이 자신의 인적·경제적 자본을 십대들에게 더 많이 투자해 결과적으로 십대들에게 이로운 영향을 주게 된다.* 사회관계망으로부터 긍정적인 물질적·심리적 지원을 받은 십대들이 다양한 변화와 스트레스를 더 잘 극복한다는 연구 결과는** 성매매를 중단하고자 하는 십대 여성들에게 사회관계망의 회복이 큰 영향을 미칠 수 있음을 보여 준다.

그렇다면 십대 여성들이 사회관계망을 확장시킬 수 있는 방법은 무엇일까? 솔비의 사례는 아이들을 무작정 학교와 집으로 돌려보내는 것이 해결 방법이 아니라는 사실을 보여 준다. 2008년 8월에 고입 검정고시에 좋은 성적으로 합격한 솔비는 대안 학교에 진학해 친구도 사귀고 대입 검정고시도 준비할 계획을 세우고 있었다. 솔비가 일반 학

---

* 같은 글.
** 송현옥, 박아청, 최성열(2010), 「청소년의 가정환경, 지각된 사회적 지지, 자기 효능감과 자아 정체감 간의 관계 분석」, 『청소년학 연구』, Vol.17, No.2, 한국 청소년 학회; Dubow, E. F. & Tisak, J.(1989), "The Relation between Stressful Life Events and Adjustment in Elementary School and Social Children: The Role of Social Support and Social Problem Solving Skills", *Child Development*, vol. 60: pp. 1412~1423.

교에 진학하지 않은 것은 학교 공부의 필요성을 느끼지 못했고, 매일 정해진 시간에 등교하는 것이 힘들었으며, 복장이나 두발 등의 규제를 견딜 자신이 없었기 때문이다. 솔비에게 학교는 졸업장을 따고 친구들을 사귀는 것 이상의 의미가 없었다. 그래서 솔비는 자유롭고, 자신과 비슷한 친구들을 만날 수 있으며, 십대에 대한 이해가 높은 대안 학교를 선택했다. 그러나 솔비는 4개월 만에 대안 학교를 자퇴했다. 4개월 동안 많은 것을 배우고, 친구들도 사귀었지만, 아르바이트를 할 수 없는 일과가 문제였다. 대안 학교는 캠프나 기타 준비 활동 등으로 하교 시간이 불규칙해서 아르바이트를 병행하기 힘들었고, 솔비는 용돈이 없는 생활을 견디기 어려웠다. 대안 학교에서 다양한 배움을 얻고 학창 시절의 추억으로 표상되는 사회관계망의 확장도 경험할 수 있었지만 경제 활동과 병행할 수 없게 되자 오래 지속할 수 없었던 것이다. 당장의 생계가 불안한 십대 여성들에게 학창 시절의 추억은 '사치'에 불과할 수 있다.

솔비의 사례는 십대들에게 사회관계망을 확장하는 일이 생각보다 복잡한 문제라는 사실을 보여 준다. 아이들은 집이나 학교로 다시 돌아간다고 해도 거리에서 느꼈던 자유로움을 쉽게 잊지 못한다. 아이들이 편입될 공간이 십대의 이러한 욕구를 이해하지 못한다면 솔비의 사례에서 볼 수 있듯이 아이들은 그 공간에서 언제든 다시 뛰쳐나올 것이다. 십대들이 쉬어 갈 수 있는 정거장, 이들을 충분히 넓은 품으로 보듬어 줄 수 있는 대안적인 공간이 필요한 이유가 여기에 있다.

: 7장

사회 안전망의 부재

은호(22세)와 나눈 대화

서울이라고 더 나아?

아니요.

그런데 왜 다시 올라온 거야?

처음에 시설에 6개월만 있다가 나올 생각이었어요, 6개월만. 한 6개월 동안 있으면, 거기 시설에 있다는 걸로 핸드폰 요금을 할부로 낼 수 있대요. 그래서 갔어요. 그런데 거기서 퇴소 당했지.(웃음) 사건이 있어서 퇴소 당했어요.

무슨 사건?

있어요, 그런 게. 열 받아서 그릇 깼어요.

왜 싸웠는데?

있어요. 서른 몇 살인가? 나이 값도 못해. 사람 성질나게 하질 않나. 서른 살 먹고 말투가 진짜 한마디로 싸가지가 없어요, 같이 방 쓰는 사람이. 똑같은 말을 해도 기분 나쁘고 안 나쁘고 있잖아요. 아예 말투 자체가 기분 나빠요. 얼마나 성질나요, 듣는 사람이. 딴 사람들은 오래 있어서 그런가 보다 할 텐데, 처음 보는 사람한테 그렇게 말하니 얼마나 성질이 나, 그게.

그래서 걔랑 싸운 거야?

아니, 안 싸웠어요. 참다가 폭발했어요.

그래서 접시를 던진 거야?

접시 안 던졌어요, 숟가락, 젓가락밖에 안 던졌어요. 그런데 접시에 맞아서 깨진 거예요.

(중략)

(쉼터에) 얼마나 있다가 나온 거야?

일주일이요. 외출이 너무 늦게 돼요, 너무 늦게 돼. 외출이 15일 걸려요, 15일. 잠깐 앞에 나가는 것도 안 돼요. 그러니 얼마나 스트레스 받아요, 그게. 15일은 둘째 치고 잠깐 밑에 내려가는 것도 안 돼요.

15일 동안 그 건물 밖에 나갈 수가 없어?

네, 그러니까 얼마나 스트레스 받아요, 진짜. A 쉼터 같은 경우는 그동안 30분 외출이 가능한데 여기는 그것도 안 된다니깐요. 완전 심해요, 진짜. 철창 없는 감옥이랑 똑같아요, 아~. 그것도 짜증나는데 거기다가 그렇게까지 하니 얼마나 더 짜증나. 사람이 인내심이 있는데 얼마나 참아야 돼. (중략) 거기서 수업 들으면 25만 원 받는대요. 그리고 용돈으로 3만 원이 나온대요.

그런 거는 괜찮네.

괜찮으면 뭐 해요. 철창 없는 감옥이랑 똑같은데. 담배 피지 않는 이상은 밑에 못 내려간다니까요. 담배 피는 사람은 내려갈 수 있잖아요, 잠깐이라도.

서울에서 일자리를 구하지 못해 충북으로 내려갔던 은호는 얼마 지나지 않아 다시 서울로 올라왔다. 충북에서 편의점 아르바이트를 구했지만 최저임금에도 미치지 못하는 월급으로는 생계를 유지할 수 없었기 때문이다. 은호는 쉼터에 입소하면 핸드폰 요금을 할부로 낼 수 있다는 소식을 듣고 서울에 올라왔다.

쉼터들은 시행착오를 겪으면서 쉼터를 유지하고 입소생들의 적응을 돕기 위해 규칙을 만드는데, 입소생 중에는 이러한 규칙에 적응하지 못해 퇴소하는 경우가 종종 있다. 성인 쉼터는 십대 쉼터보다 규제가 느슨하지만 쉼터마다 다소 차이가 있다. 쉼터 중에는 입소 후 외출이 바로 되는 곳도 있지만, 쉼터 생활에 적응해야 한다는 이유로 일정 기간 외출을 금지시키는 곳도 있다. 은호가 입소한 시설은 상대적으로 규제가 강해 보였다. 외출 금지로 힘들어하던 은호는 결국 폭력을 행사하는 바람에 쉼터에서 퇴소 당했다.

가출을 하는 십대 여성들이 기하급수적으로 증가하고 있음에도 우리 사회는 십대 여성들을 보호할 책임을 가정에만 묻고 있다. 십대 여성들에게는 집과 학교가 아닌 좀 더 다양한 대안과 선택지를 품고 있는 사회 안전망이 필요하다. 그중 가장 현실적인 대안이 바로 쉼터다. 쉼터는 거리에서 벗어나고 싶지만 가정이나 학교로 돌아갈 수 없거나 돌아가기 싫은 아이들에게 일시적인 보호소가 되어 준다. 쉼터는 생계 문제를 해결해 줄 수 있을 뿐 아니라 다양한 인적·물적 자원으로 십대 여성들의 사회관계망을 확장시켜 준다. 그러나 십대 여성들은 보호를 받고 싶어도 쉼터의 존재를 아예 모르기도 하고, 쉼터에 입소하더라도 공동생활에 적응하지 못하기도 한다. 이 장에서는 쉼터의 필요성과 개선점을 살펴보면서 아이들에게 필요한 사회 안전망의 모습을 대략적으로 그려 보도록 하겠다.

쉼터를 하나의 선택지로

십대 여성들의 가출이 길어질수록 성매매에 유입될 가능성이 높아진다는 것은 그만큼 사회 안전망이 부재하다는 뜻이다. 가출하는 십대 여성이 증가하는 만큼 쉼터도 증가해야 하지만 현실은 그렇지 못하다. 현재 국내 성매매 피해 청소년 지원 시설은 14곳에 불과하다. 각 시설은 피해 청소년에게 숙식을 제공할 뿐 아니라 의료 지원과 법률 지원, 취업 교육, 치료 회복 프로그램 등을 실시해 십대 여성들의 사회 복귀를 돕고 성매매 재유입을 방지하기 위해 노력한다.■ 그러나 이러한 시설은 접근도가 낮다는 문제가 있다. 민간단체나 가출 청소년 담당 실무자들은 가출 십대 여성 수를 약 10만 명으로 추산■■하고 있지만 시설의 연간 이용 인원은 천 명 안팎■■■이다. 100명 중 고작 한 명꼴로 시설을 이용하는 셈이다. 이러한 시설이 있다는 사실조차 모르는 십대

■ 이현숙(2008), 「아동·청소년 성 착취 현황 및 근절 대책」, 『아동, 청소년 성 착취 현황과 대안 마련』, (사)탁틴내일, 국회의원 최영희 공동 주최 자료집.
■■ 늘 푸른 여성 지원 센터(2003), 『2003년 테마 여행 모니터링 사업 보고서』.
■■■ 이현숙(2008), 「아동·청소년 성 착취 현황 및 근절 대책」, 『아동, 청소년 성 착취 현황과 대안 마련』, (사)탁틴내일, 국회의원 최영희 공동 주최 자료집.

여성들이 적지 않고, 알고 있더라도 부정적인 인식을 가지고 있는 경우가 많다.

물론 '청소년 전화 1388'■을 통해 쉼터 입소를 희망하거나 또래들과 정보를 공유하면서 십대 여성 스스로 쉼터에 입소하는 경우도 종종 있다. '청소년 전화 1388'은 상담 지원 센터 내에 일시 보호소를 운영하고 있으며, 쉼터 입소를 희망하는 십대 여성들은 일시 보호소에서 상담을 받아 적절한 쉼터를 소개받는다. 또한 인터넷에는 가출을 계획하거나 가출한 십대들이 정보를 공유하는 카페들이 많이 개설되어 있다. 십대 여성들은 여기서 쉼터에 대한 다양한 정보를 공유하고 각 쉼터의 특성과 분위기를 파악하여 자신에게 맞는 쉼터를 찾기도 한다. 그러나 대부분은 경찰 등이 보호 의뢰를 해 처음으로 쉼터의 존재를 알게 된다. 십대 여성이 폭력이나 성매매 등으로 경찰에 적발되면 가족에게 인계하는 것이 우선이지만, 가족이나 십대 여성이 귀가를 거부하는 경우 경찰은 쉼터에 보호를 의뢰한다. 이렇게 쉼터를 경험하게 된 아이들 중에서는 쉼터의 존재를 미리 알았더라면 좋았을 것이라고 말하는 아이들이 적지 않다.

■ 여성가족부 주관으로 〈한국 청소년 상담원〉과 지방자치단체가 운영하고 있으며 청소년 상담, 가출, 위기 상담, 신고 등 모든 기능을 하나로 통합했다. 〈한국 청소년 상담원〉과 전국 140여 곳 청소년 센터와 〈청소년 종합 지원 센터〉에서 24시간 청소년을 대상으로 전화 상담 서비스를 제공한다. 일상에서 겪는 대인 관계, 진로, 학업, 가정 문제 등의 일반 상담과 가출, 성폭력, 성매매, 학교 폭력 등의 위기 긴급 상담을 제공하고 필요에 따라 청소년을 직접 찾아가는 긴급 구조 활동을 하기도 한다.(출처: 헬프콜 청소년 전화 1388 홈페이지 http://1388.kyci.or.kr/)

🪨 새롬(17세)이와 나눈 대화

쉼터라는 걸 알았으면 분명히 쉼터에서 살았을 거예요. 진짜. 쉼터라는 존재가 사람들한테 생각이 이렇게 박혀 있잖아요. '아, 거기는 집 나온 애들 가는 곳이다, 불쌍한 애들 가는 곳이다.' 저는 일주일 동안요, 그런 생각 싹 바뀌었어요, 진짜로. 거기는 진짜 좋은 거 같애요. 재워 주고 밥 먹여 주고, 학원도 보내 주고, 진짜 집처럼 행동할 수 있는 곳. 아무 짓 안 해도 편안하게 살게 해 주는 곳이 있다는 걸 알게 된 이후부터요, '세상 많이 좋아졌구나!' 전 그런 데 알았으면요, 바로 들어갔어요, 진짜로. 저는 그거 자체를 아예 몰랐어요.

새롬이는 2008년 4월에 열린 두 번째 캠프에 참여했다. 아이들에게 도움이 될 수 있는 방법을 찾기 위해 캠프는 매번 다양한 실험을 했는데 두 번째 캠프는 아이들이 쉼터를 경험해 볼 수 있도록 캠프의 처음과 마지막을 〈새날〉에서 진행했다. 〈새날〉을 경험해 보면 캠프가 끝난 뒤 아이들이 〈새날〉 입소를 좀 더 긍정적으로 생각하게 되지 않을까 하는 기대가 있었다. 쉼터의 문턱을 낮춰 보려는 시도였다. 가출 뒤 새끼 포주 노릇을 했던 새롬이는 인터뷰를 하면서 쉼터에 대해 알았다면 입소했을 것이고, 〈새날〉을 경험하면서 쉼터에 대한 부정적인 인식이 완전히 바뀌었다고 말했다. 그래도 쉼터의 공동생활에 적응하는 것은 또 다른 문제기 때문에 새롬이 정말로 쉼터에 입소했을지, 입소했더라도 얼마나 머물렀을지는 알 수 없다. 그러나 적어도 쉼터의 존재를 알고 있고 그것을 하나의 선택지로 고려하는 것은 사회 안전망이 부재한 십대 여성들에게 큰 자원이 될 수 있다. 앞에서도 말했듯이 쉼터는 집과 거리 사이에 있는 일시적 보호소로 십대 여성들에게 필요한 자원을 제공해 줄 수 있는 유용한(그리고 거의 유일한) 공간이기 때문이다.

고군분투 쉼터 적응기

쉼터에 새로 입소한 아이는 또래들과 친해지기까지 시간이 걸린다. 새로운 공간에서 낯선 사람들과 먹고 자는 생활은 어색하고 긴장되게 마련이다. 또래들과 선생님들이 잘 지내고 있었는데 자신이 끼어들어서 환영받지 못한다는 생각이 들기도 하고, 쉼터의 분위기나 선생님과 또래들의 성격을 파악하고 적응하는 일도 쉽지 않다. 특히 거리에서 생활하면서 '강해 보여야 한다'는 강박이 몸에 익은 아이들은 쉼터에서 살고 있는 또래들이 자신을 만만하게 보지 않도록 '센 척'을 하는 경우가 많다. '센 척'은 대부분 규칙을 어기는 행동으로 나타나고, 쉼터에서 새로 사귄 친구가 거기에 반응하면 말썽은 더욱 커진다. 이 경우 선생님들은 새로 입소한 아이가 쉼터에 어렵게 적응해 잘 지내던 또래들의 마음을 흔들어 놓을까 봐 걱정하면서도, 말썽을 일으킨 아이 역시 적응하기를 기다려야 하는 어려운 상황에 놓인다. 선생님들의 속을 아는지 모르는지, 말썽의 강도와 빈도가 줄어들면서 쉼터에 잘 적응하는 아이도 있고, 폭행이나 절도 등 큰 사건을 저지르고 사라지거나 퇴소를 당하는 아이도 있다. 때로는 쉼터에서 잘 지내던 아이가 새로 온 아이를 따라 동반 퇴소하는 안타까운 경우가 생기기도 한다.

🍃 솔비(17세)와 나눈 대화

C 쉼터에서 첫날부터 못된 짓을 많이 했어요. 가자마자 어떤 여자애랑 서로 필이 통해 가지고 새벽에 나가서 놀다 오고, 밤에 뭐 몰래 먹다가 들키고, 다른 애들 서랍 털고 이랬어요. 선생님들이 오자마자 이런 애는 처음이라면서 나를 쫓아낼려고 하다가, 더군다나 내 친구는 그전까지 잘 생활하고 있었는데 내가 와서 갑자기 그런 거야. 그래 가지고 도대체 이런 애는 알 수가 없다고 해요. 그러면서 쫓아낼라고 난리를 쳤는데 내가 잘못했다고 빌어서 겨우 살려 줬어요. 그런데 어떤 여자애가 너무 짜증나게 하는 거야. 어차피 애를 때리면 무사하지 못할 것 같고 그래서 그냥 짐 싸 놓고 때리고 "때렸으니까 퇴소한다" 그러고 나왔어요. 나와서 일시 보호소 갔어요. 거기에 〈새날〉에 있던 애가 있었어요. 그래서 쉼터 소개 좀 시켜 달라 했어요. 여기를 소개시켜 주더라구요. 그래서 〈새날〉 온 거예요. 이제 사고치고 다니는 것도 지겨워요. 이제 질려. 제가 쉼터를요, 한 네다섯 번 정도 옮겼거든요. 네다섯 번을 좋게 간 적이 한 번도 없어요. 다 쫓겨나고 가출하고 이런 식으로 되니까. 여기서도 쫓겨나면 너무 짜증날 거 같애. 그래 가지고 처음에는 그것 때문에 좀 버텼던 것도 있어요. 워낙 많이 쫓겨났으니까 이번에 좀 잘 버티자 그래서. 그렇게 하다 보니까 어떻게 버티다 보니까 여기까지 왔어요.

솔비와 처음 인터뷰를 할 무렵 솔비는 〈새날〉에 입소한 지 6개월이 되어 가고 있었다. 솔비는 〈새날〉에 입소하기 전에 여러 쉼터를 전전했다. 솔비의 쉼터 생활은 자신의 의지와 무관하게 시작되었다. 솔비가 잦은 결석으로 중학교에서 강제 전학을 당하자 고모는 솔비를 데리고 있지 못하겠다며 A 쉼터로 보냈고, 솔비는 처음으로 쉼터에서 살게 되었다. 그러나 얼마 버티지 못하고, 거리에서 살고 있는 친구들의 권유로 가출을 했다. 거리 생활을 하다가 집단 폭행을 당해 경찰이 솔비를 B 쉼터로 보냈고, 아버지가 데리러 와 다시 고모 집으로 가게 되었다. 그러나 고모와의 갈등이 심해져 다시 가출 후 C 쉼터에 입소했다. C 쉼터에서도 솔비는 입소하자마자 쉼터 규칙을 어기고 갖은 말썽을 피웠다. 솔비는 폭행과 쉼터 생활 사이에서 폭행을 선택하고 쉼터를 자기 발로 나오기도 했다. 또 다른 쉼터를 가면 된다고 생각했기 때문이었을 것이다.

솔비처럼 부모나 친척, 경찰이 쉼터에 보낸 경우 쉼터에 적응해서 잘 살아야겠다는 다짐을 하기까지 시간이 걸린다. 단체 생활을 하면서 갈등 상황에 처하는 경우가 많고, 갈등을 해결하는 방법을 잘 알지 못하는 아이들은 회피의 한 방법으로 쉽게 퇴소를 결심하기도 한다. 퇴소를 결심한 경우에는 그동안 퇴소 당할까 봐 꾹 참았던 행동들을 저지르고 나가기도 한다. 이렇게 가출과 퇴소를 반복해 더 이상 갈 곳이 없어진 아이들은 다른 지역의 쉼터를 찾아간다. 전국의 쉼터를 배회하는 아이들이 적지 않다는 사실은 아이들이 쉼터의 필요성을 느끼면서도 쉼터 생활에 적응하기 어려워한다는 사실을 잘 보여 준다.

말썽을 피우면서 여기저기 쉼터를 전전하던 솔비가 스스로 〈새날〉 쉼터를 찾아간 것은 큰 변화였다. 처음에는 강제로 쉼터에 갔지만 쉼터 생활을 하면서 점차 쉼터를 하나의 가능한 선택지로 생각하게 된 것이다. 솔비가 〈새날〉에 적응해야겠다고 결심을 한 데는 〈새날〉에서 살아 본 또래의 추천도 큰 계기가 되었을 것이다. 상대적으로 괜찮다는 평이 많은 〈새날〉에서도 적응하지 못한다면 앞으로 자신이 살 수 있는 쉼터를 찾기가 그만큼 어려워질 것이기 때문이다. 또한 솔비가 다른 또래들보다 상대적으로 독립적인 성향이 강했다는 점도 〈새날〉에 입소할 수 있었던 주요한 원인이었다.■ 가출한 후 또래 의존도가 더 높아진 아이들은 친구와 헤어질 용기가 없거나 낯선 공동체에 혼자 입소하는 것이 두려워 쉼터 입소를 꺼리기도 한다. 독립적인 성향의 솔비는 동반 입소가 안 된다는 말에도 〈새날〉 입소를 포기하지 않고, 친구를 다른 쉼터에 적응할 수 있게 도와주고 〈새날〉에 입소했다.

  이렇게 아이들이 쉼터를 하나의 선택지로 고려하고 나아가 스스로 자기에게 맞는 쉼터를 찾기까지는 오랜 시간과 시행착오가 필요하다. 쉼터는 강제력이 없기 때문에 아이들이 경찰의 인계로 쉼터에 오거나, 거리 생활이 너무 힘들어 스스로 쉼터에 들어왔다 하더라도 위기 상황을 모면하면 바로 퇴소하는 경우가 잦다. 아이들이 쉼터의 존재를 인지하고 쉼터에 대한 편견을 없애고 쉼터의 규칙과 공동체 생활에 적응하고 쉼터에 애정을 붙이는 과정은 매끄럽지 않고 번번이 중단된다. 집과 학교에 얽매이는 게 싫어 거리로 나온 아이들에게 공동생활을 해

■ 대부분의 아이들이 가출해서 친구와 함께 다니기 때문에 쉼터에도 함께 들어가고 싶어한다. 그러나 친구와 함께 입소하면 다른 또래들과 어울리려는 노력을 덜 하게 되어 쉼터 적응이 더 어려워지는 경우가 많다. 그래서 〈새날〉에서는 동반 입소를 잘 받지 않는다.

야 하고 그에 따른 규칙을 지켜야 하는 쉼터는 분명 또 다른 구속이기 때문이다. 따라서 아이들이 쉼터에 적응하기 위한 고군분투의 과정은 큰 의미를 지닌다. 이러한 과정을 거쳐 아이들은 쉼터에서 함께 사는 선생님과 또래를 신뢰하고, 궁극적으로 쉼터에서 여러 가지 실질적인 도움을 받을 수 있게 된다.

가출이 문제가 아니라 가출 '후'가 문제다

우리 사회에서 십대 여성들의 가출은 성매매를 비롯한 다양한 '비행'과 연결된다는 점에서 매우 심각한 문제로 간주된다. 그러나 가출에 대한 적지 않은 연구들이 가출이 문제가 아니라 가출 후 십대 여성들이 위험한 상황에 무방비로 노출되는 것이 문제라고 지적한다. 가출을 문제로 삼으면 가출의 원인을 찾게 되고 쉽게 '비정상 가정'을 지목한다. 집에서 살기 힘들기 때문에 가출을 했다는 단편적인 인과관계를 상정하고, 가정은 사랑과 행복의 공간이라는 전제에서 '비정상 가정'을 문제로 낙인찍는 것이다. 물론 부모의 학대나 방임 때문에 집을 나온 아이들도 적지 않다. 그러나 학대나 방임은 우리가 '정상 가정'으로 분류하는 공간에서도 얼마든지 발생한다. '비정상 가정'은 일반적으로 가정의 빈곤과 해체에서 기인한다고 생각하지만 빈곤과 해체가 아이들의 가출로 바로 이어진다고 생각할 근거는 없다.

빈곤과 가정 해체가 돌봄에 부정적인 영향을 미칠 가능성이 높지만, 그것이 곧 돌봄의 부재를 의미하지 않는다는 점은 명백하다. 실제로 가출한 십대 여성들이 빈곤과 가정 해체를 가출의 원인으로 꼽는 경우는 많지 않다. 남미애와 홍봉선은 전국의 청소년 쉼터(일시, 단기, 중장기) 80곳을 이용한 여성 421명을 대상으로 가출 요인을 조사했는데, 조사 참여자들 중 가족을 가출 요인으로 꼽은 경우가 전체의 63.8퍼센트였다.■ 이 연구 결과를 보고 '역시 비정상 가정이 문제야'라고 생각할 사람들이 많을 것이다. 그러나 '가족 요인'에 해당하는 세부 항목을 살펴보면 이야기가 달라진다. 가족 요인에 답한 조사 참여자들은 부모 간의 불화(4.9%), 부모의 지나친 간섭(8.6%), 부모의 무관심(3.4%), 부모의 폭행(6.5%), 부모와 의견 차이(4.6%), 부모의 알코올중독(5.2%), 형제 간의 간섭·폭행(1.5%), 부모의 차별(3.1%), 경제적 어려움(2.2%) 등을 가출의 구체적인 이유로 꼽고 있었다. 이러한 결과는 십대들의 가출 이유를 가정의 빈곤이나 해체에서 찾는 많은 연구와 언론 보도의 주장이 타당한 근거에서 나온 게 아니라는 사실을 드러낸다. 부모 간의 불화, 부모의 무관심, 폭행, 알코올중독, 차별 등이 '비정상 가정'에서만 발생한다고 볼 근거는 없다. 오히려 이러한 조사 결과는 가족은 꼭 함께 살아야 하는가, 소위 '정상 가정'이나 경제적으로 풍족한 가정은 늘 행복한가, 같은 또 다른 질문을 제기한다.

나는 캠프 참여 대상자에게 전화를 하면서 경제적으로 풍족한 아이

■ 조사 참여자들은 그 밖의 이유로 학교 5.8퍼센트, 친구 및 이성 친구 6.1퍼센트, 새로운 도전 4.3퍼센트, 심리 17퍼센트, 비행 1.5퍼센트를 꼽았다. (남미애, 홍봉선(2007), 『가출 청소년 및 청소년 쉼터 실태 조사』, 국가 청소년 위원회 한국 청소년 쉼터 협의회.)

들을 종종 발견했다. 그중에는 곧 외국으로 유학을 간다는 아이도 있었고, 아버지가 유명 사립대 교수인 아이도 있었다. 이 아이들과 자세한 이야기를 나누지 못해 어떻게 가출이나 성매매를 하게 됐는지는 알 수 없었지만 그 원인이 가정의 빈곤 또는 해체가 아니라는 사실은 명백했다. 경제적으로 풍족한 부모도 자녀들을 방임하고 학대할 수 있으며, 경제적으로 풍족하지 못하거나 부모가 이혼을 했어도 그것이 가출의 원인이 아닐 수 있는 것이다.

이 연구가 우리에게 시사하는 바는 가출 원인은 한 가지로 지목할 수 없을 만큼 다양하다는 점이다. 가출 요인이 복합적이고 다양한 만큼, 우리는 원인 규명에 급급할 게 아니라 가출과 동시에 기본적인 안전망이 상실되는 상황에 주목해야 한다. 가출 원인을 찾는 것도 물론 중요하지만, 가출 원인은 예방을 위해서라기보다 가족 또는 가출한 십대들에게 비난의 화살을 돌리는 근거로 이용되는 경우가 더 많은 것 같다. 그러는 동안 정작 도움이 필요한 아이들에게 쓰여야 할 시간과 자원이 너무 많이 낭비되고 있다. 지금 가출한 십대들에게 필요한 것은 최소한 성매매의 덫에 빠지는 것을 막아 주는 사회적 안전장치다. 이것이 우리가 가출 이전이 아닌 가출 이후에 더 신경을 써야 하는 이유다.

대표적인 사회 안전망으로 쉼터가 있지만, 양적·질적으로 많은 한계를 지니고 있는 게 현실이다. 쉼터로 대표되는 시설의 도움을 받는 아이들은 극소수다. 또한 아이들이 오랜 시행착오를 거쳐 쉼터 생활에 적응하더라도 쉼터에 머물 수 있는 기간은 한정되어 있고, 성인이 되면 성인 쉼터로 옮겨야 한다. 어렵게 마음을 붙였던 쉼터에서 규칙 위반, 기간 만료 등의 이유로 퇴소하게 되면 아이들은 매우 큰 심리적 상처를 받게 된다. 또한 쉼터 퇴소는 사회 안전망의 상실을 의미하기도 한다. 아이들이 쉼터에 있는 동안에도 쉼터 밖의 상황은 달라진 게 없기 때문이다. 자립할 수 있을 정도의 심리적·물질적 준비가 되지 않은 상태에서 퇴소를 하게 된 아이들은 다시 거리 생활을 하거나 성매매에 재유입되기도 한다. 이렇게 쉼터와 사회의 간극이 좁혀지지 않으면 쉼터는 말 그대로 잠시 쉬어 가는 '일시적'인 안전망으로 기능할 수밖에 없다. 소수의 시설 말고는 사회 안전망이 부재한 현실에 대한 근본적인 대책이 마련되어야 한다.

: 8장

범죄자가 된
아이들

하나(18세), 슬아(17세)와 나눈 대화

슬아 짭새들이 그 모텔에 들어와서 봤는데 우리가 작업하려고 잡은 방이란 말이에요. 그런데 구두가 진짜 많았어요. 옷도 많고 노트북까지 있으니까 짭새도 놀라는 거예요. 이렇게 전문적으로 하는 애들 처음이라고, 노트북까지 들고 다니는 애들 처음이라고. (중략) 짭새가 사진 다 보여 주잖아요, 조건남들. 그런데 일했던 오빠 있잖아요, A 오빠 사진이 딱 있는 거예요. A 오빠 존재 다 알고, B 오빠 존재 다 알고 막 그랬는데 저희가 끝까지 우겼어요, 진짜. 오빠들이 하라는 대로, 오빠들이 다 알려 준 거예요, 진짜. 경찰 대처 요법, 진상 대처 요법 그런 거 오빠들이 다 알려 줬는데, 진짜 그렇게만 하면 거의 다 되긴 되는데 진짜 무서웠어요. 그때 막 B 오빠 얘기 나오고 막. 그래서 일단 모른다고. "무슨 소리에요?" 그 A 새끼 사이코라고. 그때 한 번 채팅으로 만났는데 그 새끼가 막 사이코 같아가지고 우리가 그냥 갔다고. 말 맞춰 가지고 가서 맨날 그러고. 진짜 무서웠어요 그때. 일도 못했잖아요, 그래 가지고. 짭새 때문에.

하나 그리고 그 오빠들 우리가 계속 감싸 줬어요. 그 오빠들이 이미 전과가 많아요. 그래 가지고 우리가 막 감싸 줬는데 아저씨들이 막 이래요, "니네가 감싸 줄 필요 없다." 아저씨가 우리가 잘 부니까 불 줄 알았나 봐. 절대 안 불어가지고 막, 그 사람들이 너희한테 해코지하는 거 아니니까 말하라고. 그런데 절대 끝까지 말 안 했잖아요. 그 정도로 우리가 지켜 줄 필요 없는데.

왜 말 안 했어?

하나 말할 필요 없으니까요. 말하면 더 크죠. 우린 더 크게 걸리는 거죠. 그 오빠들도 더 크게 걸리는 거죠. 그리고 이제 이 일을 못 하죠. 더 난리 나는 거니까. 그래 가지고 아저씨들이 알겠다고. "너희 거짓말하는 거 좀 있는데 그냥 여기서 마무리하겠다"고. "아저씨 선에서는 마무리하는데 검사가 어떻게 할지는 모르겠다"고 그러는 거예요. (중략)

경찰서에 가 보고 어떤 생각이 들었어?

슬아 웃겨요. 그러니까 뭐든 경찰서를 갈 때나 잡혀갈 때나 상황이 그 순간은 진짜 무서워요. 그런데 겪고 나면은 웃음밖에 안 나와요.

왜 웃음이 나와?

슬아 진짜 무서워요, 저는. 그 순간은. 그런데 진짜 저 진짜 떨면서 말을 해요. 말을 하면 개네가 어쨌거나 우리를 내보냈다는 건, 어쨌거나 개네가 우리를 믿은 거잖아요. 그랬는데 그게 웃겨요. 좀, 흔히 말해서 '아, 저 새끼 참 호구다, 저걸 믿냐. 나라면 안 그런다.' 웃겨요.

경찰들이 속는 거가 웃기다는 거지?

슬아 네, 어이가 없죠. 어떻게 그걸 속지? 말이 안 되잖아요. 개네도 우리 같은 애들 충분히 봤을 텐데.

포주 밑에서 조건을 하던 하나와 슬아는 경찰에 적발되어 여러 번 조사를 받았다. 경찰들은 하나와 슬아가 작업 공간으로 사용하던 모텔 방을 보고 그 전문성에 혀를 내둘렀다. 경찰들은 포주인 A와 B의 존재를 파악하고 있었지만 하나와 슬아는 자신들이 더 곤란해질까 봐 포주들의 존재를 부정했다. 경찰들은 하나와 슬아가 포주들에게 보복을 당할까 봐 말을 안 한다고 생각했지만, 하나와 슬아는 그보다 자신들이 더 큰 처벌을 받게 될까 봐 말을 하지 않은 것이었다. 결과적으로 재판에서 하나와 슬아는 2호(수강 명령 40시간), 3호(사회 봉사 40시간), 5호(보호관찰 1년 6개월)에 부가 처분으로 야간 외출 금지(6개월)를 받았지만 포주들은 처벌을 받지 않았다.

슬아는 경찰에 여러 번 적발되었지만 그때마다 풀려나곤 했다. 이러한 경험을 반복하면서 슬아는 경찰을 '호구'라고 생각하게 되었다. 슬아는 경찰이 자기 말을 믿어서 풀어 줬다고 생각했지만, 사실 경찰이 슬아를 통해 성 구매 남성이나 포주를 잡을 의지가 없었다고 보는 것이 맞을 것이다. 특히 A와 B의 존재를 알고 있고, 놀랄 만큼 전문적으로 성매매를 하는 현장을 포착했으면서도 경찰은 연루된 포주를 밝히지 않은 채 수사를 마무리했다. 경찰뿐만 아니라 사건을 넘겨받은 검찰에서도 포주를 밝혀 내지 못했고, 사건은 포주에게 고용되어 착취를 당한 피해자인 하나와 슬아에게 소년원 송치에 버금가는 보호 처분을 내리는 것으로 마무리됐다. 성인 남성 포주 없이 십대 여성들끼리 조직적이고 전문적으로 성매매를 하기 어렵고, 그럴 필요도 없다는 것은 상식적으로 짐작할 수 있지만 누구 하나 제대로 수사를 하지 않은 것이다.

　우리 사회는 성매매를 한 십대 여성을 법률상 '피해자'로 규정하고 있지만 십대 여성들이 느끼는 바는 다르다. 조건을 하다 적발된 십대 여성들은 조사 과정에서 쉽게 범죄자 취급을 받는다. 또한 재판에서 여러 개의 보호 처분을 받으면서 자신이 성매매를 했기 때문에 처벌을 받는다고 생각하게 된다. 심지어 판결 뒤 보호 처분을 이행하는 과정에서 사법부가 보호관찰관 등 하급 기관의 담당자를 제대로 관리하지 못해 십대 여성들에 대한 인권침해가 빈번하게 일어나고 있는 실정이다.

'보호'가 아닌 '처벌'

　조건을 하는 십대 여성들이 경찰 조사를 받게 되는 경우는 대부분 형사가 성 구매 남성으로 위장해 십대 여성에게 접근하는 '함정 수사'에 적발되어서다. 형사가 함정 수사를 하는 이유는 주로 인터넷을 통해 성사되는 청소년 성매매의 특성상 성 구매 남성을 적발하기 어렵기 때문이다. 형사는 적발한 십대 여성을 통해 성 구매 남성을 찾고자 하지만, '공모'를 의심하는 언행, 고압적인 태도 등으로 십대 여성들은 자신이 '피해자'가 아니라 '피의자'로 조사를 받고 있다고 느낀다. 따라서 십대 여성들은 자신이 처벌을 받거나 또는 가중 처벌될 수도 있다는 두려움에 형사들의 조사에 협조하기를 꺼리게 되고 결과적으로 형사들은 성 구매 남성을 적발하기 어려워진다.

🍃 이슬(20세)이와 나눈 대화

완전 거기 대박 싸가지 없었어요. 조사 끝나고 차가 끊겼는데 차비도 안 주고 그냥 지하철 타고 가래. 결국엔 갈아타는 데서 차 끊겨서 택시 타 가지고 친구한테 돈 내 달라고 그랬잖아요. 차 끊겼다고 차비 달라고, 택시비 달라고 그러니까 "그럼 자고 내일 가" 이러는 거예요. 거기서(경찰서에서) 어떻게 자냐고, 내가. 아, 그래 가지고 "아, 그냥 갈게요" 이러고 나왔죠. 그러니까 걔네는 그냥 완전 건수 올릴라고. 경찰 다 그래요. 건수 올리라 그래요. 진짜 진심으로 이해해 주고 이런 거 없어요. 조사 끝났으니까 가라고. 차 끊겨 가지고 택시 타고 왔다니깐요. 신도림인가 영등포인가 갈아타는 거기서. "차 끊기면 거기 버스 있어, 버스 타고 가." 이러는 거예요. 내가 아냐고. 아, 그리고 완전 짜증나는 게 지하철 타고 가도 한 시간 넘게 걸려요. 지들이 까먹고 지장을 안 찍었다고 오래요. 지장 하나 찍으러. 장난하냐고 지금 나랑. 아, 씨발, 갔지. 가서 "찍어." 그래서 찍었어요. "응, 가." "네?"(웃음) 거기 딱 갔는데 지들이 밥 먹고 있었어요. "밥 시켜 줄까?" 이러는 거예요. 난 경찰서에서 밥 먹는 거 싫어하거든요. 아, 됐다고, 드시라고. 그리고 왔죠. 사 줄라면 밖에서 사 주든가. 거기서 지들 밥 먹는데 같이 시켜 준대. 아, 짜증나. 경찰서에서 밥 먹는 거 싫어.(웃음) (중략) 그러니까 경찰들도 좆나 건수 올릴라 그러지 말만 잘하면 그냥 보내 줘요. 그리고 민자(미성년자) 잡는 거보다 성인 여자 잡는 게 더 건수가 크다매요. 저번에 걸렸는데 그냥 풀려났을 때 "너 몇 살이야?" 그래서 그때 십팔이었거든요. "십팔이요" 그러니까 "뭐야, 너 민자였어?" 이러는 거예요.(웃음) "야, 너 누구 만났어? 핸드폰 줘 봐." 이랬는데 나는 저장 안 해 놓거든요.

그래 가지고 "없어요. 진짜 한 명밖에 없어요." "아, 안 되겠다, 집 가자." 이러는데 갑자기 짜증이 나는 거예요. 울었죠. "죄송해요, 다시는 안 할게요." 아, 그래 가지고 옆에 있던 사람이 "애 미성년자고 하니까 그냥 보내지." 이러는 거예요. 그래 가지고 "감사합니다, 다시는 안 그럴게요." 이러고 나와서 딱 닫는 순간 "씨발. 아, 좆같네."

아이들은 조건을 하면서 경찰에 적발될 가능성을 항상 염두에 둔다. 경찰에 적발되면 부모에게 알려질 위험이 있고, 강제로 쉼터에 보내지기도 하며, 보호관찰 등의 다양한 처벌을 받게 되기 때문에 아이들에게는 매우 치명적이다. 그래서 아이들은 함정 수사를 하는 형사를 구분하는 방법, 형사들이 겁을 주는 방식, 빨리 풀려날 수 있는 방법 등을 공유하기도 한다. 인터뷰를 한 아이들은 왠지 의심스러워 여러 가지 질문을 해도 끝까지 친절하게 대답하는 남자가 형사일 가능성이 높고, 경찰서에서는 무조건 처음이라고 말하고, 부모에게 알리겠다고 하면 울음을 터뜨리면 된다고 했다. 또한 적발되었을 때 형사에게 넘겨주기 위해 자신을 괴롭혔던 진상의 정보를 갖고 있기도 했다. 하지만 이렇게 준비를 해 놓고 있어도 막상 경찰에 적발되어 조사를 받으면 아이들은 조사 과정에서 위축되고, 처벌을 받을 수 있다는 두려움 때문에 마음먹은 대로 행동하지 못하는 경우가 많았다.

조건을 하면서 여러 번 적발된 이슬이는 형사들의 태도에 대해 이야기하면서 매우 분개했다. 형사들은 조사가 끝나고 늦은 밤에 차비도 없이 이슬이를 돌려보냈고, 자신들의 실수에 대해 미안해하지도 않았다. 경찰서에서 자고 가라거나 밥을 사 주겠다는 말도 조롱으로 들릴 뿐이었다. 이슬이는 형사들이 자신을 '실적'으로 간주한다고 생각하고 있었다. 형사들이 미성년자라는 이유로 자신을 보내 준 것도 성인 여성보다 실적이 낮게 평가되기 때문이라고 생각했다. 형사들이 이슬이를 보내 준 이유는 알 수 없지만, 이슬이를 피해자라고 생각했다면 적어도 이슬이를 대하는 태도는 그때와 달랐을 것이다.

청소년 성매매를 한 십대 여성을 피해자로 규정한다면 이들은 아동·청소년 성폭력 피해자와 동일선상에 위치해야 할 것이다. 청소년 성매매는 아동·청소년에 대한 성폭력이기 때문이다. 그러나 우리 사회에서 성폭력 피해자는 법의 보호를 받지만, 청소년 성매매를 한 십대 여성들은 법에 피해자로 명시되어 있음에도 '보호'라는 이름의 '처벌'을 받는다. 그것이 바로 '보호 처분'이다. 보호 처분에는 보호관찰, 야간 외출 금지, 수강 명령, 보호 시설 위탁 처분 등이 포함되는데 이는 성매매가 아니라 절도, 폭력 등과 연루된 십대들에게도 똑같이 내리는 판결이다. 법이 과연 십대 여성들을 '피해자'로 대우하고 있는지 의심스러운 부분이다.

법이 보호하지 않는 인권

청소년 성매매를 하는 십대 여성들을 피해자가 아닌 피의자로 간주하는 현실은 십대 여성들이 보호 처분을 받는 과정에서도 드러난다.

반성매매 인권 행동 단체인 〈이룸〉은 지난 2007년 '성매매 여성'에 대한 사회적 편견과 선입견이 법을 집행하는 과정에서도 그대로 반영되어 피해자들의 2차 피해를 가중시키고 있는 현실을 조사했다. "성매매특별법" 제정으로 성매매 여성을 성매매 '피해' 여성으로 규정할 수 있게 되었지만* 정작 성매매 여성을 바라보는 사회적 시선도, 그 처우에 대한 사회적 합의도 변하지 않았다는 것이다. 성매매 여성에 대한 주된 편견은 '자발적 선택론'에서 기인한다. 성매매가 아닌 다른 선택을 할 수도 있는데 자발적으로 자신의 성을 판 것이기 때문에 성매매 여성을 피해자라고 볼 수 없다는 것이다. 이러한 자발적 선택론은 특히 포주 없이 개인형 성매매를 하는 십대 여성들을 비난하는 근거로 자주 활용된다. 십대 여성들을 보호할 의무가 있는 보호관찰관들도 예외가 아니다. 이들은 성매매를 한 십대 여성에게 사회적 편견을 공공연하게 표출할 뿐만 아니라 노골적인 성희롱까지 일삼는 것으로 드러났다. 십대 여성들은 '보호받아야 할' 보호관찰소에서 오히려 2차 피해를 경험하고 있었다.

🍃 **하나(19세), 슬아(18세)와 나눈 대화**

하나   선생님, 나 진짜 물어보고 싶은 게 보호관찰 선생님이라고 해도, 그

---

* "성매매특별법"은 2004년 9월 23일부터 시행되고 있으며 "성매매알선등행위에관한처벌법"과 "성매매방지및피해자보호법"으로 나뉜다. 기존에 성매매 여성도 처벌했던 "윤락행위등방지법"과 달리 성매매 여성을 피해자로 규정하고 성매매가 범죄라는 사실을 명확히 했다는 점에서 의의를 지닌다. 그러나 피해자를 위계나 약물, 인신매매 등으로 인해 강제된 자로 한정함으로써("성매매알선등행위의처벌에관한법률" 제2조 제1항 제4호) 그러한 사실을 증명하지 못하는 여성은 처벌을 받는다는 한계가 있다.

선생님이 우리 담당이 아니에요. 그런데 우리가 뭐 한 줄 알아요. 그런데 사회에서 따지면 그 사람은 남자고 난 여자잖아요. 그런데 나한테 맨날 그래요, "야, 그런 아저씨들이랑 하면 좋냐?" 이런 걸 물어봐도 돼요? 안 되죠, 안 되죠? 그 선생님이 맨날 너한테도 물어봤지?

슬아 나한텐 대박이야. 나한텐 더 심한 게 뭐냐면요, 이래요. "하면 좋아? 얼마 줘? 들어가서 무슨 말 해? 어색하지 않아?" 화장실까지 쫓아와 가지고 막, "야, 지금도 하냐? 지금도 해? 하고 싶지 않아?" 이러고 막 대박이에요.

하나 처음엔 장난이라고 생각을 했는데 생각해 보니까 기분 너무 나빠요. 정말 신고할라 그랬어요. 여성 그런 데 알아봐 가지고. 너무 기분 나쁜 거야, 나중에는. 또 한번은 갔더니 얘네 선생님까지 대놓고 크게, "야, 너네는 성매매니깐." 그렇게 하면 안 되는 거 아니에요? 그런 거 안 되죠? 성이 관련된 거잖아요. 대놓고 크게 그러는 거예요. 우리 맨날 놀리는 선생님이 우리보고 대놓고 말할라 그래요, "야, 하나, 너네 그거 해 가지고." 막 이러면 제가 입을 막아요. 아, 그러지 말라고, 하지 말라고. 처음에는 장난식이에요, 우리한테. 웃으면서. 나도 장난으로 받아 줘요, 처음에는. 그런데 그게 가면 갈수록 정말 심각한 거예요. 대놓고, 다른 사람들 다 있는데 그렇게 말하니까 우리는 허~ 어떡해요. 그러니까 그런 걸 둘이 있을 때 물어봐요, "야, 너네 그거 하면 좋아?" 안 되는 거죠? 진짜 안 되는 거잖아요. 솔직히 우리도 여자잖아요, 우리도 쪽팔린 게 있는 거잖아요, 사람이 잖아요. 사람 취급을 안 해 주는 거 있죠. 거기 가면은 다 사람 취급 안 해요, 저희. "야!", 너네도 아니에요, "새끼들" 이러고. 다 그래요. 그런데 그런 건 상관없어요. 여자잖아요, 모독하는 거잖아요. 그런 말은 왜 하는지 모르겠어요. 그래서 한번은 따지려고 했어요. 그런데 "아, 왜 그러냐?" 이럴 것 같아요. 그렇다고 화를 내면 다른 선생님이 뭐라고 할 거 같고, "너네 선생님한테 싸가지 없이 뭐하는 거냐?" 이럴 거 같아요.

하나와 슬아는 포주 밑에서 1년 정도 성매매를 하다가 2008년 가을경 경찰에 적발되어 2009년 3월에 재판에서 보호관찰 1년 6개월을 선고받았다. 내가 2009년 12월 하나와 슬아를 만났을 때, 둘 다 보호관찰을 받고 있는 중이었다.

하나와 슬아가 들려주는 보호관찰소 이야기는 충격적이었다. 보호관찰소에서 아이들은 포승줄에 묶여 화장실에 가고 욕설과 협박을 예사로 듣는다고 했다. 하나는 야간 외출 금지 명령을 어겼다는 이유로 스테이플러로 머리를 맞기도 했다. 그런데 하나와 슬아가 당한 인권침해는 이러한 폭력적 언행에 그치지 않았다. 보호관찰소에 하나와 슬아가 성매매를 했다는 소문이 퍼졌고, 일부 관찰관들은 하나와 슬아에게 언어 성폭력을 일삼았다. 심지어 관찰관들은 하나와 슬아가 성매매를 했다는 사실을 공개해 의도적으로 소문을 확대 재생산했다. 하나와 슬아는 당황했지만 관찰관들은 오히려 그 모습을 즐기며 성적 모욕을 불러일으키는 농담과 질문을 서슴지 않았다.

하나와 슬아는 처음에는 그저 장난이겠거니 생각하며 자신들이 너무 예민하게 반응하는 것은 아닌지 고민했다. 위압적인 분위기에서 자신이 처벌을 받고 있다고 생각하는 하나와 슬아는 감히 보호관찰관을 의심하지 못했다. 하나와 슬아는 자신들의 인권이 침해받고 있다고 확신한 뒤에도 보호관찰관에게 항의를 하거나 다른 사람에게 도움을 청하지 못했다.

보호관찰관들은 성매매를 한 십대 여성들을 '피해자'로 대해야 할 의무를 지닌다.■ 그러나 일부 보호관찰관들은 십대 여성들을 피해자로 인정하지 않고 있다. 이들은 어떤 제재도 받지 않으면서 십대 여성들에게 성 구매 남성과 다르지 않은 행태를 보인다. 그러한 행태는 십대 여성들에게 반항심과 모욕감만 안겨 준다. 슬아는 심지어 "보호관찰관들이 성매매를 하게 부추긴다"는 불만을 토로하기도 했는데, 이는 보호관찰관들의 언어 성폭력이 십대 여성들에게 미치는 악영향을 잘 보여 준다.

성 구매 남성에게는 솜방망이, 십대 여성에게는 쇠 방망이

부천 남부 경찰서 강력1팀 부정주 경사는 2010년 5월에 여성가족부와 〈한국 여성 인권 진흥원〉이 개최한 "위기 청소년과 인터넷 성매매, 그 현실을 보다" 토론회에서 청소년 성매매 수사의 어려움에 대해 설명했다. 경찰들이 십대 여성에게 성매매 경험을 듣기가 쉽지 않으며, 설령 성 구매자에 대한 정보를 일부 얻었다 하더라도 그들을 찾아내기

■ "아동·청소년의성보호에관한법률"은 성매매 대상이 된 아동과 청소년을 보호 및 재활을 위해 처벌하지 않으며(제26조 1항), 이러한 전제하에 법원에서 보호 처분을 내리고 있다.

나 성 구매 사실을 입증하는 것은 고도의 수사 과정과 시간이 필요하다는 것이다. 또한 담당 부서인 여성·청소년계의 주업무가 소년 범죄여서 성매매 사건은 부수적으로 처리하고 있는 실정이라고 밝혔다. 더욱이 인력이 부족하고 잦은 인사 발령으로 전문성마저 부족할 뿐 아니라 다른 범죄보다 수사 과정이 힘들고, 형평성에 대한 수사관 개인의 주관적인 인식 때문에 수사에 적극적이지 못하다고 분석했다.

2000년에 "청소년성보호법"이 제정된 후 성 구매 남성들의 신상을 공개하는 등, 성 구매 남성에 대한 처벌이 강화되었다고는 하지만 청소년 성매매에 대한 수사 현실이 바뀌지 않는 상황에서는 성 구매 남성에 대한 제대로 된 조사와 처벌을 기대하기 어려운 게 현실이다. 실제로 성 구매 남성이 적발되더라도 처벌을 받거나 신상이 공개되는 경우는 매우 드물다. 더욱이 "청소년성보호법" 때문에 위험 부담이 커졌다는 이유로 청소년 성매매의 가격이 하락하면서 오히려 성 구매 남성에게 유리한 환경을 조성해 준 꼴이 되어 버렸다. "청소년성보호법"이 제정된 후에도 청소년 성매매가 꾸준히 가파르게 증가해 온 현실은 남성들이 부담하는 위험이 크지 않았음을 증명한다.

부정주 경사는 2000년에서 2006년까지 7년 동안 보건복지부가 수집한 자료를 바탕으로 성 구매 남성이 받는 처벌이 대부분 벌금형이고 유기 징역형은 전체의 9.7퍼센트에 지나지 않는다고 밝혔다.■ 이는 1

■ 보건복지부 자료에 따르면 성 구매 남성에 대한 1심 벌금형(가벼운 형벌) 선고 비율은 2006년 현재 78.3퍼센트로 2000년 44.7퍼센트에서 가파르게 상승하고 있다.

심의 결과만을 조사한 것으로 최종심에서 형은 더 낮아진다. 2007년의 경우 최종심에서 선고 유형은 벌금형이 79.6퍼센트로 가장 많았고, 집행유예나 보호관찰이 16.9퍼센트, 유기징역이 3.5퍼센트인 것으로 드러났다. 이러한 현실에서 가장 강력한 처벌인 신상 공개 명령을 받게 되는 경우는 더욱 드물다. 2010년 1월 1일부터 "청소년성보호법"이 "아동·청소년의성보호에관한법률"로 개정됨에 따라 그 이후 신상 공개는 이 법에 의거하는데, 이 법은 중한 범죄로 간주되는 성폭력 범죄를 청소년 대상 성 매수에 해당하는 성 범죄와 구분하고 있다. 이에 따르면 신상 공개는 2회 이상의 유죄 판결(벌금형 선고 외)을 받은 경우거나 13세 미만의 아동·청소년을 상대로 성 매수한 경우에 한해 판사가 판결하도록 되어 있다. 부정주 경사는 징역형을 받는 비율이 매우 낮고, 13세 미만의 아동을 상대로 하는 성 매수는 강간의 개념으로 보아야 하기 때문에 신상 공개의 조건이 매우 까다로워 실효성이 미미하다고 지적했다. 또한 초범인 성 매수자의 경우에는 교육 프로그램(존스쿨) 참여를 조건으로 기소유예 처분을 내리고 있어 벌금형조차 받지 않는 실정이다. 존스쿨은 오전 9시부터 오후 6시까지 하루 동안 8시간 교육을 받으면 끝나는 프로그램으로 성매매 피해 십대 여성이 40시간의 교육을 받는 것과는 비교도 되지 않을 정도로 약한 처분이다. 부정주 경사는 오히려 이러한 측면에서 형평성의 문제를 제기해야 한다고 주장하며 동시에 형식적인 남성 교육 프로그램이 전문적이고 실질적인 교육이 되어야 한다고 말하고 있다.

성 구매 남성들이 받고 있는 처벌은 십대 여성들에 비해 솜방망이 처벌이라는 평가를 받을 만하다. 덕분에 2000년 "청소년성보호법"이 제정되고 10년이 지난 지금까지 청소년 성매매는 가파르고 꾸준하게 증가하고 있으며, 성 구매 남성들은 더 싼 가격에 성을 구매할 수 있게 됐다. "청소년성보호법"에 피해자로 명시되어 있는 십대 여성들이 사회적 낙인과 비난을 받고 있으며 실질적으로 더 중한 처벌을 받고 있는 현실과 대비되는 대목이다. 이와 더불어 십대 여성들을 보호해야 할 경찰과 보호관찰관들이 부당한 대우를 조장한다는 게 더 큰 문제다. 결과적으로 십대 여성들은 경찰과 보호관찰관을 믿지 못하고 오히려 이들에게 처벌을 받을까 두려워 자신의 피해 사실을 숨기게 된다. 이런 현실에서 십대 여성들은 도움을 받을 수 있는 통로가 없다는 사실에 좌절하고 그만큼 탈성매매의 가능성도 더욱 멀어지게 되는 것이다.

4부
치열한 인정 투쟁

탈성매매는 '보통'의 십대 여성으로 돌아간다는 뜻을 지닌다. 그러나 가족과의 관계가 단절되고, 학력이 중단되며, 씀씀이가 커진 십대 여성들에게 '평범함'은 치열하게 노력해야 얻을 수 있는 것이다. 특히 십대 여성들을 성매매로 몰아넣은 상황에 아무런 변화가 없을 경우 성매매를 그만두기는 어렵다. 십대 여성들은 성매매를 중단할 수 있을 만한 상황적 조건이 갖춰질 때까지 기다리는 것이 아니라 자신이 스스로 그러한 상황을 만들어 나가야 한다. 그래서 성매매를 중단하는 것은 큰 모험이고 용기가 필요한 일이다.

내가 만난 아이들은 보통의 십대가 되기 위해 고군분투하고 있었다. 보통의 십대에게 평범한 것들이 이들에게는 엄청난 노력과 수많은 시행착오를 거쳐야만 얻을 수 있는 특별한 것이었다. 이들을 배제해 온 우리 사회가 이들의 편입을 반기지 않기 때문이다. 그러나 아이들은 실패를 반복하면서도 도전을 그치지 않았다. 아이들에게는 자신에 대한 믿음과 미래에 대한 꿈과 이들을 응원하는 사람들이 있기 때문이다.

4부에서는 십대 여성들이 성매매를 중단하고 또래들처럼 평범해지기 위한 고군분투의 모습을 담아 봤다.

: 9장

'보통'의
십대 되기

해빈(20세)이와 나눈 대화

어떻게 나왔어, 빚은 없었어?

빚 생길 그런 게 없었어요, 돈을 하도 많이 버니까. 거기다가 손님들이 팁도 많이 주고 그러니까. 오빠 만나서 나왔어요. 오빠가 같이 살자고 해 가지고.

잘 한 거 같애?

지금 생각은 잘한 거 같아요.

그래도 돈은 그렇게 많이 못 벌고 생활도 쪼들리고 그런 건 있잖아.

맨 처음 그것 때문에 너무 힘들었어요. 내가 벌어 둔 돈이 조금 있었는데 그거를 수입이 없는 상태에서 다 써 버리고 그러니까 오빠한테 돈 달랬어요. 돈 달라고 하니까 내 돈이 아니니까 쓸 때도 아무래도 생각하게 되고 그것 때문에 스트레스 되게 많이 받았어요. 이걸 사고 싶은데 이것저것 따져 봐야 되는데. 오빠한테 완전 원망 많이 했어요. 내가 이랬어요. "오빠 월급 얼마나 받아?" 그러니까 이번에 월급 오른 거지 그전에 3백 그 정도 받는대요. 나한테 너무 작은 돈 같은 거예요. "왜 그렇게 작게 받아, 일은 완전 많이 하면서?" 그러니까 오빠가 깜짝 놀란 거예요. 다른 사람에 비해선 진짜 많이 받는 건데, 자기 나이에 비해서는. 내가 작다고 말하니까 얼마나 깜짝 놀라던지. 황당해 가지고. 나중에서야 이제 그 얘기하더라구요. 내가 '아, 진짜 돈이 3백만 원이면 진짜 꽤 큰돈이구나.' 돈에 대한 개념이 제대로 박혔을 때.

너는 얼마나 벌었던 거야?

하루에 백만 원? 그러니까 한 달에 3천만 원을 벌었는데, 한 달에 3백만 원을 그렇게 쌔가 빠지게 일을 하고 벌어 오니까 되게 그래 보였던 거죠. 되게 작은 돈으로 힘들게 산다.(웃음)

한 달에 3천?

팁까지 그런 거 다 하면 더 될 때도 있고. 그런데 돈을 다 어디다 썼지?

어디다 썼냐?

그러게요, 난 호빠도 안 다녔는데.

얼마나 일한 거야?

한 달 좀 넘었을걸요.

그럼 한 3천 이상 벌었을 거 아니야.

그 정도 됐겠죠. 아, 나 그때 기자 만나고 있었는데, 어디 기자라더라, 뻥인지 아닌지 모르겠는데, 개랑 놀러 다니느라고 돈 많이 썼을 거예요.

(중략)

너 진짜 이제 돈의 가치에 대해 다르게 생각하게 됐겠다.

네, 이번 달부터 적금 넣기 시작했어요. 50만 원짜리는 우리 집, 20만 원짜리는 별이 미래, 다른 하나는 비상금. 어디 아프거나 돈이 당장 급하거나 그러면. 이제 가계부 쓰고 있다니까요, 저. 진짜 백 원 한 개 쓴 것도 적고. 달력식으로 돼 있는 걸 일부러 샀단 말이에요. 딱 보고 있으면 '아, 저번 주에는 이렇게 많이 썼지?'
그럼 어때? 너가 그렇게 변한 거.
가끔씩 나도 쇼핑하고 싶고, 이것도 사고 싶고 쓰고 싶고 그러는데 나 혼자 사는 게 아니니까 그렇게 해야죠. 나 혼자면 모르겠는데.

4개월 동안 안마 시술소와 다방에서 갖은 고생을 하다 겨우 업소를 빠져나와 이런 일은 절대 남는 게 없다며 분개하던 해빈이는 〈새날〉에서 퇴소한 후 다시 룸에 들어갔다. 7개월 만인 2010년 2월에 해빈이를 다시 만났을 때 해빈이는 룸에서 만난 남자와 동거를 하다 임신을 한 상태였다. 남자는 건축 부지 조성 공사 일을 하고, 12살 연상이며, 이혼 경험이 있었다. 해빈이는 동거를 계기로 룸을 나왔다. 잘 안 맞으면 헤어질 심산으로 동거를 시작했지만 피임약 복용을 중단했다가 동거한 지 몇 주 만에 임신이 됐다. 해빈이는 임신 때문에 갑자기 결혼을 결심하게 됐지만, 사랑 받고, 내 가족이 생기고, 엄마가 된다는 사실이 행복하다고 말했다. 다행히 걱정했던 성병도 아기에게 전염되지 않았다.

해빈이가 한 달 동안 룸에서 번 돈은 상상을 초월했다. 한 달에 3천만 원에 달하는 돈을 흔적도 없이 썼던 해빈이는 동거남에게 돈을 받아 쓰기 시작하면서 보통 사람들이 소비하는 방식을 알게 되었다. 기존에 해빈이는 특수한 경제 체제 안에 있었다. 그 안에서 해빈이는 돈을 모을 필요도, 모을 수도 없었다. 그러다가 일반적인 경제 체제로 이동하게 된 것이다. 해빈이는 이 '보통'의 삶에 적응하기 힘들었다고 말했다. 물건을 사면서 품질과 가격을 비교하는 것부터가 스트레스였다. 하지만 가족이 생기고, 태어날 아이를 위해 돈을 모아야 하는 상황은 해빈이에게 힘을 주었다. 해빈이는 서서히 '돈에 대한 제대로 된 개념'을 익히며 미래를 준비해 나가고 있었다.

해빈이는 결혼을 계기로 적응할 수 있었지만, 성매매를 하면서 많은 돈을 한 번에 벌고 또 순식간에 써 버리는 데 익숙해진 아이들이 '보통'의 십대가 되기란 생각만큼 쉬운 일이 아니다. 빠른 시간에 많은 돈을 벌 수 있는 조건과 달리 노동시장에서 십대 여성의 지위는 열악할 뿐 아니라 진입조차 어렵다. 적은 돈을 절약하고 저축하는 등 소비 습관을 바꾸기 위해서는 강한 동기와 의지가 필요하다. 따라서 일반적인 경제 체제에 적응하려는 아이들의 노력은 처음부터 성공하기 어렵고 다양한 시행착오를 거치게 된다.

돈을 어디다 썼는지 모르겠어요

아이들이 조건을 통해 벌어들이는 돈은 우리 사회 통념에서는 엄청난 액수다. 그러나 이는 절대적인 기준에서 큰 액수일 뿐 조건을 하는 십대들은 보통의 십대들보다 돈의 가치를 훨씬 적게 인식한다. 아이들은 상상하지 못했던 큰돈을 마음만 먹으면 짧은 시간 안에 버는 경험을 반복하면서 씀씀이가 커지게 되고 보통의 사람들과는 매우 다른 경제관념을 갖게 된다. 쉽게 벌고 쉽게 쓰고, 내일 또 벌면 되기 때문에 돈을 아끼거나 모을 필요를 못 느낀다. 또한 돈을 쓰는 기쁨과 돈이 지니고 있는 권력을 맛보다 보면 조건을 그만두기가 더 어려워진다. 용돈이 넉넉하지 못한 십대 사이에서 돈을 잘 쓰는 친구는 인기가 있게 마련이고, 자연히 권력을 지니게 된다. 이러한 기쁨과 권력은 돈을 벌기 위해 조건을 하면서 느끼는 여러 가지 복잡한 감정들을 상쇄하거나 보상하거나 혹은 외면하게 만든다.

🍂 예은(19세)이와 나눈 대화

이제 와서 돌이켜 생각해 보면 '그때 내가 왜 그랬을까' 그런 생각이 들어? 아, 쉽게 번 돈이라서, 어렵게 번 돈이라고 하면 어렵게 번 돈이고 쉽게 번 돈이면 쉽게 번 돈이잖아요. 생각하기 나름이잖아요. 전 쉽게 번 돈이라고 생각하거든요. 쉽게 번 만큼 쉽게 쓴단 말이에요. 아깝죠. 어떻게 해서 돈 번 건데. 내가 몸 팔아서 돈 번 건데. 그거 다 모았어 봐요. 백만 원이 넘는데. 그래서. 아까워요. 돈 쓴 것도 그렇고. 저한테 필요한 걸 쓴 게 아니고 친구들이랑 노는 데 썼잖아요, 거의 다. 그래서. 소용없어요. 딱 순간이에요, 순간. 그거 해서 돈이 생기고 기분이 좋고 그거 딱 순간이라니깐요. 돈을 다 쓰잖아요? 그럼 또 하게 돼요. 만약에 오늘 했어요. 오늘 해서 돈이 생겼어요. 돈을 다 쓰잖아요? 하루 만에. 그럼 또 내일 하게 돼요. 또 내일 또, 오늘 해서 또 돈 벌면 오늘 다 써 버리고 내일 하게 되고. 순간이에요, 순간. 돈 버는 것도 순간이고 쓰는 것도 순간이고. 그것도 은근 중독이래요. 쉽게 버니까. 쉽게 한꺼번에 많이 벌 수 있으니까. 애들이 막 10만 원

15만 원 많다 그러는데 나는 돈이 아니에요. 그냥 종이 쪼가리. 그것도 내일, 오늘 다 쓰고 내일 또 하면 또 들어오고.

그런데 '쉽다'는 의미는 짧은 시간에?

네. 그러니까 그냥 일반적인 알바를 해서 10만 원 벌라면 어른들은 한 5만 원 해서 이틀을 하던가 3, 4일을 해야 10만 원을 벌 수 있잖아요. 그런데 이거는 한 시간? 두 시간 만에 10만 원이 들어오니까. 그걸 쉽게 번다고 하는 거예요.

어렵게 번다는 거는?

구할 때 힘들어요. 구할 때. 사람을 구하는 것도 힘들고, 그 사람 조건에 맞춰야 되고, 내 조건에 또 맞춰야 되고, 조건에도 또 차이가 있고. 만나야죠. 일단 겁나잖아요. '이상한 사람 아닌가, 경찰 아닌가' 이런 것도 있고. 또 돈 안 주고 튀는 사람이 대부분. 그러니까. 그게, 그런 걸 힘들다고 말하는 거죠.

부모에게 용돈을 받지 못했던 예은이는 생계가 아니라 친구들과 노는데 쓸 돈을 마련하기 위해 조건을 했다. 부모와 함께 살았기 때문에 생계비를 벌어야 하는 상황은 아니었지만, 용돈 역시 예은이에게 반드시 필요한 돈이었다. 용돈이 없다는 이유로 친구들에게 항상 신세를 질 수도 없고, 그렇다고 친구들을 만나지 않을 수도 없는 노릇이다.

예은이를 비롯해 아이들에게 조건을 하는 이유를 물으면 '쉽게' 돈을 벌 수 있기 때문이라고 대답하는 경우가 많았다. '자신의 몸을 팔아 번 돈'이지만 아이들은 '어떻게' 벌었는지가 아니라 '얼마나' 벌었는지에 집중하고 있었다. 짧은 시간에 큰돈을 버는 예은이에게 10만 원은 '종이 쪼가리'에 불과했다. 또래 관계가 무엇보다 중요한 시기에 돈이 없어서 친구들의 눈치를 봐야 했던 예은이는 조건으로 번 돈을 전부 친구들에게 쓰면서 뿌듯함을 느꼈을 것이다. 고등학생의 한 달 용돈이 평균 5만 원인 상황에서 하루에 10만 원을 쓰는 예은이가 친구들에게 얼마나 인기가 있었을지 충분히 짐작할 수 있다. 예은이는 마음껏 돈을 쓰고 친구들의 부러움을 받으면서 자신이 얼마나 많은 위험을 감수하며 돈을 벌었는지에 대해서는 까마득히 잊어 버렸다. 예은이는 한번에 큰돈을 벌고 많은 돈을 순식간에 써 버릴 때 생기는 기쁨을 다시 맛보기 위해 조건을 반복했고 이를 '중독'이라고 표현했다. 이는 경제적인 이득과 아이들의 특수한 경제관념이 조건을 중단하기 어렵게 만드는 요인이라는 사실을 보여 준다.

치열한 경쟁에서 도태되는 아이들

거리에 나선 아이들은 일단 어떤 일이든 해서 돈을 벌어야 한다. 그러나 노동시장은 진입조차 어려울 뿐 아니라, 진입했다 하더라도 십대 대부분이 불안정 저임금 노동에 시달린다. 십대가 집과 학교만을 왕복하며 '학생 정체성'을 지니기를 기대하는 우리 사회는 십대들의 노동에 매우 부정적이다. 그러나 한편 십대를 대상으로 하는 소비시장은 급격하게 성장해 십대들의 놀이 문화도 상품과 소비시장 안에 완전히 포획된 상태다. 이러한 상황에서 부모에게 받은 용돈으로 자신의 소비 욕구와 놀이에 필요한 금액을 충당할 수 있는 십대들은 한정되어 있다.

아이들은 부모에게 받는 용돈이 부족해서, 사회생활을 빨리 경험해 보고 싶은 모험심에, 혹은 스스로 경제력을 갖춰야 하는 상황 때문에 대거 노동시장에 진출하고 있다. 보건복지부 아동 청소년 정책실이 발간한 『2007 청소년 백서』에 따르면 우리 사회에서 일하고 있는 십대의 수는 21만 명에 이른다. 그러나 나이가 어리고, 학력과 자격증 등이 없다는 이유로 최저임금, 시간 외 노동 가산 임금, 퇴직금도 받지 못하고, 인격 모독과 성희롱을 당하며, 부당 해고와 임금 체불 등에 노출되어 있다. 업주들은 십대들이 사전 지식이 없거나 부모의 허락을 받지 못해 근로 계약서와 취업 동의서를 작성하지 않는다는 사실을 악용하고 있으며, 노동부의 관리 감독도 허술하다. 일하는 십대들이 기본적인 인간의 권리인 노동권을 보장받지 못하고 있는 현실이다.

더욱 심각한 문제는 오늘날 십대들이 노동시장에 진입하기 더욱 어려워지고 있다는 점이다. '고용 없는 성장'의 시대가 되면서 청년 실업이 급속도로 증가하고 성인이 되어서도 부모에게 경제적으로 의존하는 청년들이 급속히 증가하고 있다. 대학에 합격하더라도 높은 등록금 때문에 학자금 대출 등의 빚을 져야 하고, 졸업 후에도 취직이 되지 않아 생계를 부모에게 의지하거나 저임금 아르바이트를 하는 청년들이 적지 않다. 십대들은 이제 저임금 아르바이트 자리를 놓고 이십대 청년들과 경쟁해야 하는 상황에 놓여 있다. 그나마 어렵게 구했던 일자리들이 이제 이십대 대학생들의 차지가 되고 있는 것이다.

🍃 은호(22세)와 나눈 대화

너는 조건을 어떻게 생각하고 있는 거야?

몰라요. 뭐라 그래야 되지? 생계 수단이죠, 완전히. 일자리만 있으면 안 그런데.

너는 고졸인데 왜 일자리가 없나?

그렇게 편의점에 그렇게 오래 일했는데, 2년이나 일했는데도 편의점에서 안 써 주던데요. 친구한테 그 얘길 했더니 친구가 하는 말이 돈 더 줘야 되니까 안 쓰는 이유도 있대요. 경력이 있어서, 경력이 2년이나 되니까 안 써 준대요. 경력이 있어서 아니면 몸이 좀 약해 보여서. 전에는 그래도 썼는데. "그럼 그건 뭐냐?" 그랬더니 거기(경북)는 하도 하는 사람이 없어서. 너무 빨리 하고 나가고 그런 사람이 많아서. 여기는 일자리 구하기 힘드니까 한 번 들어오면 최소 3, 4개월은 한다고. 내가 무슨 3, 4개월만 할 사람인가. 편의점에서 1년 넘게 일했는데.

은호는 일자리와 잠자리를 알아보지도 않고 무작정 서울에 올라온 뒤부터 일자리를 구하지 못하고 있었다. 어머니의 성화로 대입 검정고시에 합격했지만 고졸 학력이 있어도 일자리가 없었다. 고졸 학력만 있으면 취직할 수 있을 것이라 기대했지만 현실은 그렇지 않았다. 경북에서는 어렵지 않게 구할 수 있었던 편의점 아르바이트도 서울에서는 좀처럼 구하기 어려웠다. 경북에서는 구직이 쉬워서 편의점 아르바이트를 두 개씩 하기도 했지만, 서울의 구직 시장은 지방보다 훨씬 치열했다. 편의점에서 2년이나 일했던 경력도 소용이 없었다. 결국 은호는 어머니와 함께 살면서 6년 동안 하지 않았던 성매매를 다시 하게 되었다.

한 번도 잘해 본 적이 없어요

자신의 생계를 스스로 책임져야 하는 아이들에게 일은 자활의 가장 중요한 수단이다. 그러나 부모의 지원도 없고 학력도 좋지 않아 일을 구하기 어려운 아이들은 불안감만 커진다. 십대 여성들을 위한 쉼터는 아이들의 생계를 지원해 주지만 언제까지 이곳에 머무를 수는 없다. 성인이 되면 성인 쉼터로 옮겨 가거나 아예 쉼터를 나와야 하는데 어떤 경우든 아이들은 빨리 자활에 성공해야 한다는 생각에 조급해진다. 비슷한 나이의 또래들은 부모의 지원을 받아 대학에 입학해 학생 신분을 4년 이상 연장하고 대졸 학력뿐 아니라 다양한 자격 조건(스펙)을 갖춰 나가는 동안 아이들 대부분은 저임금 노동시장을 전전하거나 굳게 닫힌 취업 시장의 문을 끊임없이 두드려야 한다. 이는 아이들에게 상대적 박탈감을 안겨 준다.

이러한 상황에서 어렵게 일자리를 구했다 하더라도 아직 어리고, 충동적이며, 인간관계에 서툰 아이들이 직장 생활에 적응하기란 쉽지 않다. 매일 정해진 시간에 출근해야 하고, 인간관계에서 갈등이 생기며, 손님들에게 감정 노동을 해야 하고, 단정한 옷차림과 공손한 말씨로 자신의 언행을 바꾸는 등 다양한 변화에 적응하는 동안 아이들은 여러 가지 시행착오를 겪게 된다.

🍓 가람(21세)이와 나눈 대화

너는 바리스타라는 직업에 대해서 어떻게 생각했어?

선생님이 "잠깐 이거 한번 해 볼래?" 원래 하기 싫었어요. 솔직히. 내키지 않았는데 한번쯤 해 봐도 괜찮을 것 같아서 계속 학원을 다니면서 '내가 이걸 꼭 해야겠다'는 이런 생각이 들었고 열심히 다니긴 했으나 끝에서 망쳐 버렸어요. 음……, 그러니까 수료한 날에 제가 안 갔어요. 평가를 봐야 돼요. 그런데 그게 너무 자신이 없는 거예요. '여러 사람들 앞에서 그걸 해야 된다'는 생각이 저는 너무 무서웠어요. 그래서 안 나갔죠. 그래서 그걸 망쳤고……. 사람들 앞에 서는 걸 못 해요. 여태까지 살면서 한번도 그런 걸 잘해 본 적이 없어요.

2008년 7월에 가람이와 인터뷰했을 때 가람이는 지속적인 규칙 위반으로 W 센터에서 B 쉼터로 옮겨 생활하고 있었다. 가람이는 W 센터에 있을 때 바리스타를 했는데 자신이 바리스타를 한 이유가 선생님에게 '싫다'는 말을 하지 못했기 때문이라고 말했다. 자신의 감정과 의사를 표현하는 것이 어려웠던 가람이는 다행히 바리스타 일을 좋아하게 됐다. 그러나 살면서 자신이 한 번도 무언가를 성취해 본 적이 없다고 생각한 가람이는 심각하게 자신감이 결여된 상태였고 그 때문에 많은 사람들 앞에서 시험을 본다는 게 두려워 아예 시험장에 나가지 않았다. 평가, 시험, 자격증 등의 공적인 관문도 부담이었지만 무엇보다 친구나 쉼터 선생님이 아닌 낯선 사람들 앞에 서는 것 자체가 어려웠다.

쉼터에 입소한 이후 가람이는 항상 선생님들의 보호를 받았다. 가람이가 바리스타를 하면서 지각, 결석 등을 해도 W 센터의 선생님들은 가람이를 기다려 주고 여러 번 기회를 주었다. 가람이는 사회에서는 자신의 그러한 행동이 용납되지 않는다는 사실을 잘 알고 있었지만, 다시는 지각이나 결석을 하지 않겠다고 다짐을 해도 그때뿐이었다. 그러한 경험이 반복되면서 자신에 대한 믿음을 많이 상실했다. 자신에 대한 믿음이 없고 타인이 자신의 실수를 용납하지 않을 것이라는 두려움 때문에 가람이는 낯선 사람들과 관계를 맺는 데 어려움을 겪었다. 바리스타 일을 배우면서 다녔던 카페에서는 손님들에게 "어서 오세요"라고 인사하는 것조차 힘들었다.

가람이는 사회에 적응하기 위해서는 자신을 바꿔야 한다는 사실을 잘 알고 있었다. 이처럼 자신감이 없고, 사람을 두려워하는 가람이가 공적인 자아를 갖기 위해서는 작은 성공의 경험들이 누적되고, 낯선 사람들과 자연스럽게 관계를 맺는 방법을 배우면서 자신감을 회복하는 것이 필요하다. 어쩌면 가람이에게 필요한 것은 주변 사람들의 인정이었을 것이다. 자신이 한 번도 성공해 본 적이 없다는 자격지심에서 벗어나 자신감을 기르기 위해서는 "잘하고 있다"는 응원만큼 좋은 약은 없다. 다행히 가람이는 B 쉼터에서 선생님들과 언니들의 칭찬과 격려를 받으며 자신이 하고 싶었던 네일아트에 다시 한번 도전하는 기회를 얻었다. 가람이는 "싫다", "좋다"는 의사표현을 하는 것부터 시작해 차근차근 사회로 나갈 준비를 하고 있었다.

아이들에게 일을 허하라

성매매로 돈을 벌던 십대 여성들이 사회에서 인정받는 일을 통해 돈을 벌겠다고 마음먹어도 어떻게 벌어서 무엇에 쓸 것인지를 계획하고 실천하기까지의 과정은 험난하다. 노동시장에서 비정규직의 여성화와 청년의 주변화가 심화되고 있는 오늘날, 젠더와 연령 모든 측면에서 약자인 십대 여성은 불리한 위치에 있을 수밖에 없다. 무엇보다 십대 여성들이 노동의 가치를 깨달을 수 있는 일자리가 거의 없다. 아르바이트 업종 자체가 서빙, 주방 보조, 전단지 배포, 상점 근무 등, 대부분 단순 업무기 때문에 언제든 해고가 가능하고, 장래 취업에 대비한 사회 경험으로 이어지기도 어렵다.■

또한 일을 하면서 부당한 대우를 당하는 경우가 비일비재하다. 〈전국 교직원 노동조합〉이 2011년 6월에 전국 고교생 1,681명을 대상으로 한 '청소년 아르바이트 노동 실태' 설문조사에서 아르바이트를 한 경험이 있는 학생은 625명(37.4%)으로 나타났다. 이 중 76.4퍼센트는 근로 계약서를 작성하지 않았고, 63.6퍼센트는 부모 동의서를 제출하지 않았다. 46.8퍼센트가 최저임금을 받지 못했고, 11.9퍼센트가 사고를 당했으며, 이들 중 59.1퍼센트가 자신이나 부모 돈으로 치료를 했

■ 김재엽, 노충래, 최수찬, 조춘범(2005), 「아동·청소년의 사회적 배제에 관한 고찰: 위기 아동·청소년을 중심으로」, 『한국 사회복지 조사 연구』, 13호, 연세대학교 사회복지 연구소.

다. 아르바이트를 하면서 받은 부당 대우로는 사업주가 일방적으로 근로 조건을 변경한 경우가 56.7퍼센트로 가장 많았고, 성희롱이나 신체적 폭력을 포함한 인격 모독이 30.9퍼센트, 임금 체불 및 삭감이 26퍼센트 등이었다.

이렇게 십대들에 대한 착취가 만연하고, 일자리를 구하기 힘든 상황에서 십대들은 일의 성격, 노동조건, 노동 환경, 근로 계약서, 부모 동의서, 최저임금 등을 따질 여유가 없다. 뿐만 아니라 어렵게 얻은 일자리에서 언제든 쫓겨날 수 있기 때문에 일터에서 자기 권리를 주장하지도 못한다. 이처럼 자기 권리를 희생해 가며 일터에 머물더라도 부당한 대우와 고용 불안은 사라지지 않는다.

특히 십대 여성들은 성별화된 노동시장 탓에 더 열악한 노동 환경에 처한다. 자기 생계를 스스로 책임져야 하는 똑같은 상황에서도 십대 남성은 배달, 주유소 일 등 보수가 더 많고 잠자리까지 제공해 주는 일자리를 구할 수 있다. 그러나 십대 여성들은 그런 일자리를 구하기 힘들 뿐만 아니라, 구하더라도 보호자가 없다는 이유로 쉽게 성희롱의 대상이 되곤 해 그만큼 일자리 선택의 폭이 좁다.

반면에 어린 여성의 몸에 대한 우리 사회의 탐닉이 점점 증가하면서 십대 여성들의 섹슈얼리티는 고가의 가치를 지니고 있는 상품으로 자리 잡았다. 십대 여성들은 노동시장에서의 최저 몸값과 성 시장에서의 최고 몸값이라는 이중적인 가치를 동시에 지니게 된 것이다. 노동시장이 십대 여성들에게 더욱 굳게 닫혀 있는 현실에서 십대 여성들은 자신의 몸을 유일한 자원으로 인식하고 몸으로 돈을 벌어야 하는 상황에 내몰리고 있다. 짧은 시간에 큰돈을 버는 조건과 갖가지 착취와 성희롱을 당하면서도 적은 돈을 버는 일 사이에서 어떤 선택이 '현명'한지를 두고 고민하게 되는 것이다.

십대 여성에게 열악한 노동시장은 십대 여성을 성매매에 내모는 원인이면서 동시에 성매매에서 빠져나오기 어렵게 만드는 원인이기도 하다. 그러나 십대 여성들은 노동시장의 실상을 잘 알면서도 조건을 그만두고 다른 일을 찾고 싶어한다. 조건이 아닌 일반적인 '일'은 아이들에게 경제력을 갖출 수 있는 수단일 뿐만 아니라 사회적 관계 회복과 성취를 뜻하기 때문이다. 특히 십대에서 이십대로 성장할수록 단순한 아르바이트가 아닌 자신의 정체성을 드러내는 하나의 수단으로서 일자리를 구하게 된다. 조건을 하면서 사회에서 배제되었던 십대 여성들은 사회에서 인정받는 일을 하면서 일반적인 경제관념과 소비 습관을 체득하고 사회적인 관계를 구축하는 등, 보통의 십대가 되는 과정을 거친다. 그만큼 일은 아이들이 성매매를 중단하고 자활에 성공하는 과정에서 경제적 독립과 정신적 자립을 돕는 중요한 열쇠다. 따라서 십대 노동시장이 양적으로, 그리고 질적으로 변하지 않는다면 아이들이 성매매에 재유입되는 현상을 막는 데도 한계가 있을 수밖에 없다.

: 10장

꿈을 꾼다는 것,
희망을 품는다는 것

다혜(21세)와 나눈 대화

그때 (검정고시) 시작한 게 2005년 때 봄서부터 해 가지고 2006년 4월에 따서 1년, 애들보다 1년 일찍 졸업했어요. 단기 1년. 진짜 악착같이 했어요, 이거 아니면 죽는다……. 그때 2005년에 집을 나와서요, 친구랑 같이 살았거든요. 엄마가 그때 알아요. 엄마랑 연락 했었는데요, 엄마랑 연락하기 전부터 친구랑 같이 살 때부터요, 친구 고시원에서 얹혀 살면서도요, 저 다른 거 안 했어요. 공부만 했어요, 진짜. 제 친구가 대단하대요. 너 이렇게 상황이 이런데도 공부가 되냐고, 된다고. 원래 눈치가 보이면요, 다른 애들 같았으면 일자리 알아보고 그랬을 거거든요. 저는 안 했어요. 공부하고요, 공부하다 일 알아보면서 공부하기 힘드니깐요. 저 그때 거기 갔잖아요. B 쉼터 갔잖아요. 거기 마음먹고 들어가서, 그때는 졸업장 따는 게 목표였어요. 그거는 단지 한 가지 이유였어요. 거기 들어가서요, 그동안 혼자 공부해 온 패턴이 있잖아요. 그걸 알기 때문에 지금 뭐 거기서 학원을 보내 준다고 해도 저는 자신이 있었어요. 저 나름대로 해 온 그런 게 있기 때문에. 그래서 혼자 공부했다고 하니까 "그럼 야학을 다녀 보지 않을래?" 그래서 "어, 다닐게요." 그래서 다녔어요. 야학 3개월인가 4개월 다녔어요. 3개월 다녔다고 해서 붙기 힘들죠. 그런데 그동안 공부를 혼자 해 왔고, 꾸준히 생활 패턴이 있기 때문에 3개월 동안 기출 문제 풀이 위주로 다녔어요, 저는. 다른 거 없었어요. (중략) 오히려 야학에 있는 사람들보다 내가 공부 더 잘했을걸요. 그렇게 해서 재작년 4월에 땄어요. 2006년. 3년 지났네? (중략) 제가요, 쉼터에서요, 진짜 악바리라고 소문났었어요, 애들이요. 다른 사람 잠자고 있을 때 저 화장실에서 책 보고 있었어요. 진짜 미친 거라고, 진짜.(웃음) 제가 아파서요, 4월에는 황사가 심하잖아요. 황사 있어 가지고 제가 목이 안 좋아요, 선생님. 천식이 원래 있어서요. 목감기 자주 걸리고 코감기 자주 걸리고 목이 안 좋으니까 황사 바람 들어오니깐요, 안 좋아서요, 임파선도 많이 붓고 그랬어요. 한동안 힘들었어요. 그때 시험 보기 1주일, 2주 전까지 아팠어요. 드러누워 있는데 아픈데 학원 갈 거라고 했더니 선생님들이 왜 가냐고, 쉬라고. 아, 갈 거라고. 저 요번에 문제 풀이 해야 된다고, 간다고. 제정신 아니었어요, 그때요. '아, 이거 아니면 죽는다'는 생각으로 했었어요. 나중엔 됐어요. 그런데 지금도요, 막말로 제 친구들 중에서 고등학교 졸업 못 한 애들 많아요. 제 친구 고등학교 졸업한 애 요번에 땄어요. 걔 지금 3년인가 4년 공부해서 지금 딴 거예요.

그게 학교 다닌 애들도 하기 힘든데 혼자서……. 학교 다닌 애들 3년 동안 공부한 걸. 예, 1년 만에 땄어요.

다혜는 가출한 지 몇 년 만에 집에 들어갔지만 어머니와 남동생의 따가운 시선 때문에 힘들어하고 있었다. 남동생이 휘두르는 언어·신체 폭력을 이야기하며 한참을 울던 다혜는 자신이 학력을 딴 이야기를 할 때는 완전히 다른 모습을 보였다. 다혜는 악착같이 공부해 1년 만에 고졸 학력을 취득했다. 고등학교에 다녔다면 또래보다 1년 늦게 졸업했겠지만, 검정고시를 봐서 1년 먼저 졸업할 수 있었다. 중졸 학력도 검정고시로 땄지만 고입 검정고시와 대입 검정고시는 차이가 매우 크다. 고입 검정고시는 대부분 쉽게 합격하지만 대입 검정고시는 몇 년씩 걸리기도 하고, 결국 포기하는 아이들도 있다. 다혜의 이야기에는 놀라운 구석이 많았다. 다혜가 1년 만에 합격할 수 있었던 이유는 친구에게 신세를 지면서도 아르바이트를 구하지 않고 공부에 집중했기 때문이었다. 또한 독학을 하면서 느끼는 부족함과 불안감을 해소하기 위해 쉼터에 입소해 도움을 받았다. 공부를 위해 친구에게 신세를 지고, 스스로 쉼터에 찾아가는 것은 친구와 놀기 좋아하고, 쉼터를 꺼리는 보통의 아이들이 좀처럼 하지 않는 행동이다. 친구들이 자는 동안에도 화장실에서 책을 봤다지 않는가. 다혜는 자신이 얼마나 열심히 공부했고, 짧은 기간에 좋은 성적을 냈는지를 들뜬 목소리로 오랫동안 얘기했다. 다혜의 얼굴과 목소리에는 자신감, 뿌듯함, 자랑스러움이 배어있었다.

우리 사회에서 학력은 공식적으로 자신의 능력을 인정받을 수 있는 거의 유일하고 명백한 간판이다. 그리고 취직을 할 수 있는 '자격증'이기도 하다. 특히 학교만 나가면 성적과 상관없이 받을 수 있는 졸업장과 달리 당락이 나뉘는 검정고시의 경우 아이들이 느끼는 심리적 부담은 훨씬 크다. 따라서 아이들에게 검정고시 합격은 개인적 성취이자 사회적 인정의 획득이라는 두 가지 의미를 동시에 지닌다. 대부분의 사람들이 가지고 있는 고졸 학력을 자신도 지님으로써 '정상성'의 범주로 진입한다는 느낌을 받게 되며 이는 자신감을 획득하는 중요한 계기가 된다. 더 나아가 학력은 아이들의 환경을 변화시키기도 한다. 학력 취득과 그에 뒤따르는 사회적 인정 덕분에 아이들은 좀 더 번듯한 일자리를 얻을 수 있을 뿐 아니라 거리 생활을 중단하는 계기로 삼기도 한다. 다혜 역시 고졸 학력을 딴 덕분에 유치원 보조 교사로 취직할 수 있었고 취직한 덕분에 더 편한 마음으로 집에 들어갈 수 있었다. 이처럼 학력을 따는 것은 성매매를 했던 아이들의 심리와 상황 모두를 변화시키는 매우 중요한 요소다.

교복 입은 아이들이 제일 부러워

성매매에 유입된 아이들 중에는 성매매 하기 전의 과거로 돌아가고 싶다고 말하는 아이들이 많다. 성매매를 하면서 너무 많은 것을 잃었다는 사실을 깨닫게 되는 순간이 오는 것이다. 특히 성인이 가까워질수록 자립에 대한 압박을 느끼면서 소중한 인생을 허비했다고 생각하게 된다. 부모의 보호를 받는 또래들보다 일찍 사회에 진출하는 아이들은 중졸 학력으로는 아르바이트 자리도 구하기 어려운 현실을 목격하며 학력이 얼마나 중요한지를 체감한다. 아이들은 자립을 위해 일자리를 얻어야 하는 절박한 처지에 있지만, 일을 하면서는 공부를 할 수 없고 공부를 하지 않고는 제대로 된 일자리를 얻지 못하는 딜레마를 해결하지 못한 채 아등바등한다. 때로 이런 불안감이 평범한 '학생'이고 싶은 바람으로 표출되곤 한다. 그렇다고 아이들이 다시 학교로 돌아가고 싶은 것은 아니다. '학생' 신분은 사회적인 낙인과 배제, 자립의 압박, 저학력 등 아이들을 불안하게 하는 현실에서 자유로운 상태를 상징할 뿐이다. 즉 아이들을 둘러싼 문제가 해결되지 않은 상태에서 그저 학생 신분을 회복한다고 해결될 문제가 아닌 것이다.

🍓 예빈(19세)이와 나눈 대화

너가 아까 교복 입은 애들이 부럽다고 했잖아. 그거는 어떤 의미인 거야?

그러니까 학교 싫어서 막상 여기 딱 왔는데 여기도 별로 좋지도 않고 학교 다니는 애들이 부러울 뿐이고. 그러니까 저는 딱 열아홉 살 신분에서 학교 다니고 있는 상탠데 저는 교복 안 입고 다니잖아요. 그래서. 그런 것도 있고 고3 때 친구들 많이 생긴다면서요. 야자 하면서. 그런 것도 있고.

그러면 대학 준비 안 하는 애들에 대해서는 다른 애들이 어떻게 생각해?

되게 안 좋게 보죠. 거의 양아치?

그런 게 느껴져?

느껴지죠. 쳐다보는 것도 그렇고. 제가 이 학교에 있다가 일주일에 한 번 학교 가잖아요. 그러면 되게 안 좋은 눈으로 쳐다봐요. 그러니까 위탁 간 애들이랑 예체능 애들, 공부하는 애들 이렇게 있잖아요. 공부하는 애들이 예체능 쳐다보는 것보다 위탁하는 애들 더 안 좋게 봐요.

한 달에 네 번 학교 가서 뭐해?

그냥 수업 들어요. 애들은 수업 듣고 저는 자리에 앉아서 그냥 할 거. 여기 학교에서 하는 거 자습하고. 아니면 엠피 듣고 자거나 그런 거.
선생님들도 그런 거를 터치 안 하시는 거구나.
거의. 뭐, 규정 있잖아요. 머리도 파마하고 염색하고 그래도, "저 직훈인데요.", 직업훈련, "직훈인데요" 이러면 아무 말 안 하고 보내 줘요. 그래요. 정신 없이 학교 가잖아요. 여덟 시 반까지 가거든요. 여덟 시 반까지 가면 쳐다보는 눈도 있잖아요. 학교 가는 길에 쳐다보는 눈, 또 선생님들이 쳐다보는 눈이랑 저희 학교에 매점 있잖아요. 그게 편의점으로 바뀌었단 말이에요. 알바생이 있어요. 여덟 시 반에 딱 가서 편의점에 딱 들어가잖아요. 그럼 진짜 이상한 눈으로 봐요. '수업 시간인데 왜 쟤네들은 교복도 안 입고 들어와서 어슬렁어슬렁 사복 입고 다니냐'는 그런 눈? 그런 거랑 쳐다보는 눈 되게 신경 쓰이고.

가정 형편이 어려워 조건을 했고, 공부에 흥미를 못 느껴 학교에서 꼴찌였다는 예은이는 3학년 때 직업훈련반■에 지원했다. 예은이는 자신이 조건을 하고, 경찰에 적발되는 등 일련의 사건들이 모두 '돈 때문'이라고 생각했기 때문에 무엇보다 빨리 취직을 하고 싶었다. 예은이는 성실하게 학원을 다니며 선생님에게 칭찬도 자주 들었고, 정기평가에서 백 점을 맞기도 했지만 생활이 즐겁지만은 않았다. 직업훈련

■ 고등학교 졸업 후 대학 진학이 아닌 취직을 결정한 고 3 학생들을 모아 '직업훈련반'으로 편성한다. 직업훈련반 학생들은 학교에서 위탁한 학원에서 취직을 위한 수업을 듣게 된다.

반 학생들은 주중에는 위탁 학원에 다니고 토요일에는 본교에 가서 출석 확인을 받았다. 그러나 본교의 선생님들과 학생들은 직업훈련 학생들을 학교 성원으로 생각하지 않았다. 복장이 자유롭고 입시 공부를 하지 않는 직업훈련반 학생들은 일반 학생들의 부러움의 대상이자 낙인의 대상이었다.

예은이는 학교의 학생들이 크게 두 범주로 나뉜다고 말했다. 공부를 얼마나 열심히 하느냐를 기준으로 나뉘기도 했고, 계열을 기준으로 나뉘기도 했다. 각각의 기준에 따라 학생들 사이에 위계가 존재하는데, 직업훈련 학생들은 양쪽 범주 모두에서 낮은 지위에 위치해 일상에서 배제와 차별을 경험했다. 직업훈련 학생들은 교복을 입지 않기 때문에 한눈에도 일반 학생들과 구별할 수 있다. 이런 분위기 때문에 예은이는 학교 안에서 소외된다고 느꼈고 이런 심리적인 위축감은 학교 밖으로까지 이어졌다. 손준종은 교육의 계층화를 다룬 논문[1]에서 고교 다양화가 학생들을 계급에 따라 분류하는 수단으로 변질되고 있음을 지적하면서 예은이의 감정을 설명해 주고 있다. 손준종은 고교 다양화가 학업 성취도, 적성, 선택의 자유 등을 강조하지만 학업 성취도가 가정의 경제력에 비례하는 현실에서는 학생들을 계급 등과 같은 2차적인 기준에 따라 분류하는 체계에 지나지 않는다고 말한다. 고교 다양화가 계급이나 삶에 대한 전망 등이 유사한 학생들을 모아 이질적인 학생들

---

[1] 손순종(2010), 「한국 고등학교의 수평적 계층화에 관한 이해와 비판」, 『교육 사회학 연구』, 20권 4호, 한국 교육 사회 학회.

이 뒤섞이지 않도록 하고, 부정적인 영향을 미칠 위험이 있는 학생들을 격리하는 데 쓰인다는 것이다. 이러한 분류 체계 아래서 학생들은 동질성과 이질성에 민감해져 서로를 범주화하고 주변부 학생들은 공공연한 비하, 차별, 무시를 받게 될 가능성이 높다.

'비행 청소년'이라는 낙인

대학 진학률이 80퍼센트를 넘는 등, 학력 인플레이션이 심한 우리 사회에서 학력은 구직에 있어서 일의 종류와 상관없이 요구되는 기본적인 '자격증'으로 간주된다. 과거에 대우 받던 대졸 학력이 오늘날에는 당연한 게 되면서 고졸은 최소한의 학력으로 취급되고 있다. 더욱이 엄청난 대학 등록금 때문에 학기 중에도 아르바이트를 해야 하고, 대출금 때문에 빚을 지게 되며, 졸업한 후에도 취직이 어려운 대학생들의 현실은 당장 고졸 학력도 없는 십대 여성들을 더욱 불안하게 만든다.

여러 가지 자원이 결핍되어 있는 아이들에게 학력은 경제적인 자립을 위한 필수 요건이다. 가출 때문에 학업을 중단하게 된 아이들이 졸업장을 따는 방법은 크게 학교 복학과 검정고시 두 가지다. 검정고시는 획일적이고 권위적인 학교로 다시 돌아가지 않아도 되고, 입시 위주의 수업이나 나이 어린 친구들 사이에서 적응할 필요가 없다는 장점 때문에 선호된다. 그러나 졸업장을 따는 것이 목표인 아이들에게 오히려 검정고시는 복학보다 더 큰 모험일 수 있다. 학교에서는 성적이 아무리 나빠도 출석 일수만 채우면 졸업을 할 수 있지만 검정고시는 시험에 합격해야 하고, 이를 위해서는 단기간이라도 집중해서 공부를 해야 한다. 학원비도 만만치 않을 뿐 아니라 시험에 합격하기까지 몇 년씩 걸리는 경우도 있다. 그래서 검정고시를 선택했다가 쉽지 않다는 사실을 깨닫고 복학을 하는 경우도 있다. 또한 정규 교육 과정을 선호하기 때문에 복학을 원하기도 한다. 그러나 문제는 복학을 결심하고 난 뒤부터다. '비행 청소년'이라는 이유로 복학을 거절당하기도 하고, 복학을 하고 나서도 선생님들이나 동료 학생들의 편견과 낙인이 기다리고 있기 때문이다.

🍓 다혜(21세)와 나눈 대화

중학교 졸업장 따고 나서 좀 있다가 이제 학교를, 고등학교를 갈라고 갔는데 그때 고등학교를 갈려고 했었던 애들보다 1년이 늦었어요. 1년이 늦었는데 엄마가 알아본대요. 학교를 들어갈려고 원서를 냈는데 아, 교감이 아주 지랄 같아 가지고요, 못 들어갔어요. 빠꾸 맞아서요. 아~ 나는 지금 울고불고 난리가 난 거예요, 인제. 엄마도 속이 상하고 자존심 상하고 그러니까 엄마도 너 검정고시 보라고. 엄마, 나 안 그래도 볼 거라고.

교감이 왜 안 받아 줬어?

교감이요? 검정고시 때문에요. 검정고시 왜 봤냐고. 몸이 안 좋아서 봤다고 했더니 뻔하죠, 걔가 생각했던 거는. "안 좋은 애들이랑 어울려 가지고 그래 가지고 학교 안 다닌 거 아니냐?" 이런 식으로 얘기해서. 엄마는요, 지푸라기라도 집는 심정으로 갔는데. 어차피 그게 계기가 돼 가지고 내가 더 열심히 했을지도 몰라요.

다혜는 넉넉한 가정에서 부족함 없이 자랐지만 자신이 부모님에게 사랑을 받는다는 느낌을 받지 못해서 가출을 했다. 잦은 결석으로 중학교를 그만두게 된 뒤 검정고시로 중졸 학력을 따고 고등학교에 입학하려고 했으나 교감의 거부로 다니지 못했다. 교감은 다혜가 검정고시로 중졸 학력을 땄다는 사실을 문제 삼았다. 검정고시 학력을 곧 '비행 청소년'이라는 증거로 본 것이다. 검정고시는 학력을 따는 수단이 아니라 '비행 청소년'을 걸러 내는 장치로 기능하고 있었다. 한창 나이에 민감한 시기에 한 살이 많은데도 학교를 다니려고 했던 다혜의 결심과 어머니의 기대는 '교육자'라는 직함을 달고 있는 교감에 의해 좌절되었다. 교감의 입학 거부로 다혜는 학교 교육을 받을 수 있는 권리를 박탈당했고, 고졸 학력도 혼자서 검정고시로 따야 했다. 다혜와 어머니는 한번 사회에서 배제되면 다시 진입하기 어려운 현실을 직접 경험했다. 〈전국 교직원 노동조합〉 서울 지부 정책 실장인 천보선은 고교 서열화 정책 때문에 계층별 격차가 심화되고 학교 간 경쟁이 치열해지면서 문제를 일으키는 학생들을 '본보기'로 퇴학시키거나 강제 전학시키는 사례가 확대되고 있다고 진단했다.■ 이러한 현실에서 자퇴를 하거나 퇴학을 당하고, 검정고시로 중졸 학력을 딴 십대 여성들을 받아 주는 학교는 많지 않다.

■ "고교 서열화 정책, 학교 아이들 망가뜨린다", 『한겨레』, 2010년 9월 1일.

우리가 그들을 인정해 주어야 할 때

교육은 사회적 지위를 획득하고 직업을 선택하는 데 큰 영향을 미친다. 특히 교육에 대한 관심이 높고 학력이 많은 것을 결정하는 우리 사회에서 교육은 개인에게 매우 크고 지속적인 영향을 미친다.■ 이런 사회 분위기에서 십대 여성들은 미래의 전망을 세우기 위해서는 최소한의 학력이 필요조건이라는 사실을 인지하게 된다. 취직을 하고 독립을 하기 위해, 그리고 궁극적으로는 거리에서 사회로 '편입'되기 위해 십대 여성들은 학력을 취득하려고 노력한다. 그러나 학교로 돌아간 아이들은 자신을 따라다니는 '비행 청소년'이라는 낙인과 싸워야 하고, 검정고시를 택한 아이들은 감당하기 힘든 교육비와 다잡아지지 않는 마음 탓에 한숨을 쉬어야 한다. 즉 우리의 교육은 한번 배제된 자를 더욱 가혹하게 내치는 구조인 것이다.

또한 어렵게 고졸 학력을 취득한 후에도 구직에서 어려움을 겪기도 한다. 2004년의 조사에 의하면 3/4분기 청년 실업자의 62퍼센트가 고졸 이하로 나타났다. 이에 대해 정인수와 김기민은 대졸 청년의 경우, 원하는 직장에 취직하기까지 걸리는 시간이 예전보다 길어져 실업률이 늘어난 것이지만 고졸 이하 청년들은 근무 환경이 열악해 일하다 그만두기를 반복하기 때문에 실업률이 높은 것으로 분석하고

■ 김지혜, 안치민(2006), 「가출 청소년의 학업 중단 영향 요인과 대책」, 『한국 청소년 연구』, Vol.17, No.2, 한국 청소년 정책 연구원.

있다.■ 이는 고졸 이하 실업률이 장기적인 불안정으로 이어질 수 있다는 점에서 큰 문제라는 사실을 보여 준다. 그럼에도 오늘날 청년층 실업이나 고용과 관련된 사회적 관심이나 정책은 대졸자에게만 초점을 맞춰 고졸 학력자들은 여기서도 소외되고 있다.■■

한 번이라도 탈학교를 경험한 십대 여성들은 학력을 취득하기 어렵고, 어렵게 학력을 취득하더라도 학력 인플레이션과 학벌 위계가 공고한 현실에서 자신이 애써 취득한 '자격증'이 종이 쪼가리에 불과하다는 사실을 알게 된다. 그럼에도 아이들이 학력에 매달리는 이유는 학력이 자신감과 사회적 인정을 획득하는 중요한 무형의 자산이기 때문이다. 또한 자신이 성매매를 하며 보냈던 시간에 대한 보상 차원에서 학력 취득에 매달리기도 한다. 이때 학력은 과거와 단절하고 새로운 시작을 꿈꾸어도 좋다는 인증서의 의미를 갖는다.

교육은 십대 여성들이 정서적 상처를 치유하고 사회적 인정을 받으며, 자신의 환경을 변화시켜 나갈 수 있는 첫 번째 발판이라고 볼 수 있다. 그렇기 때문에 여러 가지 난관에도 십대 여성들은 다른 무엇보다 악착같이 학력을 따기 위해 노력하고 강한 의지를 보인다. 차별적이고 배타적인 교육 현실이 변화해야 이런 아이들의 노력과 의지가 존중받고 결실을 맺을 수 있을 것이다.

■ 정인수, 김기민(2005), 『청년층의 실업 실태 파악 및 대상별 정책 과제』, 한국 노동 연구원.
■■ 이인재(2005), 「저소득 지역 청소년 탈빈곤 정책에 관한 연구」, 『사회복지 연구』, 28호, 한국 사회복지 연구회.

: 11장

당신이 나를
포기하지 않는다면

새롬(17세)이와 나눈 대화

부모님이 자식을 사랑하는 거 그때 알았어요. 저는 엄마가 용서 못 해 줄 줄 알았어요. 진짜 용서를 해 주더라고요. 자식 이기는 부모 없다고 다 져 주더고요, 엄마가. 그런데 진짜 불쌍했어요. 그리고 막 경찰서에서 집에 오니까 새롬 학생 있냐고. 그때 엄마 표정을 봤거든요.(울음) 엄마 표정이요, 딸 앞에서 내색은 못 하는데요, 엄마가 제 앞에서 잘 안 울거든요. 그런데 제가 뒤돌아보는 순간 엄마 표정을 봤는데요, 되게 슬퍼하는 거예요, 막. 미치겠는 거예요, 미안해 가지고. '미안하니까 더 잘해야지' 그런 생각이 들었는데요, 너무 미안하니까 다시 집을 나가고 싶더라고요. 아빠도 막, 아빠도 힘든 내색을 잘 안 해요, 아빠도 사회생활 하니까 맨날 우리 딸 잘한다고, 우리 딸이 잘할 수 있을 거라고 힘주고 그러는데 저는……. 그런 짓을 했다는 게 되게 미안한 거예요. 죄책감 들고. 엄마가 그렇게 진실을 알게 됐어요. 제가 거기다 대고 "나 그런 일 안 했어." 안 했다고 해도 못 믿는 거잖아요, 경찰들이 왔으니까. 경찰들이 온 이상 제가 어떻게 말할 수도 없는 거고. 제가 집에 들어왔을 때 보호관찰 중이었는데 보호관찰 위반을 해 가지고 집에 들어온 지 3일 만에 경찰서에 끌려갔어요. 끌려가 가지고 제가 안양에 거기 있잖아요, 감별소를 들어갔다 왔어요. 그런데 엄마 앞에서요, 모르는 사람들한테 딸이 양 쪽에 잡혀서 데려간다고 생각을 하면요, 얼마나 엄마 가슴이 찢어져요. 자기 딸을 어떤 사람들이 차에 태워서 막 가는데. 진짜 막 슬퍼서 울었어요. 그런데 엄마는요, 울지 말라고, 왜 우냐고. 다 잘될 거라고 막. 엄마는 그 와중에 저한테 힘을 주는 거예요, 걱정하지 말라고. 보호관찰소 가서 조사를 받는데 여기 손 묶어 놓고요. 들어갔는데 너무 무서웠어요, 진짜로. 맨날 울었거든요, 거기서. 그런데 엄마가 왔어요. 엄마한테 너무 힘들다고, 나가고 싶다고. 여기서 살게 되면 어떡하냐고 엄마한테 물어봤어요. 엄마가 그럴 일 없대요, 엄마가 너 어떻게든 알아서 해 줄 거니까, 너 빼내 줄 거니까 거기서 살 일 없다고. 그런데 솔직히 진짜 그때요, 그때 아빠 회사가 좀 어려워서요, 좀 많이 힘들었거든요. 그런데 막 엄마가 너 거기 들어갈 일 없고, 빚을 내서라도 널 빼 줄 거니까 울지 말라고. 그때 진짜 자식을 위해서 그렇게 해 주는데 나는 절도 뭐 그런 거였으면 차라리 전 더 좋았을 거예요. 그런데 자기 딸이 몸을 팔았다고 생각을 하면 저 같아도 되게 마음이 아플 것 같아요. 제가 차라리 특수 절도 그런 거 했었어도 마음이 안 아팠을 텐데 막 성매매 그걸 해서 엄마가 되게 마음이 아팠을 것 같아요.(계속 욺)

부모님에게 죄송한 마음이 드는 게 조건을 안 하게 되는 큰 이유가 돼?
당연하죠. 진짜 저는 입장 바꿔 생각하면요, 제 딸이 그랬다고 생각하면요, 저는 미칠 것 같아요. 세상이 무너지죠. 어떻게 자기 딸이 그런 일을 할 수가 있나.

새롬이는 새끼 포주 노릇을 하다 경찰에 적발되어 재판에서 보호관찰 처분을 받고 집으로 들어갔다. 자신의 경험을 담담하게 이야기하던 새롬이는 부모 이야기를 하면서 계속 눈물을 흘렸다. 처벌 과정을 부모와 함께하며 성매매가 더 이상 혼자만의 문제가 아니라는 사실을 알게 됐다. 새롬이가 부모의 얼굴을 보기 힘들어 재가출을 생각할 만큼 미안했던 것은 딸이 성매매를 했다는 사실을 알았을 때 부모가 받았을 상처를 가늠했기 때문이다. 새롬이는 자신이 너무 큰 잘못을 저질렀기 때문에 부모의 용서를 기대하지 않았다. 그러나 부모는 길고 고통스러운 처벌 과정 내내 새롬이를 응원하고 지지해 주었다. 이러한 지원은 새롬이가 집에 정착할 수 있는 주요한 요소로 작용했다. 새끼 포주 노릇을 하며 많은 돈을 벌었던 새롬이는 수중에 돈이 없어서 친구들과 놀지도 못하는 처지가 힘들었지만 부모를 생각하며 견딜 수 있었다.

성매매를 한 여성들이 두려워하는 것 중 하나는 지인들이 그 사실을 알게 되는 것이고, 이는 조건을 하는 아이들도 마찬가지다. 특히 아이들은 경찰에 적발되면 미성년자라는 이유로 보호자인 부모에게 연락이 갈 수 있다. 경찰 조사를 받은 경험이 있는 아이들은 경찰이 "집에 전화하겠다"고 하는 순간 울음이 터졌다고 말하곤 했다. 조건을 나쁘게 생각하지 않거나 경찰 적발에 익숙해진 아이들도 부모에게 알리겠다고 하면 눈물부터 났다. 조사를 하면서 정말로 부모에게 연락을 하는 경찰들도 있지만, 아이들의 입을 열기 위한 협박에 그치는 경찰들도 있다. 그러나 부모에게 알리지 않고 경찰 조사를 넘기더라도, 검사나 판사에게서 소환장이 오거나 재판을 받게 되면 부모가 알게 된다.

아이들이 가장 두려워하는 상황이 현실이 되는 순간이다. 자신이 성매매를 했다는 사실을 부모가 알게 되는 것은 본인과 부모 모두에게 큰 상처가 된다. 성매매를 자신의 문제로만 국한시킬 때는 별 의미를 부여하지 않던 아이들도 타인과의 관계 속에 위치하는 순간 성매매의 의미를 다시 생각해 보게 되는 것이다.

기다려 줘서 고마워요

가출이나 결석, 무단 퇴소 등은 성매매에 유입되거나 재유입되는 상황 조건이다. 이러한 상황 조건은 가족이나 교사, 친구, 시설 선생님처럼 주변 사람들과의 관계 속에서 형성되는 경우가 대부분이다. 또한 학력이나 자격증 취득, 가정 복귀, 시설 적응 등 성매매를 중단하는 데 도움이 되는 상황 조건도 주변 관계에 영향을 받는 경우가 많다. 자신을 믿어 주고 지지해 주는 사람이 있다는 사실이 아이들에게 큰 영향을 미치는 것이다. 좁은 관계망 안에서 살아가는 십대는 그만큼 어떤 인간관계를 맺고, 그 관계 속에서 어떤 지지와 보살핌을 받느냐에 따라 매우 다른 선택을 내린다. 그중에서도 일차적인 사회 집단인 가정이 아이들에게 미치는 영향은 크다. 그러나 가장 기본적인 정서적 지지를 해 줄 수 있는 가족이 부재한 경우도 많다. 가족과 갈등을 경험하고 가족에게 외면을 당한 아이들은 자신의 가족조차 자신을 사랑하고 돌보지 않는다고 생각하며 큰 상처를 입게 된다. 또한 학교에서 교사들에게 차별을 받고, 거리에서 어른들에게 이용당하면서 어른에 대한 불신과 미움을 갖게 된다.

🍃 솔비(19세)와 나눈 대화

어른이 좋을 수가 없지. 집이 싫어서 나온 애들이고 부모님은 어른인데. 어쨌거나 부모님이 싫어서 나오는 경우가 거의 대부분이고 그중에는 학대를 받거나 이런 애들도 있을 거고. 가출을 했을 때 부모님을 제외한 어른들이 따뜻하게 말해 주는 것도 아니에요. 대부분 겁내거나 양아치 새끼들이라고 욕하거나 둘 중에 하나니까. 그러니까 보통은 어른이라고 하면 무조건 한발 물러나서 공경하고 이게 있어야 되는데 가출하고 이 생활을 하면 그게 없어져요. 솔직히 다 똑같은 거지. '어른이니까 참아야 된다.' 이 생각을 못 하는 거지. 그러니까 또래 애들이 열 받게 해서 욕을 했던 것처럼 어른이 열 받게 하면 똑같이 욕하는 거예요. 어른이라고 특별 대우 해 줘야 되고 그 필요성을 못 느꼈어요. 껀덕지(합당한 이유)가 없었어요. 내 입장에서 그냥 시비 붙이는 사람들이고 정작 싸움 났을 때 말리는 걸 본 적도 없고, 그렇다고 따뜻한 밥 한 끼를 사 준 적이 있는 것도 아니고. 해 봤자 그냥 쥐뿔도 모르면서 "집에 들어가라 들어가라." 이것만 반복을 하니까. 정말 내가 들어가길 바라면 집에 가서 안 맞게 전화라도 한 통 해 주던가. 나 같은 경우는 일단 갈 데가 없는데 집에 가라 그러면 정말 열 받았어요. 그때 정말 어른이 싫었어요.

솔비는 자신이 어른들을 불신하고 경멸할 수밖에 없게 된 이유를 이야기해 줬다. 솔비가 만난 어른들은 나이만 많을 뿐 어른스럽지 못한 사람들이 대부분이었다. 어른들은 가출을 해서 보호자가 없는 아이들을 감싸 주고 이해해 주기보다는 가출을 했거나 화장을 했다는 이유로 비난하고, 돈을 미끼로 성폭행을 하며, 자신에 대한 성찰 없이 '어른 노릇'을 하려고만 했다. 이러한 어른들을 보면서 솔비는 '어른이니 공경해야 한다'는 사회적 윤리를 지켜야 할 필요성을 느끼지 못했다.

🍃 솔비(19세)와 나눈 대화

처음에 엄청 싸웠어요. 선생님들하고도 돌아가면서 싸우고 언니들하고도 별로 그렇게 사이가 좋지 않았어요. 처음에 들어가서 첫 외출이 일주일 뒤니까 첫 외출 때 나가서 새벽에 들어왔어요. 그런데 또 술 취한 친구를 데리고 왔어요. 친구도 또 선생님한테 까불었어. 언니들도 다음 날 난리가 난 거지. 이제 처음 들어온 애가 친구 데려와서 술 처먹고 자고, 첫 외출에. 첫 외출 안 되는 기간 동안 엄청 싸웠는데, 내보내 달라고. 결국엔 "그럼 친구를 이리 데리고 와라." 외출 안 되는 기간 동안 친구들 맨날 왔어요. 뒤뜰에서 담배 피고 있고 언니들하고 시비 붙다가 가고. 진짜 장난 아니었단 말이에요, 처음에. 그런데 포기를 안 하더라고요. 전에 있던 데서는 대부분 쫓겨났거든요. 그리고 그때 고모네서 가출하고 온 거니까, 저 고모 정말 싫어했거든요. 고모가 "솔비 데리고 살겠다는데 왜 그러냐?"면서 고모가 몇날 며칠을 〈새날〉에 전화해서 욕을 했어요, 선생님들한테. 그런데도 참아 주고. 솔직히 귀찮으면 보내 버리면 되지. 싸운 이유도 고모가 나를 보자 그랬는데 내가 보기 싫다 그랬고 고모랑 얘기하기 싫다 그래서 선생님이 대신 "솔비가 나가기 싫대요." 이랬다가 겁나 욕을 먹기 시작한 거야. 고모가 "애가 가기 싫다 그러면 설득을 해서 보낼 생각을 해야지 어디 동조를 하고 있냐?"고. 선생님들 막 울고 장난 아니었는데. 그래서 내가 미안해서 "아, 고모 만나고 올게요." 이랬어요. 솔직히 "웬만하면 집에 가서 살아라." 이럴 거 같애. 관장님이 되게 말리더라고. "고모 성격이 너랑 같이 있어서 네가 건강해질 만한 성격이 아니다." 그때 좀 감동을 먹었어요. 그러고 학원 등록하고 공부하고 이러면서 좀 살 만해졌지.

솔비는 여러 쉼터를 전전하다 잘 지내겠다는 결심을 하고 〈새날〉에 입소했지만 적응이 쉽지 않았다. 잠자리, 먹을 것 등 생계를 해결하기 위해 입소했지만 마음은 거리에서 놀고 있는 친구들에게 있었기 때문이다. 물적 자원을 지원받을 수 있는 도구로 쉼터를 생각하면 쉼터에서 안정적으로 생활하기 힘들다. 쉼터는 여러 사람들과 함께 살아야 하는 생활 공동체로, 규칙이 있고 갈등이 생길 수밖에 없는데 단지 지원을 받기 위해 그러한 규칙과 갈등을 감수하며 버티기란 쉽지 않기 때문이다. 쉼터에서 함께 사는 사람들에게 마음을 열고 정을 붙여야만 규칙과 갈등을 공동체 생활의 일부로 받아들일 수 있다.

솔비가 〈새날〉에 적응할 수 있었던 이유는 선생님들의 진정성을 깨달았기 때문이다. 싸우고, 술 마시고, 새벽에 귀가하는 등, 다른 쉼터였다면 퇴소 당했을 행동들을 계속 해도 자신을 내보내지 않는 선생님들을 보며 솔비는 '이 사람들은 나를 포기하지 않는구나' 하고 생각했다. 선생님들이 고모에게서 솔비를 끝까지 보호해 준 일은 천천히 마음을 열던 솔비가 선생님들을 믿게 된 결정적인 계기였다. 데리고 있지 못하겠다며 솔비를 쉼터로 보낸 장본인인 고모는 솔비가 쉼터에 있으면 솔비에게 나오는 지원금을 받을 수 없다는 사실을 알게 되자 태도가 돌변했다. 고모는 자신이 솔비를 키우겠다며 솔비를 보내라고 닦달을 했고, 급기야는 선생님들에게 욕설을 해댔다. 그래도 선생님들은 솔비를 끝까지 지켜 주었고, 솔비는 선생님들의 진심을 느낄 수 있었다.

다시 시작하고 싶어요

 탈성매매와 자활에 있어서 무엇보다 '내면의 힘'이 중요한 것은 현실적으로 아이들을 둘러싼 상황 조건이 전면적으로, 단시간 내에 개선되기 어렵기 때문이다. 거리 생활을 오래 할수록 아이들은 자신의 인격이 부정당하는 경험을 많이 하고, 사회적 낙인과 비난을 받으며 내면의 힘이 크게 손상된다. 아이들이 느끼는 고립감, 무력감, 불안감 등은 성매매의 결과기도 하지만, 동시에 성매매를 중단하지 못하거나 성매매에 재유입되는 원인으로 작용하기도 한다. 따라서 성매매를 중단하고 자활하기 위해서는 다양한 심리적 상처를 치유해야 하고, 무엇보다 성매매를 하면서 손상된 자신감과 자기애를 회복하는 것이 중요하다. 자신감과 자기애를 회복하기 위해 가장 필요한 것이 타인의 인정과 관심이다. 특히 아이들의 상처를 이해하고, 그 상처를 치유하는 데는 많은 시간이 걸리지만, 지속적인 관심과 지지가 있다면 반드시 치유될 수 있다는 믿음을 보여 주고 기다려 주는 존재가 필요하다.

🍃 해빈(18세)이와 나눈 대화

W 센터는 그냥 제 자신에 대한, 뭐라 해야 되나, 자신감 부여라고 해야 하나? 그냥 거기서 사람들도 좋았고, 제가 사람을 좋아하니까 사람들 좋아서 다녔고.

너 자신에 대한 자신감을 부여한다는 건 무슨 뜻이야?

그냥 예전에 그렇게 일했던 거. 그러니까 뭐라 해야 되나. 떳떳하지 못한 걸 아니까 좀 더 수그러들게 되고 사람들한테 이제 무시도 당하고 막 그랬는데 이제는 막 '그런 일 안 한다, 나도 이제 정상적인 거 한다' 뭐 그런 식으로.

W 센터에서 바리스타 하면서 사람들한테 인정받는 일을 했던 게 되게 너한테 많은 도움이 됐겠네, 심리적으로? 어떨 때 너가 사회적으로 인정받고 있다는 걸 느꼈어?

음……, 그냥 거기 W 센터에서 공동체에서 뭔가를 할 때, 같이 일원이 되어서 뭔가 할 때도 느꼈고, 상대방이 날 볼 때 옛날 그런 눈빛 같은 게 바뀌었을 때도 그런 게 있고. 옛날에는 아무래도 안 좋았던 눈빛이었는데, '쟤 뭐야?' 이러면서. 나를 그냥 그저 그런 여자로 평가를 받는다는 거 그런 눈빛 있잖아요. 내가 당신보다 천할 거 없는데 너는 천하다 뭐 이런 식의 눈빛 있잖아요. 깔아뭉개는 눈빛. 그런 거 있는데 그때는 나도 떳떳한 직장에 있고 그랬으니까 적어도 그런 눈빛은 아니었어요. '아, 저 사람도 열심히 살고 있구나'라고. 그렇게 말해 주는 손님도 있었어요. "정말 나이도 어린데 열심히 산다" 면서.

해빈이는 〈새날〉에 입소하기 전 성매매 업소에서 1년가량 일을 하며 많은 무시와 모욕을 받았다. 이러한 타인의 시선은 해빈이의 자기 인식에 많은 영향을 미쳤다. 해빈이가 자신을 부정적으로 생각하지 않아도, 타인의 부정적인 시선이 해빈이를 주눅 들게 했다. 그러나 〈새날〉에 입소한 후 7개월 동안 W 센터에서 바리스타로 일하면서 해빈이의 자기 인식은 크게 변했다. 처음에는 낯선 타인과 관계를 맺으며 생기는 갈등 때문에 매우 힘들었지만, 그러한 적응 과정은 반드시 거쳐야 하는 것이었다. 시간이 지나면서 해빈이는 동료들에게 공동체의 일원으로 대우받으며 소속감과 만족감을 느낄 수 있었다. W 센터에서 함께 일하는 동료들뿐 아니라 카페에 오는 손님들에게도 인정을 받으면서 해빈이는 자신감을 가질 수 있었다. 해빈이는 W 센터의 내부인과 외부인 모두에게 인정을 받은 것이 〈새날〉에 온 이후 가장 달라진 점이라고 꼽았다. 늘 타인에게 비난과 무시를 받는다고 느꼈던 부정적인 자기 인식도 칭찬과 격려를 받으며 차차 변했다.

 W 센터에서의 이러한 경험은 아이들이 사회에 진출하는 징검다리가 될 수 있다는 점에서 의미가 깊다. 다른 일을 해 본 경험이 거의 없는 여성들의 경우 성매매가 아닌 다른 일로 돈을 버는 것은 그 자체로 큰 도전이다. 성매매 피해 여성 지원 단체인 〈막달레나의 집〉이 쉼터에 거주하는 여성 91명을 대상으로 조사한 결과에 따르면 전업 장애 요인으로 '빚'을 꼽은 여성이 44명(46.3%)으로 가장 많았고 그 다음이 '다른 일은 해 본 적이 없고 그 일에 익숙하기 때문'(28명, 29.5%)이었다." 조건을 하는 아이들은 빚에 크게 구애받지 않는 개인형 성매매를

하는 경우가 대부분이기 때문에 아이들에게는 '다른 일을 해 본 적이 없다'는 사실이 탈성매매의 주요한 걸림돌이 될 수 있음을 짐작할 수 있는 대목이다.

성매매는 성매매 피해 여성에게 정신적·육체적인 상처를 남기는 동시에 성매매 피해 여성을 사회적으로 고립시킨다. 따라서 탈성매매 후 전업은 한 사회에서 또 다른 사회로의 이동일 수 있다. 그만큼 큰 심리적 에너지를 필요로 하는 일인 것이다. 쉼터나 자활 센터 선생님들은 그 과정에서 시행착오를 겪을 수밖에 없는 아이들을 믿고 기다리고 지지해 주는 역할을 한다. 이러한 지지를 받으면서 아이들은 실패의 경험을 성공의 경험으로 전환하고 나아가 타인에게도 인정을 받게 된다. 타인의 인정을 통해 자신감을 회복한 아이들은 조심스럽게 사회로 발을 내딛으며, 실패를 두려워하지 않게 된다. 실패하더라도 다시 도전하면 되기 때문이다.

새로운 네트워크에 접속하다

성매매 피해 여성의 외상 후 스트레스 장애를 연구한 논문들은 공통적으로 성매매 종사 기간, 즉 성매매에 노출된 기간이 길수록 육체적 질병뿐만 아니라 정서적 장애, 경계성 장애, 공황장애, 약물 중독, 알코올중독 등을 앓는 비율이 증가한다고 밝히고 있다. 정신 건강이 악

■ 막달레나의 집(2004), 『성매매로부터의 탈주, 그리고 전업』, 84쪽

화되어 일상생활에 어려움을 호소하거나 자살 시도를 하는 경우도 종종 있다. 이러한 조사 결과는 성매매가 여성들의 심리에 얼마나 큰 상처를 남기는지 잘 보여 주며, 다른 한편으로는 이러한 심리적 상처를 치유하는 것이 탈성매매의 중요한 요건 중 하나라는 사실을 알려 준다. 하지선 등은 성매매 피해 여성의 탈성매매에 영향을 미치는 요인을 분석하기 위해 2004년부터 2008년 말까지 자활 지원 사업에 참여한 여성들 1,304명을 대상으로 조사를 진행했다. 조사 결과 가족의 지지가 매우 중요한 요인으로 나타났다. 가족의 지지를 받은 여성의 경우 탈성매매에 성공하는 비율은 80퍼센트에 육박했다. 이는 다른 조사 항목인 연령이나 거주지 유무 같은 변수와 비교할 수 없는 높은 수치다. 특히 연령 변수를 통제하고 성매매 종사 햇수, 부채 액수, 거주지 유무, 가족의 지지 변수를 투입했을 때 가족의 지지만이 유의미한 영향을 미치는 것으로 나타났다.■

물론 가족이 아닌 타인에게서도 이러한 심리적 지지를 받을 수 있다. 많은 연구들이 실무자를 비롯한 타인과 맺는 친밀한 관계와 거기서 얻는 심리적 지지가 성매매 여성들의 자활에 자신감과 동기를 부여한다는 사실을 밝히고 있다. 아이들이 필요로 하는 것은 관심과 기대, 사랑 등의 심리적 지지를 줄 수 있는 존재지, 그것이 꼭 가족에 국한될 필요는 없으며, 가족에게 모든 책임을 지우려 하는 것도 문제를 바라

■ 하지선, 박순주, 김나연, 김인숙(2010), 「성매매피해여성의 탈업소에 영향을 미치는 요인: 집결지 자활 지원 사업을 중심으로」, 『한국 가족 복지학』, Vol. 30, 한국 가족 복지 학회

보는 올바른 태도가 아니다. 더욱이 타인은 가족의 부재를 메우는 존재가 아니라 가족과는 별개로 아이들의 인간 관계를 확장해 주는 존재다.

　아이들은 "너를 사랑해!"라는 말을 들을 때 또래, 성 구매 남성, 포주에게서 벗어나 자신을 아끼고 존중해 주는 사람에게 마음의 문을 열게 된다. "너는 소중해!"라는 말을 들을 때, 아이들은 조건으로 버는 돈의 액수가 아니라 그 돈을 벌기 위해 자기 몸을 팔아야 하는 과정을 생각하게 된다. "너를 믿어!"라는 말을 들을 때, 아이들은 자신의 실수나 실패가 아니라 무한한 가능성과 미래를 바라보게 된다. 이러한 과정을 거치면서 아이들은 변화와 성장을 경험하고, 자신이 원하는 '평범한 삶'이 매우 가까이에 있을 뿐 아니라, 이미 그 삶을 살고 있는 자신을 발견하게 된다.

: 12장

우리에게
내일은 있다!

본격적으로 논문을 쓰기 시작하면서 심리적·시간적 여유가 없어 아이들과의 만남도 점점 뜸해졌다. 어떻게든 관계를 유지하고 싶은 마음이 컸지만 관계는 상호적인지라 내 바람과는 달리 연락이 끊긴 아이들도 생겼다. 슬아와 하나는 연락처가 바뀌어 있었고, 예은, 이슬, 가람이와도 연락이 끊겼다. 안타깝고 서운했지만 이 아이들이 십대 후반, 이십대 초반의 어린 나이에 누구보다 치열하게 살고 있을 것이라 생각한다. 그리고 다혜, 새롬, 솔비, 해빈, 은호와는 지금도 연락을 하고 있다. 이들이 변화하고 성장하는 모습을 지켜볼 수 있다는 것은 나에게 큰 기쁨이다.

물론 내가 만난 모든 아이들이 획기적으로 변화된 모습을 보여 준 것은 아니다. 아이들은 시행착오를 겪으며 때로 다시 과거로 되돌아가려는 유혹에 맞서야 했고, 그 유혹에 져 성 산업으로 복귀하는 경우도 있었다. 또 '평범한' 생활로 되돌아가기까지 주변 사람들의 따가운 시선과 너무 늦지 않았을까 하는 불안감에 시달려야 했다. 아이들의 변화는 '가출 청소년에서 명문대 학생으로'라는 제목으로 신문에 실리는 성공 스토리처럼 한순간에, 뚝딱 이루어지지 않았다. 이 아이들은 마법 소녀도, 불세출의 능력자도 아닌 평범한 아이들이니 당연한 얘기였다. 그래서 마지막 장은 이 평범한 아이들, 또는 평범해지고자 하는 아이들이 겪고 있는 시행착오와 고군분투기로 채웠다. 그럴 수밖에 없다. 아이들은 여전히 성장 중이고, 아직 결과를 보여 주기에는 너무 젊고 창창하니 말이다.

철들었나 봐요

🍃 슬아(18세)와 나눈 대화

검정고시는 어떻게 할 거야?

학교 다니고 있잖아요. A 고등학교.

일하면서 다닐 시간이 언제 있는데?

그냥 출석 체크만 하고 나와요. 거기 이상해요. 학교 안에서 담배 피고, 수업 끝나고 술 먹고, 수업 시간에 공부 절대 안 하고, 수업 시간에 엠피쓰리 듣고 휴대폰 만져도 아무 말도 안 하고, 맨 앞에 앉아서 그래도 아무 말도 안 하고, 수업 시간 도중에 나가도 암 말도 안 하고.

선생님이 수업을 하기는 해?

안 해요. 그냥 컴퓨터로 들어요. 한 번도 안 해 봤어요.

거기 다니면 졸업장이 나오는 거야?

의정부 B 고등학교예요, 거기가. 세요, 고등학교 내신이 세요, 들어갈 때. 그런데 거기 부설인가 부속인가 그렇게 돼 있어 가지고 운동부가 있단 말이에요. 3학년 교실에. 거기 졸업하면 B 고등학교 졸업장을 줘요. B 고등학교가 의정부에서 거의 한 세 번째로 좋은 학교예요. 좋잖아요. 일 년에 15만 원밖에 안 들어가고. 한 달에 두 번 가면 되고. 그런데 요번에 한 번 남았는데 안 가면 잘려요.

1년 만에 졸업장이 나오는 거야?

3년제.

너는 한참 남았을 거 아니야. 언제부터 다녔는데?

이제 2년 더 다녀야죠.

그러니까. 그런데 벌써 잘리면 어떡해.

그러니깐요. 1년에 8번인가 9번 빠지면 잘린대요. 그런데 한 번 남은 거예요. 꼭 가야 돼요.

그게 언젠데?

이번 주 일요일이요. 일요일마다 가는 거예요. 한 달에 두 번.

야, 그거 빠지면 안 되겠다, 맨날 가는 것도 아니고.

그러니깐요. 그런데 빠지게 돼요. 더 빠지게 돼요.

그럼 올해 초부터 다닌 거야?

네. 저희 반에 80세짜리 할아버지 있어요. 제 짝꿍이 서른아홉이에요.

그래서 만일에 학교 안 다니게 되면 어떻게 할 거야?

안 다니게 되면, 짤리게 되면 내년에 다시 또 해야죠.

다시 들어갈 수 있어? 그렇게 해. 고졸 해야지.

해야 될 것 같아요.

왜 그렇게 생각하게 됐어?

몰라요. 그냥 집에 있으면서 진짜 철드나 봐요. 졸업은 해야 될 것 같아요. 어떤 면에서든지 무조건 해야 될 것 같아요.

고등학교 졸업하면 직업 구하는 게 좀 더 쉬울 것 같아?

그것도 그렇고 중졸보단 낫잖아요.

2009년 10월에 슬아를 다시 만났을 때 슬아와 하나는 집에 들어가 살면서 고등학교를 다니고 있었다. 한 달에 두 번 일요일에 학교를 가서 동영상 수업을 들으면 인문계 고등학교 졸업장을 받을 수 있는 학교였다. 슬아는 고등학교 졸업장은 '무조건' 따야 한다고 생각했지만 오랫동안 학교를 다니지 않았고, 여전히 친구들과 노는 게 중요했기 때문에 주말에 학교에 가기가 힘들었다. 결국 결석을 너무 많이 해서 퇴학당하기 직전의 상황에 처해 있었다. 하나의 상황도 마찬가지여서 나는 슬아와 하나가 1학년을 잘 마칠 수 있을지 걱정이 됐다. 12월에 슬아와 하나를 다시 만났을 때 용케 퇴학을 당하지 않고 학교를 다니고 있었다. 인터뷰를 하면서 고졸 학력을 따겠다는 굳은 의지를 보였기 때문에 무사히 1학년만 마치면 2, 3학년은 좀 더 수월하게 다닐 수 있지 않을까 하는 기대를 해 본다.

집이 너무 좋아요

🍃 **하나(19세)와 나눈 대화**

옛날에는 돈을 되게 많이 벌었잖아.

어, 그래서 호프집에서 일하니까 한번은 진짜 멍 때리고 앉아서 생각을 했어요. '아, 내가 왜 이러고 있어야 돼?' 정말 하고 싶다는 생각은 한 번도 안 들었어요. 친구가 있는데, 하재는 거예요, 돈이 정말 급했거든요, 개도. 하자는데 너무, 뭐라 그래야 되지? 화냈어요, 오히려 내가. "아, 왜 하자 그래? 그런 걸 왜 해?" 몰라요, 그냥 그거 생각해 보면 돈이 많으니까 좋았어요. 그런데 생각해 보니까 너무 힘든 거예요. 진짜 힘들었어요. 하루에 진짜 몇 명의 남자를 만나고, 아빠뻘 남자를 만나서 그렇게 있고 그러니까. 하는데 막 남들이 그러잖아요. "후회한다." (후회)해요. 아직은 남자들이랑 놀고, 만나서 술 먹는 건 좋은데 그거 하고 싶은 생각은 하나도 없어요. 정말 없어요.

돈이 그렇게 없어도?

그런데 가끔 이런 생각은 들죠. '아, 그때가 차라리 좋았는데.' 돈을 이렇게 막~ 세는데, 한 번에 50만 원 이렇게 벌고 그랬는데. 그런데 지금은 그냥 그러려니 해요. 만약에 내가 또 서울로 나가게 된다면 또 하겠죠, 먹고 살 게 없으니까. 서울로 나가고 싶은 마음은 없고, 지금 이렇게 살쪄 가지고 뭐 그런 일을 어떻게 해요, 뺀지 개 먹지. 날씬했다면 했어요.(웃음) 그러니까 차차 여기에 적응하고 있는 거 있죠. 또 그냥 여기서 알바 하면서. 생각해 보니까 진짜 집이 너무 좋은 거예요. 술 먹고 집에 들어가면 진짜 막 '아, 집이다, 너무 좋아' 그런 거 있잖아요. 처음엔 그런 게 없었어요. 맨날 집에 가면 짜증만 났는데 지금은 너무 좋은 거예요. 애들이 나오라 그래도 "그냥 집에 있을게." 집이 좋아졌어요. 집이 좋아요. 하자 그래도 안 할 거예요. 그런 생각이 안 들어요. 한참 만에 집에 왔을 때는 '아, 빨리 나가서 돈 만지고 싶다, 돈 만지고 싶다' 이런 생각밖에 안 들었는데 지금은 '그걸 내가 했었나?' 이런 생각 있죠.(웃음)

2009년 12월에 하나를 다시 만났을 때 하나는 집에서 잘 살고 있었다. 집이 싫어서 가출을 일삼던 하나가 가족들과 잘 지낸다니 정말 반가웠다. 하나가 힘든 아르바이트로 적은 돈을 벌면서도 버틸 수 있었던 것은 가족과 함께 살면서 생계 문제가 해결되고 심리적 지지를 받은 덕분이었다. 하나는 여전히 남자들과 놀고, 술을 마시고, 외박을 하고 있었지만 조건은 하고 싶은 마음이 들지 않는단다. 예전에 하나는 내게 조건이 나쁘다고 생각하지 않는다는 말을 한 적이 있었다. 그랬던 하나가 조건을 했던 것을 '후회한다'고 말하니 참으로 낯설게 느껴졌다.

하나와 슬아는 의정부에서 중학교를 다니다가 퇴학을 당했는데 의정부 또래들 사이에서 유독 하나에 대해 나쁜 소문이 퍼져 있었다. 에이즈에 걸렸다는 둥, 대단한 스폰서가 있어서 명품 가방만 수십 개 가지고 있다는 둥, 전신 성형을 했다는 둥의 소문이었다. 서울에 있다가 의정부로 돌아온 뒤에도 하나는 이런 소문에서 자유롭지 못했다. 친구들이 소문의 진위를 꼬치꼬치 캐물었기 때문이다. 얼토당토않은 소문에 일일이 해명하는 일은 하나에게 분명히 괴로운 과정이었을 것이다. 그 소문은 일종의 낙인이었다. 그것도 가족과 이웃, 그리고 친구들로 둘러싸인 좁은 동네에서 하나가 짊어지기에는 벅찬 낙인이었다. 그래도 하나는 피하지 않았고 자신에 대한 오해를 하나둘 풀어 나갔다. 하나가 집에서 안정을 찾고, 적응해 가면서 그런 소문도 자연스럽게 사라졌다.

그냥 무시했어요

🍃 예은(19세)이와 나눈 대화

개하고는 계속 사귀어, 지금?

알았어요, 어떡하다가. 나 옛날에 하고 다녔던 거. 어떻게 알았는지 모르겠는데 그걸 알아서 정떨어졌다고.

어떻게 알았을까나?

희한해요. 말한 적도 없는데.

당연히 그런 말 안 하지. 그런 말을 누가 하니. 다 지난 일인데.

그런데 어떻게 알았냐 이거죠.

어떻게 알았지? 너 그 말 듣고 진짜 깜짝 놀랐겠다.

네.

아니라 그러지 그랬어.

이미 다 알고 있는데 아니라 그래요?

그래서 너는 뭐라 그랬는데?

12장 우리에게 내일은 있다! 239

"그래서 어떻게 하자고?" 이랬는데 헤어지자 그래서 알았다 그랬어요.

걔는 어디서 만났는데?

걔도 우리 학교. 다른 반 다른 과. 걔는 조경.

그러면은 좀 '막 소문난 거 아니야?' 이런 생각 들겠다.

소문났어요. 그러니까 그거 말고 남자들이랑……. 그런데 저한테는 안 들리게 소문이 난 거예요.

아. 너 모르게. 너는 그거 어떻게 알았어, 그런 소문이 난 거를?

친구가 얘기해 줬어요.

소문이 뭐라고 났는데?

"쟤 애 두 번 지웠다"고.

소문이 어떻게 났지?

중학교 때 소문이 난 게 고등학교 올라와서 또 소문이 나고 그렇게 된 거죠.

학교생활이 평탄하지가 않네.

그런데 원래 그런 게 있으면 되게 신경 쓰이고 학교 다니기 싫고 그런데 이번엔 잘 견뎠어요. 아예 그냥 무시. 그래서…… 아~.

그러게, 힘들었을 텐데 어떻게 잘 견뎠냐?

그냥.

그래도 오히려 네가 그렇게 무시하는 태도로 나오니까 그런 소문이 또 가라앉지 않았을까?

그렇죠. 아니라고 더 노력해 봐요. "니가 그런 말 하고 다녔어?" 그게 "쟤 진짜인가 봐. 찔리는 게 있으니까 저러는 거 아니야?" 그럴까 봐 그냥 무시했어요.

예은이는 성실하게 직업 학교에 다니며 취직 준비에 몰두하고 있었지만 친구들 사이에서 안 좋은 소문이 퍼지면서 곤경에 처했다. 예은이는 중학교를 다닐 때도 낙태를 했다는 소문이 퍼져 힘든 시기를 보낸 적이 있었다. 그렇지만 고등학교 3학년이 된 지금은 그때보다 강하고 현명해져 있었다. 또래들 사이에서 치명적일 수 있는 소문이었지만 예은이가 침착하게 대처한 덕분에 소문은 곧 잠잠해졌고 예은이도 큰 문제없이 이번 일을 잘 넘겼다.

예은이의 대학 지원 결과가 궁금했지만 언젠가부터 전화번호가 바뀌어 연락이 되지 않았다. 번호가 바뀔 때마다 연락을 하던 예은이가 무슨 이유인지 연락이 없었다. 예은이에게 직접 연락할 방법을 찾지 못해 결국 예은이의 집에 전화를 했고 어머니와 통화를 할 수 있었다. 어머니는 예은이가 학교를 졸업한 뒤 간호조무사 학원에 다니고 있고, 곧 실습을 나간다는 반가운 소식을 전해 주었다. 예은이의 핸드폰 번호를 알고 싶다고 하자 어머니는 번호를 외우지 못했다며 예은이에게 내 번호를 알려 주겠다고 했다. 나는 통화하면서 예은이 어머니가 나를 불편해한다는 느낌을 받았다. 나는 예은이가 성매매를 했던 과거와 관련된 사람이고, 그 기억을 떠오르게 하는 사람이다. 과거를 잊고 싶은 게 어머니든, 예은이든, 그 마음이 이해가 갔다. 결국 예은이에게는 전화가 오지 않았고, 나도 다시 하지 않았다. 이렇게 연락이 끊기는구나 싶은 생각에 허전한 마음이 들었지만, 예은이가 새로운 사회에 무사히 편입되어 잘 적응하고 있다는 뜻으로 받아들이고 나니 마음이 한결 편안해졌다.

후회는 없어요

🖤 이슬(20세)이와 나눈 대화

그냥 학교 다니면 상관없었는데, 엄마 아빠가 얘기를 하는데 아, 엄마가 또 짜증나게 그러는 거예요, 막 말투도. "너 앞으로 어떻게 할 거야?" 이러는 거야, 아빠가. "나 다시 나갈 거야!" 이랬어요. 아빠가 완전히 빡 돌아 가지고 막 때리면서 머리를 다 잘라 버린 거야. 학교도 못 가지, 쪽팔려서. 그래서 그렇게 못 가고. 난 머리만 안 잘랐어도 학교를 갔을 거야. 머리 다 잘리고 또 열 받아서 또 나갔지. 머리만 안 잘랐어도 난 학교 다니고 있지 않았을까요? 대학교.(웃음) 머리 자르면 못 나가나? 가발이 판치는 세상에? 머리 안 잘랐으면 학교 다녔을 텐데.

그런 면에서 아빠 원망스럽겠다.

원망은 안 해요. 어차피 다닐라면 나도 다닐 수 있었는데 내가 쪽팔려서 안 다닌 거지.

그래서 그렇게 중학교 자퇴가 된 거구나.

네. 그런데 뭐 후회는 없어요, 지금. 뭐 내가 중졸밖에 못 하고, 후회는 없어요. 내가 애들 못 한 거 다 해 봤고 놀 거 다 놀아 봤고 상황이 어떤지도 아니까 차라리 남들보다 좀 일찍 논 거라고 생각하니까. 지금부터라도 자리 잡으면 되니까. 솔직히 나쁜 짓도 어렸을 때 다 했으니까 이제 할 일도 없잖아요. 내년에 고졸 따고.

이슬이는 조건을 '나쁜 짓'이라고 부르면서도 일종의 필요악이라고 생각했다. 이슬이에게 조건은 노는 데 필요한 돈을 벌기 위한 수단 이상의 의미는 없었다. 이슬이는 놀면서 십대를 보냈고, 노느라 중학교도 졸업하지 못했지만 후회하지 않는다고 말했다. 아버지가 머리를 자르지 않았다면 학교를 갔을 것이라 말했다가도 결국엔 자신의 선택과 의지의 문제였다고 금세 말을 바꿨다. 이슬이가 후회하지 않는 이유는 놀면서 많은 것을 경험했고, 세상에 대해 알게 되었으며, 새로운 출발선에 서기에 지금이 늦었다고 생각하지 않기 때문이다. 십대 때 따지 못한 학력은 검정고시로 따면 되고 그러다 직장을 구해 자리를 잡으면 된다. 이슬이는 오히려 십대 때 공부만 하다가 대학에 입학하고 나서 흥청망청 노는 대학생들보다 자신이 낫다고 생각했다. 자신은 그들보다 사회생활도 더 일찍 시작할 수 있을 터였다. 이를 위해 이슬이는 검정고시 공부와 다이어트를 병행하고 있었다.

다른 아이들과는 여러 차례 인터뷰를 했지만 이슬이와의 인터뷰는 한 차례에 그쳤다. 후속 인터뷰를 여러 번 시도했지만 이슬이는 검정고시를 준비하느라, 또는 구직 활동 때문에 바쁘다며 번번이 약속을 미뤘고, 나중에는 연락을 해도 답을 하지 않았다. 이슬이의 소식을 들을 수 있는 공간은 미니홈피가 유일했다. 나는 이슬이가 쓴 게시글을 읽고 방명록으로 서로의 소식을 확인하는 것으로 연락을 이어갔다. 이슬이는 대입 검정고시에 계속 낙방했고, 코와 눈을 성형수술 했으며, 일자리를 얻었다. 나는 종종 왜 이슬이가 나를 만나 주지 않는지 그 이유를 생각했다. 자신을 인터뷰를 위한 도구로 이용한다고 생각한 건 아니었을까? 혹시 첫 번째 인터뷰에서 이슬이를 불쾌하게 한 건 아닐까? 아니면 이슬이가 다시 성 서비스 산업에 유입돼 나를 보기 불편했던 건 아닐까? 바쁜 일상을 살고 있는 이슬이에게 나와의 인터뷰는 우선순위가 아니었던 걸까? 끝내 답을 내릴 수 없는 여러 가지 생각이 꼬리에 꼬리를 물었다. 어쩌면 위 모든 게 이유가 될 수도 있고 전혀 다른 이유 때문일 수도 있다. 어쨌든 이슬이와 계속 연락을 취하지 못한 것은 아쉬움으로 남았지만, 이슬이가 자신을 지지해 주는 다른 사람들과 행복하게 살고 있을 것이라 기대한다.

어떻게 살아야 할지 고민이에요

🍃 **가람(22세)이와 나눈 대화**

(보호관찰) 끝나서 좋겠다.

그런데 되게 좋아야 되는데, 마음이 좀 홀가분해야 되잖아요. 그런데 막상 끝나고 나니까 기분이 좀 홀가분하지는 않아요. 제가 되게 고민이 많았어요. 쉼터에 있을 때 제가 보호관찰 하나 끝나도 제가 어떻게 살아 나가야 될지 되게 고민되는 거예요. 제가 이번에 마지막 방황 많이 하고 들어왔을 때 제가 되게 많이 아팠어요. 스트레스 너무 많이 받았거든요. 그래 가지고 머리가 되게 아팠어요. 두통이 되게 심했어요. 앉아 있지를 못하고 걸어 다니지를 못했어요. 그 정도로 머리가 진짜 아팠고 진짜 심했어요. 전 태어나서 그렇게 머리 아픈 거 처음이거든요. 머리 아파서 병원에 갔어요, 제가. 엠알아이 찍고 그랬거든요. 그런데 결과가 나왔는데 스트레스를 너무 많이 받았대요. 제가 그만큼 생각을 되게 많이 했었나 봐요. 그래 가지고 스트레스랑 우울증이 있었다고. 그것 때문에 머리가 아팠다고. 약 지어 오고. 저희 담당 선생님이 하시는 말씀이 그게 몰아 온 거 같다고, 너가 고민하고 스트레스 받았던 게. 머리가 진짜 아팠어요. 앉아 있지도 못하고 어디 돌아다니면 쓰러질 만큼. 진짜 많이 울었어요, 그것 때문에.

어떤 스트레스를 받은 건데?

그건 모르겠어요. 제 딴에는 그냥 다음 달에는 나가야 된다는 그런 생각이 너무 많이 든 거예요. 돈을 모아 둔 것도 아니고 뭐 하나 마친, 아, 마친 건 있구나. 그냥 뭐 하나 잘해 놓고 그런 게 없으니까. 저희 담당 선생님이 자꾸 하루에 한 번씩 "가람아, 일 구해야지, 일 구해야지" 이러는 거예요. 그게 너무, 그 말을 들으면 제가 드는 생각이 '빨리 나가야겠구나' 이런 생각이 드는 거예요. 그래서 하루는 너무 힘들어서 선생님을 불렀어요, 상담 좀 하자고. 말했어요, 까놓고. "저는 선생님이 일 구하라고 일 구하라고 하는데 저는 그 말이 되게 부담스럽고 정말 하루 빨리 나가야겠다는 생각밖에 안 든다"고. 그래 가지고 되게 힘들었다고. 선생님이 "나가라는 말이 아니고 너가 요즘에 긴장을 너무 안 하고 있어 가지고 그렇게 말한 거였다"고. "나는 너가 빨리 긴장 좀 하고 살았으면 좋겠다"고 이러시는 거예요. 그래서 이제 제가 일을 아직 안 하니까, 학원만 다니고. 일을 해야 될 거 아니에요. 그래서 인제 일을 하고 제가 인제 그룹홈 같은 데를 갈라 그래요, 지금. 그런데 나갈 준비가 아직 덜 됐거든요. 그래 가지고 선생님한테 또 상담을 했어요. "선생님, 제가 그룹홈 같은 데 가긴 갈 건데 솔직히 아직 나갈 준비가 안 됐다"고, "제가 모아 놓은 게 없고 그래서 나갈 준비가 안 됐다"고 이러니까 연장을 하재요. 연장할 거면 너가 계획서를 써 오래요. 연장하면 연장해서 뭘 어떻게 해서 어떻게 살아갈지, 무슨 일을 하고. 그러시는 거예요. 그래서 인제 계획서 쓸라고 준비할라고요. 저 일해요. W 센터 갔다 왔거든요. 영상한다 그랬거든요. 영상하고 싶다고 그래서 다음 주 화요일에 연락을 준대요. 연락 받고 될 수 있으면 일을 일단 할라고요.

인터뷰 무렵 가람이는 독립을 해야 한다는 압박감으로 큰 스트레스를 받고 있었다. 보호관찰의 끝은 2년이라는 시간이 흘렀으며 과거의 그림자에서 벗어나기 시작했다는 의미였다. 보호관찰이 끝날 무렵 가람이가 B 쉼터에 입소한 지도 어느덧 1년이 되어 가고 있었다. 성인쉼터는 살 수 있는 기한이 1년이었지만, 특별한 이유가 있으면 반년을 연장할 수 있다. 가람이는 준비가 되지 않은 상태에서 퇴소를 해야 한다는 불안과 그로 인한 스트레스 때문에 괴로워했고 몸의 통증으로까지 나타났다. 가람이는 선생님과 상의 끝에 연장을 하기로 하고, W 센터에서 영상을 배울 결심을 했다. 그러나 가람이의 결심은 실현되지 않았다. 가람이는 '마지막 방황'이라고 말했지만, W 센터에 영상을 배우러 간 날 W 센터 앞에서 발을 돌려 피시방으로 향했다. 쉼터의 선생님에게 전화가 왔지만 받지 않았다. 가람이는 W 센터에서 영상을 배울 마음이 없었다. 그저 쉼터를 연장하기 위해서는 다른 선택지가 없다는 생각에 W 센터에 가겠다고 말했던 거였다. 결국 가람이는 뒷일은 생각하지 않고 잠적을 했고, 그렇게 B 쉼터를 나오게 되었다.

B 쉼터를 나와 가람이가 향한 곳은 C 쉼터였다. 가람이가 C 쉼터에 있을 때 한 차례 가람이를 만날 수 있었지만 그 뒤로 가람이는 내 연락에 점점 답을 하지 않았다. 한번은 뜬금없이 C 쉼터에서 전화가 왔다. 가람이가 나를 만나러 간다고 외출한 뒤 아직 귀가하지 않았다는 것이다. 만나자는 연락에는 대답하지 않다가 나를 외출 명분으로 이용했다는 이야기를 듣고 솔직히 화가 났다. 한편으로 나름의 이유가 있을 거라는 생각이 들면서도 아직도 방황을 하고 있는 것이 아닌지 걱정이 됐다. 그러던 중에 가람이와는 아예 연락이 끊기고 말았다. 마지막으로 가람이 소식을 들은 것은 C 쉼터의 선생님을 통해서였다. 가람이가 기한 만료로 또 다른 쉼터로 옮겼다고 한다. 자활을 위한 가람이의 노력은 계속 진행되고 있는 듯했다.

열심히 살아서 기특하대요

🍃 **다혜(21세)와 나눈 대화**

어떻게 해서 조건을 안 하게 됐어?

느낀 게 있었으니까요. 조금이라도. 안 좋은 거 알고 그러니까. 그게 뭐 지저분하다 그런 생각은 별로 안 해요. 그런 편견도 싫고요. 오히려. 나중에는 그냥 나도 모르게 안 하게 됐어요. 나도 모르게 정상적으로. 그러니까 첫 번째 남자 친구가 도움이 많이 됐죠. 쉼터에 있다가 집에 들어왔다가 적응이 안 되서 다시 나왔다가 나와서 그때서부터 인제 지금 요번에 집에 들어오기 전까지 계속 밖에 있었던 거예요. 기간이 길잖아요. 좀 길죠. 그런데 나 혼자 밖에 있으면서 나름 혼자 이렇게 막말로 다시 남자 만나서 돈 받고 그런 거 아니더라도 막말로 방탕한 생활을 했는데 남자 친구 도움이 좀 컸어요. 그래서 좀 "너도 좀 제대로 살아 봐라." 그런 얘기를 많이 들었어요. 그러니까 "옛날에 니가 놀고 어쩌고 했으니까 제대로 살아 보지 않을래?" 제발 기본적인 생활 좀 하라고. 기본적인, 최소한. 그런 얘기를 많이 했어요. 수천 번 들었을 걸? 그런 얘기를 하면서 많이 싸우고 울고요. 걔는요, 되게 직설적이에요. 진짜 직설적이에요. 그 사람은요, 직설적이어야지 이게 나한테 먹힌다고 생각을 해요. 처음에 얘기했을 때 내가 아무렇지 않게 받아들이니까 나중에는 몇 번 이런 얘기했을 때 상처였죠. 그런데 나중에는 이런 얘기 계속 들으니까 아무렇지 않은 거예요. '얘가 이 얘기를 또 하는구나.' 한동안은……, 그러니까 요번 겨울, 작년까지만 해도 이 얘기를 계속 했어요, 이 사람이. "니가 좀 제대로 살아 보지. 제대로 살았으면 좋겠다"고. 그래서 요번에 오빠가 많이 하는 얘기가 좀 제대로 사는 것 같다고, 요즘에는. 너가 제대로 된 생활을 하는 거 같다고. 열심히 살려고 많이 한대요, 그게 보인대요, 눈으로. 그래서 되게 기특하다고 그러던데. 되게 보기 좋다고 말하면서요. 그런 얘기 많이 하던데.

이 인터뷰를 하면서 다혜는 다른 친구들과 자신을 비교하며 자부심을 드러냈다. 고졸 학력을 따지 못했거나 직업이 없어 성매매를 계속 하고 있는 친구들이었다. 다혜는 남자 친구의 집요한 설득 때문에 성매매를 하지 않게 되었다고 말했다. 하지만 모순적이게도 다혜의 남자 친구는 다혜가 16살 무렵 조건으로 만난 남자였고 15살이나 연상이었다. 그는 3년 동안 다혜에게 구애를 했고, 결국 다혜가 마음을 열고 만난 지 2년이 되어 가고 있었다. 나는 다혜의 남자 친구가 마음에 들지 않았지만, 다혜에게는 유일하게 자신의 변화를 알아주고, 자신을 지지해 주는 존재인 듯 보였다. 남자 친구는 다혜에게 끊임없이 충고와 잔소리를 했고, 고졸 학력을 따고 유치원 보조 교사로 일하는 다혜를 칭찬하고 격려해 주었다. 집에 들어간 뒤 과거를 트집잡는 가족들 때문에 마음고생을 심하게 하고 있는 다혜를 위로해 준 이도 남자 친구였다.

　남자 친구는 다혜에게 보육 교사 자격증을 따라고 설득했고, 학비도 대 주었다. 다혜는 지방에 있는 한 대학교에 산업체생으로 입학해 퇴근 뒤 인터넷 강의를 들으며 열심히 공부했다. 매주 토요일에는 위탁받은 학교에서 수업도 들었다. 다혜는 특유의 끈기를 발휘해 열심히 공부했다. 늘 B 학점 이상이었고 A 학점을 받기도 했다. 지금 다혜는 2012년 2월 졸업을 앞두고 있으며, 사회복지 상담사가 되기 위해 편입을 하거나 학점 은행제를 이수할 생각을 하고 있다. 다혜에게 독이라고 생각했던 남자 친구가 이토록 다혜에게 도움을 주고 있다는 사실에 당혹스러웠지만, 이 또한 내 편견에 불과했다는 생각이 들었다. 다혜에게 필요했던 것은 보통의 아이들이 받는 평범한 지지, 따뜻한 조언 같은 작은 것들이었고, 그것들이 다혜를 크게 변화시킨 것이다.

그런 데로 또 빠지지 않고 열심히 살아야죠

🗨 **새롬(18세)이와 나눈 대화**

앞으로 무슨 계획이야?

돈을 많이 모아야죠. 열심히 살고. 그런 데로 또 빠지지 않고. 그런 생각인데.

'그런 데로 빠지지 않고' 이런 생각을 자주 하나 봐?

그렇죠, 당연하죠. 아무리 힘들어도 그런 데는 안 돼요.

그런 생각을 왜 자주 해?

그런 생활을 해 봤기 때문에. 그 생활이 어떤 건지 알기 때문에. 〈올드보이〉에서 그런 말 나오잖아요. 악역이 유지태인가? 걔가 최민식 이렇게 이렇게 하면서 펜치로 이를 뽑으라 그래요. 최민식이 "아아아~" 이래요. 무서우니까 그러죠, 인간이. 인간이 왜 그걸 무서워하겠어요. 자기가 경험해 봤으니까 아픈 걸 아니까 그 상상력 때문에 무서워하는 거잖아요. 상상을 안 하면 강해질 수 있다고 그래요. 진짜 제가 그런 일을 안 해 봤으면 무서운 걸 어떻게 알겠어요. '그냥 한번 해 보지 뭐, 돈 많이 버는데 뭐.' 이런 생각 가질 수 있는데 해 봤으니까 '절대 안 돼!' 이런 생각이죠.

그래서 학교도 열심히 다니고 있는 거야?

네.

인터뷰 당시 새롬이는 용돈이 부족한 생활을 답답해하면서도 가출하고 싶은 마음을 억누르며 집에서 지내고 있었다. 명품 가방을 들고 다니며 친구들에게 마음껏 돈을 쓸 때 느꼈던 기쁨을 포기해야 하는 것은 새롬이에게 분명 힘든 일이었지만 조건을 하면서까지 돈을 만지고 싶지는 않았던 것이다. 새롬이는 2년제 고등학교를 졸업한 뒤 독립할 생각을 하고 있었다. 그러기 위해 돈이 필요했고 그런 생각을 할 때마다 성매매를 선택지로 고려해 본 적도 있다고 솔직히 말했다. 하지만 곧, 돈을 많이 버는 것보다 치러야 할 대가가 더 크다는 사실을 알기 때문에 마음이 흔들리지 않는다고 말했다. 새롬이는 집과 학교에 적응하느라 나름대로 매우 힘들었겠지만, 사실 새롬이의 상황은 다른 아이들보다 매우 좋은 편이었다. 새롬이는 부모와 함께 살고 있을 뿐 아니라 아버지가 작은 의류 공장을 운영해 또래들보다 용돈도 훨씬 많이 받고 있었다. 내가 만난 아이들 열 명 중에서 새롬이만이 유일하게 부모에게서 물질적·심리적 지원을 받고 있었다.

고등학교를 졸업한 뒤 현재 새롬이는 의정부 근처에 독립해 혼자 살고 있다. 집은 부모가 마련해 주었고 귀여운 고양이 쫑이, 땡구가 새 식구다. 새롬이는 동대문 의류 상가에서 일을 하고 있는데 의류 도매업이라 저녁 8시부터 새벽 4시~5시까지 일주일에 6일 일한다. 연애도 일도 열심히 하고 있는 새롬이는 가끔 남자 친구 문제를 상의하기 위해 전화를 하고, 종종 고양이와 함께 사는 방법을 묻기도 한다.

평범하게 사는 게 대단한 거 같아요

🍃 솔비(19세)와 나눈 대화

한 달치 방세 빌리고 아르바이트 구해서 나갔어요. 전 나가면 대성공할 줄 알았다니까요. 그 언니들 보면서 '진짜 잘 됐다, 좋겠다' 이런 감정이 아니었어요. 난 나가면 내가 사업 하나 해서 대박 터뜨릴 줄 알았어요. 그래서 〈새날〉 후원할 줄 알았어요. 진짜예요. 지금 와서 대단하다고 느끼지. 솔직히 별 거 아닌 거 같았어요.

어떤 언니들이었는데?

그냥 회사 취직하고 애 낳아서 살고 있고. 평범한.

평범하게 사는 게 대단하게 사는 거가 된 거야? 그 언니들 보면서 '나도 저렇게 돼야겠다' 그런 생각 했어?

살 때는 그런 생각 없었어요. 저 원래 〈새날〉에서 살 때 자신감 장난 아니었거든요. 솔직히 옛날에 있던 쉼터를 온다는 거 자체가 어느 정도 여유가 있으니까 오는 거죠. 저는 진짜 정신없이 살았거든요, 나오고 나서. 일도 많았고. 진짜 신경도 안 쓰였어요. 힘들 때 한 번 갔어요, 진짜 힘들 때. 그거 말고 그냥 안부를 물으러 찾아간 적은 없어요. 징징거릴라고 찾아간 적은 몇 번 있었지. 지금은 그 자체가 대단하다고 생각해요. 고마움을 표현할 수 있다는 게. 내가 좀 잘 되고 나서 그래야 될 거 같애. 방이라도 하나 구하고 가던가 해야지 지금 가서는 그냥 징징거리다 올 거 같애.

이 인터뷰를 했을 때 솔비는 〈새날〉을 퇴소해 갖은 고생을 겪다가 고졸이라고 학력을 속여 콜센터에 취직해 일하고 있었다. 솔비가 〈새날〉을 퇴소한 후 갖은 고생을 겪었던 것은 자립에 대한 솔비의 불안함 때문이었다. 가람이처럼 솔비도 독립을 결심한 뒤부터 심란하고 걱정이 많았다. 결국에는 성매매로 돈을 버는 친구를 따라 가출을 했다가

한 달 만에 〈새날〉에 들어왔다. 솔비는 〈새날〉 선생님들을 볼 면목이 없어 준비도 되지 않은 상태에서 바로 독립을 했다. 독립한 다음부터 경제적으로도, 심리적으로도 버티기 힘든 적이 많았다. 솔비는 직접 경험하지 않으면 그 어려움은 상상조차 하기 힘들다고 힘주어 말했다. 나는 스무 살도 안 된 솔비가 한 달 방 값만 가지고 독립할 결심을 했다는 것부터 무모한 게 아니었나 하는 생각이 들었다. 아르바이트로는 집세와 생활비를 충당하기 힘들 뿐 아니라 아르바이트생이란 언제 해고될지 모르는 불안한 신분이기 때문이다. 아니나 다를까 솔비는 제때 출근하지 못하는 바람에 번번이 일자리를 옮겨야 했고, 세 차례나 해고를 당했다. 성실한 솔비가 지각을 한 것은 고시원 총무의 스토킹 때문에 밤에 잠을 제대로 자지 못해서였다. 보호해 줄 사람 없이 혼자 사는 십대 여성인 솔비는 고시원 총무에게 손쉬운 스토킹 대상이었다. 솔비의 이야기를 들으며 나는 솔비가 〈새날〉 선생님들에게 미안한 마음에 서둘러 〈새날〉을 나온 거라면 다른 쉼터로 옮기는 게 고생을 덜 하는 방법이 아니었을까 하는 생각이 들었다. 솔비의 처지는 안타까울 뿐 아니라, 위험한 상황이기도 했다.

독립한 뒤 솔비는 자신이 〈새날〉에 있을 때 종종 그곳을 찾아오던 이십대 언니들이 생각났다고 말했다. 그 언니들의 '평범한' 일상이 엄청난 어려움을 이겨 낸 결과물이었다는 사실을 몸소 깨닫고 나니 그 '평범함'이 사실은 대단하다는 사실을 알게 된 것이다. 솔비는 그렇게 인사를 올 수 있으려면 경제적으로도 심리적으로도 어느 정도 안정이 되어야 한다고 생각했다. 그러면서 자신은 언제쯤이나 〈새날〉 선생님들에게 감사 인사를 드리러 갈 수 있을지 가늠이 되지 않는다며 한숨을 푹 내쉬었다. 결국 솔비는 이 인터뷰를 마친 뒤, 검정고시를 준비하기 위해 콜센터를 그만두고 성인 쉼터에 들어갔다. 똑똑하고 야무진 솔비는 쉼터에서 공부한 지 얼마 되지 않아 대입 검정고시에 합격했고 지금은 대학에 진학하기 위해 수능 준비를 하고 있다. 머지않아 솔비에게도 〈새날〉 선생님들을 찾아갈 수 있는 여유가 생길 것이다.

부모님이랑 연락 안 해서 혼인신고를 못 해요

🍃 해빈(20세)이와 나눈 대화

요즘엔 스트레스가 너무 복합적이에요. 혼인신고를 해야 하는데 나는 그냥 도장만 파서 찍 찍으면 되는 줄 알았어요. 그런데 부모님 주민등록증이 있어야 된다는데 어떻게 받냐고. 그래 가지고 부모님이랑 연락할 상황이 아니라고 그러니까 그러면 안 된대. 내가 그러면 어떻게 할 수 있는 방법이 없냐고 물어보니까 가족 관계 증명서에 보면 거기에 나와 있으니까 후견인도 안 되고 부모님이어야 된대요. 못 한대요, 혼인신고를. 나이가 안 돼서, 만 20세가 안 돼서.

16살 이상이면 되는 거 아니야?

16살 이상인데, 만 20세 이전에는 부모님의 동의가 있어야 된대요.

아, 그럼 너는 부모님 동의를 못 받아서 혼인신고를 못 하고 있는 거야? 내년까지 기다려야 돼?

생일이 11월이라서 거의 22살 때까지.

그럼 애는 어떡해?

모르겠어요. 인터넷 찾아보니까 일단 아빠 쪽으로만 올리고 나중에 하면 된다고는 하는데 그러면 안 되잖아요.

부모님하고 연락은 안 해 봤어?

친아빠랑 연락이 됐어요. 그래서 저번에 내려가 봤는데 솔직히 떨어져 살다 보니까 안 맞는 게 되게 많고 그래 가지고 내가 연락 끊었단 말이에요. 서로 틀어지고 그래 가지고. 전화도 안 받아요.

그러면 부모님은 이 상황을 모르고 있는 거야? 엄마랑도 연락 안 했어?

엄마랑 연락 안 해요. 그러니까 미쳐 버리는 거죠, 저는.

아예 얘기 안 할려고?

내가 왜 얘기해요? 어, 자기들 잘살자고 어, 나한테 연락도 안 하고 어, 이사도 즈그들 마음대로 가 버린 사람들인데. 안 그래요?

룸에서 만난 남자와 동거를 하다 임신을 한 해빈이는 혼인신고를 할 방법이 없어서 고민을 하고 있었다. 임신을 했는데도 혼인신고를 하지 못하는 상황이 안타까웠고, 어머니에게 연락을 하지 않겠다는 해빈이의 말에 참으로 마음이 아팠다. 다행히 아버지와 연락이 돼서 해빈이는 출산 전에 혼인신고를 할 수 있었다.

해빈이가 출산을 한 뒤, 병원을 방문했을 때 또다시 마음이 아팠다. 산모가 너무 어린 데다 수발을 들어 줄 친정어머니 자리가 비어 있었기 때문이다. 안쓰러운 마음 때문인지 해빈이 옷에 군데군데 묻어 있는 핏자국에 눈길이 갔다. 그래도 어린 해빈이가 딸을 낳았다는 사실은 마냥 신기했다. 말 그대로 '애기가 애기를 낳은 모양새'였다. 딸은 해빈이를 닮아 아주 예뻤지만, 남편은 그다지 좋아하는 눈치가 아니었다. 다음 번에는 아들을 낳아야 한다는 망언(!)을 하는 걸 보니 더 얄미웠다.

해빈이는 내가 오기 전에 〈새날〉 관장님이 병원에 오셨다고 했다. 해빈이는 〈새날〉을 퇴소하게 돼서 서운한 마음을 지니고 있었지만 뜻밖에 관장님이 찾아오시자 죄송한 마음과 감사한 마음에 눈물이 났다고 말하며 또다시 눈물을 글썽였다. 관장님은 모아 둔 돈이 없어서 산후 조리원에 가지 못한다는 해빈이에게 〈새날〉에 와 있으면서 몸조리를 하고, 애기 키우는 방법도 배우라고 하셨다. 관장님은 해빈이에게 친정어머니가 되어 주셨다. 해빈이는 자신이 받지 못한 어머니의 사랑을 주겠다며 딸을 애지중지 키웠다. 딸이 한쪽으로만 모유를 먹어서 가슴이 짝짝이가 되고 유선염도 생겼지만 아랑곳하지 않고 계속 젖을 먹였다. 얼마 전에 해빈이가 둘째를 가졌다는 소식을 들었다. 남편이 바라던 아들이고, 출산 예정일은 2012년 1월이라고 했다.

일자리 못 구하는 게 아니라 안 구하는 거예요

🍃 **은호(22세)와 나눈 대화**

요새 알바는 어떻게 구하고 있어?

인터넷이요.

좀 돌아다녀야지.

돌아다니면 뭐가 있어요?

써 붙여 있는 데 있잖아.

안 붙어 있어요, 동네에.

동네에 말고 이런 데(홍대)는 좀 있지 않을까?

여기까지 나오라고요?

나와. 1시간도 안 걸리는데.

아~ 추워요.

추운 게 문제냐, 돈 벌어야지.

교통비.

교통비 해 봤자 2천 원이잖아, 왔다 갔다.

그런가? 더 들지 않나?

인터넷으로만 하니까 잘 안 되지. 직접 발품을 팔아야지.

경북에서는 인터넷으로만 했는데 되던데. 바로 구했는데.

지금은 몇 주째 못 구하는 거 아니야.

못 구하는 게 아니라 안 보고 있어요.(웃음) 귀찮아. 컴퓨터 하는 것도 지겨워요, 인제.

별로 급박하지 않은 거 같애.

그러게 말이에요. 될 대로 돼라 이러고 있어요. 충북에서는 바로 구했는데, 스트레스 받아 가지고.

지금은 있을 데가 있어서 그러는 거지?

그런 건가. 처음에 이 생각했는데, '여기서 쫓겨나면 어디로 가지?'

4월까지는 있을 수 있으니까 그런 거 아니야?

아니, 4월 달도 아니고 어느 때든 갈 데가 있으니까.

은호는 서울에서 일자리를 구하지 못해 충북에 내려갔다가 다시 서울로 올라와서 조건을 했다. 인터뷰 당시 조건을 하다 만난 남자와 동거를 하고 있었다. 은호는 동거남 몰래 조건을 계속 했다. 은호에게 아르바이트를 구하고 있냐고 묻자 은호는 대수롭지 않게 대답했다. 충북에서는 교통비가 아깝다는 이유로 한 시간 거리를 왕복했던 은호가 서울에서는 아르바이트 자리를 구하려는 노력도 하지 않고 있었다. 은호는 당장 생계가 해결됐다는 이유로 아르바이트를 구할 필요를 느끼지 못하고 있었다.

얼마 전에는 밤늦은 시간에 은호에게 전화가 왔다. 은호가 서럽게 울어서 깜짝 놀랐다. 조건을 하다가 남자에게 금반지와 금목걸이를 빼앗겼다고 했다. 남자가 칼을 들고 있었다는 말에 다치지 않은 게 어디냐고 하자 어머니가 준 선물인데 어떻게 하냐며 계속 서럽게 울었다. 아는 오빠가 데리러 왔다기에 우선은 놀란 마음부터 진정시키라며 달래고 전화를 끊었지만, 나는 사실 은호에게 화가 났다. 금반지, 금목걸이가 문제가 아니라 정말 죽을 수도 있었던 사건이었다. 〈새날〉 선생님에게 상의하자 고맙게도 성인인 은호의 사건을 맡아 주었다. 나와 〈새날〉 선생님들은 은호가 이 사건을 계기로 성매매를 하지 않게 되기를 진심으로 바랐다.

그렇지만 우리의 바람과는 달리 은호는 사건이 벌어진 뒤에도 계속 번개를 했다. 그러다가 번개로 만난 남자와 동거를 하더니 갑자기 결혼을 하기로 했다는 소식을 전해 왔다. 얼마 전에 상견례를 하고 11월로 날짜를 정했다고 했다. 은호가 이렇게 갑작스럽게, 그것도 번개로 만난 남자와 결혼을 한다니 얼떨떨하고 내키지 않았다. 은호는 얼마 전 결혼할 사람과 청첩장을 주러 왔다. 남자가 13살 연상이라 빨리 아이를 가질 계획이라고 했다. 은호가 행복하게 잘 살기만을 바랄 뿐이다.

나가며

함께 성장한 시간들

아이들과의 관계에서 나는 주로 듣는 역할이었지만 아이들이 가끔 나에게 이 연구를 왜 하는지 물을 때도 있었다. '논문을 써서 박사가 되기 위해 한다'고 대답하기에는 왜 하필 '청소년 성매매'를 주제로 택했는지를 설명할 수 없었다. 복잡한 이유를 설명하기에는 너무 장황했고, 궁극적으로 성매매가 사라지길 바란다는 바람을 얘기하기에는 너무 무거웠다. 그래서 나는 가출한 십대 여성들의 경험을 사람들에게, 그리고 또래들에게 알려 주기 위해서라고 답하곤 했다.

그런 대화를 나누면서 나는 어느새 내가 목적을 잊어버렸다는 사실을 깨닫곤 했다. 뚜렷한 목적이 있어서 아이들을 만났지만, 아이들과 관계가 형성되면서 그 목적은 관계의 일부에 지나지 않게 되었다. 시간이 지날수록 오랜만에 보고 싶어서, 어떻게 지내는지 궁금해서 만나는 일이 늘었다. 아이들을 만나면서 우리가 같은 시대를 사는 같은 여성이라는 동질감을 더 강하게 느꼈다. 〈센터〉를 그만둔 후에는 내가 선생님이라기보다는 조금 더 많이, 더 빨리 산 선배라고 생각하며 아이들을 만났다.

아이들이 나와의 관계를 어떻게 느끼는지는 모르겠지만, 시간이 흐르고 상황이 변하면서 분명히 질적인 변화가 있었을 것이라고 생각한다. 연락이 끊긴 아이들과는 관계가 단절되었지만, 여전히 연락을 하고 있는 아이들과는 가끔씩 생각나는, 소식이 궁금하고 또 보고 싶은 사람으로 남아 그렇게 함께 나이를 먹고 있다.

내가 성장한 시간들

아이들을 만나면서 무엇보다 내 자신이 성장했던 것 같다. 나는 아이들을 잘 만나기 위해서는 내가 지니고 있는 사회적 권력들을 인지하고 그 권력이 미치는 영향을 줄여 나가는 것이 가장 중요하다고 생각했다. 나이, 학벌, 지위 등의 사회적 권력은 내가 어쩔 수 없는 성질의 것이지만 그것이 권위로 작용하지 않도록 노력해야 했다. 개인적으로 권위를 싫어해 나 스스로 권위적이지 않은 사람이라고 생각했고 그래서 아이들을 잘 만날 수 있을 것이라고 기대했지만 내 착각이었다.

2007년 말에 〈새날〉에서 일을 시작했을 때 나는 W 센터에서 인턴을 할 때와는 다른 위치에 있었다. 5년 전이기는 하지만 6개월 동안의 인턴 경험이 있었고, '원조교제'를 주제로 석사 논문을 쓴 박사 과정에 있는 연구자였으며, 나이도 서른을 넘겼다. 5년의 시간이 흐르는 동안 나는 더 많은 사회적 지위를 획득한 상태였다. 따라서 아이들과 맺는 관계도 달라질 수밖에 없었다. 먼저 아이들의 태도가 달랐다. 인턴 때는 아이들과 나이 차이도 별로 나지 않고, W 센터에서도 보조적인 일을 담당하던 시기라 아이들도 나를 비교적 격의 없이 대했다. 그러나 〈새날〉에서 일을 할 때는 '선생님'이라는 지위에 있었고, 아이들이 나이 차를 의식할 만큼 세월이 지난 터라, 아이들은 W 센터에서처럼 나를 마냥 편하게만 대하지는 않았던 것 같다. 때로 나와 아이들의 관계는 내 아집과 편견 탓에 위기 아닌 위기를 맞기도 했다.

〈새날〉에서 가장 인상 깊었던 것 중에 하나는 선생님들이 아이들과 가열차게 싸우는 모습이었다. 일주일 내내 함께 생활하는 쉼터의 특성상 선생님들 처지에서는 '일당 백'을 하는 열 명의 아이들과 먹고 자며 생활하는 것 자체가 힘들었고, 아이들 입장에서는 선생님들이 아무리 잘 이해해 준다 하더라도 '선생님'이라는 존재 자체가 늘 살가울 수는 없었다. 이렇게 붙어 있는 시간이 많고 서로 처지가 다르다 보니 선생님들과 아이들은 심심치 않게 갈등을 일으켰다. 대부분 잘 해결되곤 했지만 가끔 선생님과 아이가 싸우는 경우가 있었다.

선생님들이 화를 내며 싸우는 모습을 보면서 내 경험이 떠올랐다. 나도 W 센터에서 인턴으로 일할 때 한 아이와 싸운 적이 있었다. 그때 나는 성인인 내가 십대 여성과 싸웠고, 그 장면을 많은 사람들이 봤다는 사실이 부끄러워서 화를 참지 못한 것을 후회했다. 하지만 〈새날〉 선생님들을 보면서 당시에 내가 느낀 부끄러움은 내 권위가 아이에게 존중받지 못한 데서 느낀 자괴감이었다는 사실을 인정할 수밖에 없었다. 나는 젊은 인턴이었음에도 선생님과 아이라는 서로의 지위를 움켜

잡고 있었던 것이다.

〈새날〉 선생님들과 아이의 싸움은 '성인 선생님'과 '십대 입소생'의 싸움이 아니라 사람과 사람의 싸움이었다. 그래서 오히려 서운하거나 화가 나는 감정을 서로에게 더 잘 표현할 수 있었던 것 같고, 그만큼 화해도 빨랐다. 그리고 선생님들은 감정 표출을 부끄러워하지 않았다. 그것은 선생님이라는 지위에 대한 집착이나 권위를 벗어 버렸기 때문에 가능한 일이었다. 아이들은 때로 선생님들과 날것 그대로의 감정을 주고받으면서 〈새날〉과 〈새날〉 선생님들에게 정서적으로 더 가까워지고 있었다. 그에 비해 내 마음가짐은 인턴을 하던 시절에 멈춰 있었고, 지위만 바뀌어 있을 뿐이었다. 아이들의 '친구'가 되고 싶은 마음과 그냥 친구가 아닌 '존경받는 선생님'도 되고 싶은 마음, 이 둘 사이를 오가며 마음이 삐걱거렸던 것 같다. 때문에 〈새날〉 선생님들의 모습은 웬만한 내공을 쌓지 않으면 흉내 내기도 힘들어 보였다. 권위적이지 않으면서 아이들을 이해하려는 노력을 할 때라야 자신의 감정을 그토록 솔직하게 표현할 수 있을 텐데, 내가 걷기에는 멀고 먼 길처럼 느껴졌다.

5년 만에 다시 아이들을 만났을 때, 나는 아이들이 많이 달라졌다고 생각했다. 그러나 변한 것은 아이들뿐만이 아니었다. 대학원의 '고상한' 문화에 안주해 있던 내 자신도 변해 있었다. 처음 캠프를 시작하면서 나는 마치 아이들을 처음 만난 것마냥 힘이 들었다. 아이들은 좀처럼 시간 약속을 지키지 않았고, 사라지기 일쑤였으며, 여러 번 말을 해야 움직였고, 입이 굉장히 거칠었다. 처음에는 아이들의 초라한 행색에 놀라 안쓰러워하다가도 곧 웬만해서는 말을 듣지 않는 아이들을 통

솔하는데 지쳐서 안쓰러움은 싹 사라지고 부글부글 화가 치밀어 올랐다. 밤에는 잠을 잘 자지 못해서 피곤했고 낮에는 아이들이 말을 잘 듣지 않아서 힘들었다. 피곤함 때문에 나는 점점 말을 하지 않게 됐고 끓어오르는 화를 참느라 표정도 굳어 갔다.

그러다가 입이 건 아이들이 험한 말을 할 때마다 나에게 들으라고 하는 말은 아닌지, 내 뒤에서 욕을 하고 있지는 않은지 의심하는 지경에 이르렀다. 그러나 사실 이러한 의심들은 피해망상일 뿐이었다. 아이들은 〈센터〉에서 제공하는 맛있는 음식과 따뜻한 잠자리에 만족하고 있었고, 자신들이 〈센터〉에서 받는 만큼 프로그램에 잘 참여해야 한다고 생각하고 있었다. 또한 자신들을 위해 여러 가지를 준비해 준 선생님들에게 감사해하고 있었다. 다만 밤에 잘 자지 못해 피곤하고, 거리 생활로 인해 여기저기 아프고, 교육을 제대로 받지 못해 집중력이 짧고, 또래들과 쓰는 험한 말을 여전히 쓰고 있을 뿐이었다. 나는 이런 아이들의 속마음을 알아차리지 못한 채 그저 아이들이 너무 불성실하고, 억지로 프로그램에 참여하고 있으며, 하고 싶지도 않은 일을 채근하는 나에게 불만을 표하는 것이라고 생각했다.

그래도 지금까지 꽤 많은 아이들을 만나면서 좋은 관계를 맺었고, 아이들에 대해 마음 깊이 안타까운 마음을 지니고 있다고 생각했기 때문에 이런 감정을 느끼는 내 자신이 혼란스러웠다. 도대체 왜 이렇게 아이들에게 싫은 마음이 드는지를 곰곰이 생각하다가 내가 너무 오랫동안 아이들을 만나지 않았을 뿐 아니라 그 기간 동안 성찰적인 사람들에 둘러싸여 있었다는 사실을 깨달았다. 나는 그동안 여성학과 문화학을 전공하는 대학원생들의 학문 공동체 안에서 생활해 왔다. 타인에 대한 돌봄과 배려, 그리고 실천을 무엇보다 중시하는 분위기 때문에 나는 참으로 '고상한' 시간을 보내고 있었던 것이다. 더욱이 자신의 일은 스스로 알아서 하고, 맡은 일에 책임을 다하는 성숙한 성인들과 함께 생활하다 보니, 일일이 시간을 체크하고 여러 번 행동을 점검해야 하는 일에 통 적응할 수 없었다. 특히 십대들은 보호해야 할 대상이라는 식의 담론을 좋아하지 않았고, 오히려 십대들을 존중하고 그들을 신뢰해야 한다고 평소 생각했기 때문에 아이들을 '관리'해야 하는 일이 내키지 않았다.

이렇게 힘들어서 쩔쩔 매던 것도 잠시, 나도 아이들도 곧 적응을 했다. 내가 적응을 했다기보다는 아이들이 눈에 띄게 변화하는 모습을 보였다. 우리가 함께 했던 시간은 5박 6일에 지나지 않았지만, 아이들은 보통 3일째부터 크게 달라져 있었다. 서로 친해지면서 캠프에 더 협조적이 된 것이다. 또한 낮에 프로그램을 하면서 피곤해진 아이들이 밤에 잘 자기 시작했고, 컨디션이 좋아지자 프로그램에 재미를 붙이면서 더 능동적으로 참여했다. 이제 여러 번 채근하지 않아도 시간표를 잘 지켰고, 내가 화를 내는 횟수도 점점 줄었다. 이미 아이들은 처음 만났을 때 내가 혀를 내두르던 그 아이들이 아니었다. 이렇게 단시일 내에 변한 아이들의 모습이 놀랍고 또 마음이 아플 따름이었다. 아이들이 변하기까지 단 3일이면 족했다. 그동안 우리가 아이들에게 해 준 것이라고는 소소한 칭찬과 지지, 그리고 숙식을 비롯한 기본적인 물질적 지원뿐이었다. 아이들에게 부족했던 것이 이런 기본적인 '돌봄'이었다는 데 생각이 미치자, 이들이 겪지 않아도 되었을 일들을 겪었다는 생각에 안타까웠고, 캠프가 끝나고 이 모든 돌봄이 다시 사라져 버리면 머지않아 아이들이 다시 거리로 나가게 될까 봐 걱정이 되었다. 그래서 나는 아이들에게 더욱 정성을 쏟아야겠다는 생각을 하게 되었다.

  내가 지니고 있는 사회적 지위를 내려놓기 어렵고, 결국 실패했는지도 모르지만, 다시 아이들을 만나면서 점점 아이들에게 적응할 수 있었다. 아이들에게 동의할 수 없더라도 아이들을 '이해'할 수 있는 지점을 발견한 게 적응에 큰 보탬이 되었다. 사실 '이해'는 어렵지 않았다. 아이들과 마음을 조금씩 터놓으면서 아이들의 상황을 그들 삶의 맥락에서 파악하는 것, 설사 내 마음에 들지 않은 언행을 아이들이 하더라도, 그렇게 행동하고 말하는 아이들을 그 삶의 맥락에서 인정하고 받아들이는 것이 이해의 출발점이었다. 자신에 대한 성찰, 차이에 대한 이해 등 말로만 이야기했던 당위들을 직접 경험하면서 나는 내가 많이 깨지고 성장하고 있다는 사실을 느낄 수 있었다. 이러한 변화를 겪으면서 아이들과의 만남이 훨씬 수월하고 즐거워졌던 것 같다.

좌충우돌 인터뷰

  캠프 기간은 아이들과 실제로 함께 생활하며 서로에게 적응할 수 있는 시간이었다. 그러나 인터뷰는 내가 아이들과 사적인 관계를 만들어야만 성사될 수 있었다. 아이들은 나를 신뢰하고 나에게 애정을 갖기 시작하면서 내 요청에 응했다. 하지만 한 번으로 끝나지 않고 오랜 기간 동안 여러 번 인터뷰를 해야 하는 연구의 성격상 나에 대한 아이들의 호의만으로 인터뷰를 계속하기는 어려웠다. 아이들도 얻는 것이 있을 때 인터뷰에 적극적이고 지속적으로 임하게 된다.

아이들이 인터뷰에 적극적으로 임할 때는 힘든 일이 생겼을 때였다. 그래서 인터뷰는 종종 '상담' 형식으로 진행되었다. 아이들은 자신의 현재 고민이나 과거의 상처들에 대해 털어놓았다. 상담과 인터뷰를 오고 가며, 나는 아이들이 자신을 섣불리 판단하지 않고 자신의 이야기에 귀 기울이고 공감해 주는 사람을 절실히 필요로 한다는 느낌을 받았다. 이런 느낌을 여러 차례 받으면서 나는 이 인터뷰가 내 연구를 위한 것만이 아니라 아이들이 스스로를 치유해 가는 과정의 일부여야 한다고 생각했다. 그래서 아이들의 이야기가 연구에 적합한 방향으로 진행되고 있는지를 생각하기보다 아이들이 하고 싶은 이야기를 마음껏 할 수 있는 관계와 분위기가 되도록 노력했다. 나와 아이들의 관계가 지속될수록 우리는 인터뷰를 하기 위해 만나기보다 오랜만에 대화를 나누기 위해 만났고, 그러한 대화가 인터뷰를 대체하곤 했다. 나와 아이들이 사용한 '상담'이라는 용어는, 전문적인 교육을 받은 전문가들이 해결책을 제시해 주는 상담을 의미하는 것이 아니라, 일상에서 자신의 고민과 상처를 털어놓기 위해 가까운 지인을 찾아가는 여성들 사이의 친밀한 무엇에 더 가까웠다. 이처럼 인터뷰가 대화 또는 수다로 진행되면서 나와 아이들의 관계는 더 가까워졌다. 또한 아이들도 나를 소통의 창구로 활용하며 과거의 상처를 정리하고 치유해 가는 듯 보였다. 아이들이 인터뷰를 적절하게 이용해(?) 준 덕분에 나 역시 내 연구를 위해 아이들을 도구화하는 것은 아닌가 하는 마음의 짐을 조금이나

마 덜 수 있었다.

그러나 아무리 격의 없는 대화로 오고 가는 인터뷰라 할지라도 아이들의 이야기를 들으면서 내가 어떤 반응을 보여야 하는가의 문제는 여전히 남았다. 내 반응에 따라 아이는 자신의 상처를 더 크고 심각하게 느낄 수도 있고, 또는 내가 자신의 상처에 공감하지 않는다고 서운해할 수도 있다. 어떻게 반응하는 것이 아이의 상처를 가장 잘 어루만져 줄 수 있는 방법일까 고민했지만 알 수가 없었다. 결국 나는 아이들이 이야기를 할 때 드러내는 감정선을 믿고 따라가기로 마음먹었다. 아이들은 대체로 과거의 일을 이야기하기 때문에 인터뷰한 시점에서 그 과거에 자기 해석이 들어가고 새로운 의미를 부여하기도 한다. 이렇게 아이들이 과거에 어느 정도 거리를 둔다면 나도 그 상태를 존중해 주어야 한다고 생각했다. 상처는 치유되고 극복되며 재해석되는 것이기 때문이다. 아이들이 인터뷰를 하면서 눈물을 보일 때는 나도 같이 울 수 있으니 마음이 편했다. 그러나 당시에는 죽고 싶을 만큼 힘들었던 이야기를 담담하게 이야기할 때는 나도 담담하게 반응하려고 노력했다. 다만 나에게 이야기하면서 남은 상처가 치유되기를 바랄 뿐이었다.

인터뷰를 하면서 또 하나 어려웠던 것은 아이들이 돈을 빌려 달라고 했을 때였다. 인터뷰를 하면서 아이들에게 친밀감을 느꼈고 나를 위해 시간을 내준 것이 고마워 거의 매번 선물을 주고 밥과 차를 사 주었는데, 그러면서 아이들이 나에게 물질적인 보상을 받는 것에 익숙해지는 듯했다. 아이들은 성매매를 중단한 뒤 대부분 어렵게 생활하고 있었다. 돈을 빌려 달라는 이유도 제각각이었다. 슬아는 이유조차 말하지 않고 아주 급하다며 3만 원을 빌려 달라고 문자를 보냈고, 하나는 지방에 놀러왔는데 지갑을 잃어버렸다며 차비를 보내 달라고 전화를 했다. 다혜는 남동생에게 욕을 먹지 않으려면 먹고 싶다는 음식을 해 줘야 한다며 만 원을 빌려 갔다. 은호는 충북으로 이사를 가야 되는데 짐을 부칠 택배비가 부족하다며 10만 원을 보내 달라고 했고, 충북에서 방을 얻어야 하는데 월세가 부족하다며 또 10만 원을 보내 달라고 했다. 가람이는 밥도 못 먹었고, 차비도 없고, 우산도 없다며 쉼터를 찾아가야겠으니 3만 원을 보내 달라고 했다. 예은이는 대학에 원서 접수를 해야 하는데 집에서 돈을 주지 않는다며 3만 원을 보내 달라고 했다.

아이들의 사정은 딱했고, 빌려 달라는 돈도 은호를 제외하고는 많지 않았다. 무엇보다 내가 아이들에게 돈을 빌려 준 이유는 아이들이 돈을 빌려 주는 것을 자신을 이해하고, 믿고 아낀다는 증거로 받아들인다고 생각했기 때문이다. 또한 돈을 빌려 주지 않으면 나를 필요할 때만 자신들을 찾다가 어려울 때는 외면하는 사람이라고 생각할까 봐 두려웠다. 나는 하나를 제외한 다섯 명 모두에게 돈을 빌려 주었고, 모두 돈을 갚지 않았으며, 하나, 슬아, 예은, 가람이와 연락이 끊겼다.

아이들과 관계가 단절되는 것이 두려워 돈을 빌려 줬는데, 돈을 빌려 준 아이도, 빌려 주지 않은 아이도 연락이 끊긴 상황을 어떻게 이해해야 할지 몰랐다. 사실 돈을 빌려 주면서 "빌려 주는 거니 갚아야 한다"고 다짐을 받았지만 아이들이 돈을 갚을 것이라 기대하지는 않았다. 돈을 빌릴 때는 분명 갚을 마음이었겠지만, 작은 돈도 아쉬운 아이들이 나에게 돈을 갚을 여유는 없을 것이라 생각했다. 또한 나에게는 있어도 없어도 그만인 금액이고, 아이들도 그렇게 생각했을지 모를 일이다. 처음에는 돈을 못 갚는 게 미안해서 연락을 안 받나 생각을 했다가, 아이들은 이미 나에게 돈을 빌린 사실을 잊어버렸을 거란 생각이 들기도 했다. 기억을 더듬어 보면 돈을 빌려 주고 바로 연락이 끊긴 아이들도 있었지만 몇 번 연락을 주고받았던 아이들도 있었다. 반면 은호와 다혜는 몇 년이 지난 지금까지 돈을 갚지 않았지만 여전히 연락을 하고 있다. 그래서 연락이 끊긴 이유가 돈 때문만은 아닐 것이라 어렴풋이 짐작할 뿐이다.

돈을 빌려 달라는 부탁을 받으면서 나는 아이들에게 어떤 사람일지 생각해 보았다. 〈센터〉를 그만둔 뒤 백수 고학생에 불과했지만 아이들에게 나는 상대적으로 많은 자원을 지니고 있는 사람이었을 것이다. 또한 아이들과 오랫동안 관계를 맺으면서 어느 정도 신뢰와 애정을 나눴고 아이들의 인터뷰를 통해 논문을 쓰고 있다는 점에서 큰 빚을 지고 있기도 했다. 나는 아이들이 도움이 필요할 때 도와줄 수 있는 몇 안 되는 사람이었을 것이다. 실제로 돈을 빌려 달라고 하지 않은 아이들은 부모님에게 용돈을 받거나, 성 산업에 재유입되었거나, 취직을 한 경우였다. 아이들의 어려운 사정을 잘 알고 있었기 때문에 솔직히 아이들이 돈을 빌려 달라고 했을 때 '얘가 정말 성매매를 하지 않는구나'라는 생각이 들어 기쁘기도 했다. 그렇지만 지금도 아이들이 나에게 돈을 빌려 달라고 할 때면 어떻게 대응하는 게 현명한 방법인지 모르겠다. 거절하지 못한 이유는 여러 가지였고, 아이들이 도움을 필요로 한 순간에는 당장 도움이 되었을 것이다. 그러나 자활을 위해 자신의 수입과 지출을 관리하는 방법을 배워야 하는 아이들이 반드시 거쳐야 하는 시행착오의 기간을 내가 연장한 것은 아닌가 하는 생각도 든다.

아이들을 응원합니다

이 책에서 독자들이 '성매매 피해 경험이 있는 아이들'에 대한 단일한 상을 기대했다면 이 책은 그 기대에 미치지 못했을 것이다. 당연한 얘기지만, 아이들은 제각각이다. 외모, 성격, 가정 형편, 가족과의 관계, 교육 정도, 성매매 경험, 성매매 경험에 대한 자기 해석 등이 너무 다양하기 때문에 이 아이들이 어떤 공통된 특성을 지녔다고 단정 짓기 어렵다. 그렇다고 성매매 피해 경험이 이 아이들에게 미친 영향과 앞으로 지속적으로 미칠 영향에 대해 말할 수 없는 것은 아니다. 나는 내가 만난 아이들의 모습, 내가 들은 아이들의 목소리를 가능한 그대로 보여 주고 싶었다. 그 과정에서 아이들이 처한 상황적 맥락이 드러나리라 기대했고, 바로 그 지점에서 아이들을 이해할 수 있는 실마리가 발견될 것이라 기대했다.

나는 아이들의 모습이 성매매의 원인이라거나 성매매의 결과라고 생각하지 않는다. 이는 성매매가 아이들 삶의 전부를 결정한다고 간주하는 사람들이 흔히 저지르는 오류다. 아이들이 성매매 피해를 당하게 되거나 성매매를 하지 않게 되는 일련의 과정에는 불연속적이고 복합적인 원인이 존재한다. 성매매 경험을 경시하지 않으면서도 과도한 의미를 부여하지 않는 균형이 중요하며, 이 아이들을 둘러싼 사회 구조적인 문제들의 역학을 고려해야 한다.

무엇보다 아이들의 변화와 성장에 주목해야 한다. 십대 중후반에 만나 십대 후반이나 이십대 초반이 된 아이들은 2년에서 3년 동안 많은 변화를 경험했다. 많은 아이들이 성매매를 중단했고, 학력을 취득했고, 직장을 갖고, 가족과 관계를 회복하고, 보금자리를 옮기고, 결혼을 하거나 출산을 하기도 했다. 이러한 변화와 성장은 다양한 시행착오의 결과며 아이들은 지금도 고군분투하고 있다.

나는 아이들을 만나면서 아이들이 누구보다 강하고 씩씩하다는 느낌을 받았다. 사회적인 배제와 비난에도 굴하지 않았고, 노력한 만큼 보상받지 못해도 좌절하지 않았다. 주눅 들고 자신 없어 하다가도 금세 자신을 차별하거나 비난하는 세상을 향해 '썩소'를 날리며 용기를 찾곤 했다. 이런 용기와 강인함을 보이는 것은 자신을 차별하고 비난하는 사람만큼이나 자신을 믿고 지지하는 사람들이 있다는 사실을 아이들 스스로 깨달았기 때문이다. 나는 더 많은 사람들이 아이들의 솔직한 목소리를 듣고 이들을 믿고 지지하고 기다려 주기 바란다. 성매매는 우리 사회의 가장 큰 모순 중 하나며 그런 성매매에 유입된 아이들에게 우리는 최소한의 책임이 있기 때문이다.

이 책을 처음 쓸 때부터 어떻게 마무리해야 할지 고민했다. 그러다가 해빈이가 했던 말이 생각났다. 그보다 더 간략하고 명확하게 이 책의 마지막을 장식해 줄 말이 떠오르지 않아 여기에 옮겨 본다.

"선생님 응원해 주세요, 해빈이가 잘살 수 있도록!"